国家出版基金项目
NATIONAL PUBLICATION FOUNDATION

“十四五”国家重点出版物出版规划项目

浙江文化艺术发展基金资助项目
PROJECTS SUPPORTED BY ZHEJIANG CULTURE AND ARTS DEVELOPMENT FUND

海洋强国战略研究
张海文——主编

中国海洋资源资产监管法律制度研究

张文斐 著

浙江教育出版社·杭州

图书在版编目（CIP）数据

中国海洋资源资产监管法律制度研究 / 张文斐著
. -- 杭州 : 浙江教育出版社, 2023.7
（海洋强国战略研究 / 张海文主编）
ISBN 978-7-5722-5169-6

Ⅰ. ①中… Ⅱ. ①张… Ⅲ. ①海洋资源－资产管理－法律－研究－中国 Ⅳ. ①D922.694

中国版本图书馆CIP数据核字(2022)第258467号

海洋强国战略研究
中国海洋资源资产监管法律制度研究
HAIYANG QIANGGUO ZHANLUE YANJIU
ZHONGGUO HAIYANG ZIYUAN ZICHAN JIANGUAN FALü ZHIDU YANJIU

张文斐 著

项目策划 余理阳
责任编辑 汤佳颖 陈之江
美术编辑 韩 波
责任校对 陈阿倩
责任印务 沈久凌
封面设计 观止堂
出版发行 浙江教育出版社
（杭州市天目山路40号 电话：0571-85170300-80928）
图文制作 杭州林智广告有限公司
印刷装订 浙江海虹彩色印务有限公司
开 本 710 mm×1000 mm 1/16
印 张 19
字 数 260 000
版 次 2023年7月第1版
印 次 2023年7月第1次印刷
标准书号 ISBN 978-7-5722-5169-6
定 价 68.00元

如发现印、装质量问题，影响阅读，请与承印厂联系调换。
（联系电话：0571-88909719）

主编

张海文

北京大学法学博士，自然资源部海洋发展战略研究所所长、研究员，享受国务院特殊津贴，武汉大学国际法研究所和厦门大学南海研究院兼职教授、博导，浙江大学海洋学院兼职教授。从事海洋法、海洋政策和海洋战略研究三十余年。主持和参加多个国家海洋专项的立项和研究工作，主持完成了数十个涉及海洋权益和法律的省部级科研项目。曾参加中国与周边国家之间的海洋划界谈判，以中国代表团团长和特邀专家等身份参加联合国及其所属机构的有关海洋法磋商。已撰写和主编数十部学术专著，如《〈联合国海洋法公约〉释义集》《〈联合国海洋法公约〉图解》《〈联合国海洋法公约〉与中国》《南海和南海诸岛》《钓鱼岛》《世界各国海洋立法汇编》《中国海洋丛书》等；发表了数十篇有关海洋法律问题的中英文论文。

作者

张文斐

张文斐，经济学博士，华中农业大学文法学院讲师、硕士生导师，华中农业大学农业农村法治创新研究中心研究员。兼任湖北省法学会民法学研究会、破产法学研究会、农业法学研究会理事。曾赴法国波尔多大学访学。主持教育部人文社科青年基金、湖北省社科基金、中央高校基本科研业务项目，参与国家社科基金、农业农村部、自然资源部委托课题等。在《软科学》《山东社会科学》等CSSCI/CSCD源刊上发表学术论文十余篇，其中一篇被人大复印资料全文转载。

总序

21 世纪，人类进入了开发利用海洋与保护治理海洋并重的新时期。海洋在保障国家总体安全、促进经济社会发展、加强生态文明建设等方面的战略地位更加突出。党的十八大报告中正式将海洋强国建设提高到国家发展和安全战略高度，明确提出要提高海洋资源开发能力，大力发展海洋经济，加大海洋生态保护力度，坚决维护国家海洋权益，建设海洋强国。党的十九大报告再次明确提出要坚持陆海统筹，加快建设海洋强国。党的二十大报告从更宽广的国际视野和更深远的历史视野进一步要求加快建设海洋强国。由此可见，加快建设海洋强国已成为中华民族伟大复兴路上的重要组成部分。我们在加快海洋经济发展、大力保护海洋生态、坚决维护海洋权益和保障海上安全的同时，还应深度参与全球海洋治理，努力构建海洋命运共同体，在和平发展的道路上，建设中国式现代化的海洋强国。

作为从事海洋战略研究三十余年的海洋人，我认为应当以时不我待的姿态探讨新时期加快海洋强国建设的重大战略问题，进一步提升国人对国家海洋发展战略的整体认识，提高我国学界在海洋发展领域的跨学科研究水平，丰富深化海洋强国建设理论体系，提高国家相关政策决策的可靠性和科学性。为此，我和自然资源部海洋发展战略研究所专家团队组织撰写了《海洋强国战略研究》，以期为加快建设海洋强国建言献策。

丛书共八册，包括《全球海洋治理与中国海洋发展》《中国海洋法治建设研究》《海洋争端解决的法律与实践》《中国海洋政策与管理》《中国海洋经济高质量发展研究》《中国海洋科技发展研究》《中国海洋生态文明建设研究》《中国海洋资源资产监管法律制度研究》。在百年未有之大变局的时代背景下，丛书结合当前国际国内宏观形势，立足加快建设海洋强国的新要求，聚焦全球海洋治理、海洋法制建设、海洋争端解决、海洋政策体系构建、海洋经济高质量发展、海洋科技创新、海洋生态文明建设、海洋资源资产监管等领域重大问题，开展系统阐述和研究，以期为新时期我国加快建设海洋强国提供学术参考和智力支撑。

我们真诚地希望丛书能成为加快建设海洋强国研究的引玉之砖，呼吁有更多的专家学者从地缘战略、国际关系、军队国防等角度更广泛、更深入地参与到海洋强国战略研究中来。由于内容涉及多个领域，且具较强的专业性，尽管我们竭尽所能，但仍难免有疏漏和不当之处，希望读者在阅读的同时不吝赐教。

丛书的策划和出版得益于浙江教育出版社的大力支持。在我们双方的共同努力下，丛书列入了“十四五”国家重点出版物出版规划，并成功获得国家出版基金资助，这让我们的团队深受鼓舞。最后，浙江教育出版社的领导和编辑团队对丛书的出版给予了大力支持，付出了辛勤劳动，在此谨表谢意。

张海文

2023 年 7 月 5 日于北京

前言

海洋资源资产作为人类赖以生存和发展的重要物质基础，不仅是自然生态环境的有机组成部分，同时也是促进经济增长与维护国家利益的关键物质财富要素。目前我国海洋资源资产监管法律制度呈现出由分散监管向综合监管（或称“融合监管”）过渡的趋势。但关于海洋资源资产综合监管法律制度的理论认知与实践研究相对不足，尤其对于海洋资源资产产权“权利束”的构成缺乏清晰界定。对海洋资源资产综合监管的优化建议仍以海洋资源的种类划分为基础，以单一学科研究为视角，尚未走出分散监管的惯常性思维。

我国海洋资源资产兼具法定性、生态性与经济性，其监管法律制度的构建应在保证“法律理性”的前提下，兼顾“经济理性”与“生态理性”，实现经济效益、生态效益与社会效益的平衡。应采用规范分析、比较分析、经济分析等研究方法，将海洋资源资产监管法律制度视为一种制度上的供给，明晰制度供给与制度需求之间的均衡关系。海洋资源资产综合监管应以过程导向、多方参与、资产增值与技术创新为目标体系。基于监管依据法律化、监管主体多元化以及监管内容阶段化三个方面，构建更加符合供需各方需求的、多元主体参与且功能整合的海洋资源资产综合监管法律制度。

本书共分为八个部分：第一部分为海洋资源资产监管概述。介绍海洋资源资产监管的相关概念、分类与价值构成，指出完善海洋资源资产监管法律制度的必要性与可行性，评述国内外研究进展。第二部分为海洋资源资产特性与海洋资源资产监管理论基础。海洋资源资产兼具生态性、稀缺性以及公共物品特性。在理论基础层面，以产权理论为支撑维护国家权益，通过外部性理论矫正促进海洋资源资产的价值实现，以公共信托理论为基础，提高海洋资源资产监管效能。第三部分为我国海洋资源资产监管法律制度现状。梳理我国现行海洋资源资产监管相关法律法规，以及监管机构演变历程。总结我国海洋资源资产传统管理方式存在的问题及其成因。第四部分为我国海洋资源资产监管阶段性问题厘定。海洋资源资产参与市场交易的整个流程可分为确权、市场流转与司法实践三个阶段，不同阶段的监管各有偏重，主要为程序监管、交易监管与司法监督。第五部分为海洋资源资产监管模式的供给与比较。从法经济学视角来看，海洋资源资产的监管模式应以实现供求平衡为目标，使所付成本与所获收益成正比。借鉴国际自然资源资产综合监管实践经验，提出我国海洋资源资产综合监管的发展方向与具体建议。第六部分为国外典型国家海洋治理战略与海洋资源监管法律制度考察。通过比较美、加、英等国的海洋治理战略、海洋资源监管法律依据、海洋资源监管主体等，总结国外海洋资源综合管理的实践经验。第七部分为我国海洋资源资产监管的目标体系与实践。海洋资源资产监管大部制改革以组建自然资源部为标志，力图构建中国海洋资源资产综合监管体系。理论层面包括我国海洋资源资产产权“权利束”的设计。实践层面以涉海部门规章与地方性法规为例，分析近位阶法律规范冲突的解决路径。第八部分为我国海洋资源资产多元综合监管法律制度的规范构建。主要包括价值取向、综合监管依据、综合监管主体、综合监管内容四个方面。

本书的创新点在于构建过程导向的海洋资源资产多元综合监管法律制度。在大部制改革背景下，我国海洋资源资产监管法律制度呈现出由分散监管向综合监管过渡的趋势。此过程的关键就在于海洋资源资产综合监管法律制度的目标导向与规范构造。本书通过比较国内外自然资源资产综合监管实践，总结能够全面反映自然资源资产综合监管概念框架的关键要素，提出启动国有自然资源资产综合监管战略和规划编制的行动建议；创造性地提出海洋资源资产综合监管的目标体系，即过程导向、多方参与、资产增值与技术创新，推动海洋资源资产监管合力的形成，为大部制改革的推进提供具有实用性与可操作性的综合监管法律制度框架。

本书系 2022 年度国家出版基金资助项目和出版业“十四五”时期发展规划项目“海洋强国战略研究”之一。感谢首都经济贸易大学李晓安教授的支持和推荐。感谢自然资源部海洋发展战略研究所张海文所长、贾宇书记等各位领导、专家学者的指导与帮助。感谢浙江教育出版社各位领导、编辑的支持。

大部制改革背景下，海洋资源资产多元综合监管法律制度的规范构建任重而道远。限于笔者水平，本书还有诸多不完善之处，恳请读者斧正。

张文斐

2022 年 7 月

目 录

01 第一章 海洋资源资产监管概述

自然资源资产是国民经济稳定发展的重要物质要素。2018年我国自然资源部成立，“统一行使全民所有自然资源资产所有者职责，统一行使所有国土空间用途管制和生态保护修复职责”。海洋资源资产作为国有自然资源资产的重要组成部分，对其实施高效、合理的保护与监管，不仅是保障经济发展、推进生态文明建设的客观要求，亦是维护国家利益的必然要求。2021年3月11日，十三届全国人大四次会议表决通过了《中华人民共和国国民经济和社会发展第十四个五年规划和2035年远景目标纲要》决议。其中，第三十三章“积极拓展海洋经济发展空间”要求“探索建立沿海、流域、海域协同一体的综合治理体系。严格围填海管控，加强海岸带综合管理与滨海湿地保护”。

第一节　海洋资源资产的概念与属性

要完善海洋资源资产监管法律制度，首先必须界定“海洋资源资产”，并对其与“自然资源”等相关概念之间的关系进行辨析。在明确海洋资源资产概念以及属性的基础上，对其总经济价值进行分类，为清晰认知海洋资源资产特性与优化海洋资源资产价值评估制度奠定基础。

一、海洋资源资产相关概念辨析

“国有自然资源资产”，从词语结构上看，是由“自然资源”“资产”“国有”三个要素共同构成的复合称谓。即在“自然资源”的基础上，添加了“资产”与“国有”两个限定词，进而构成“自然资源”（natural resources）“自然资源资产”（natural resource assets）“国有自然资源资产”（state-owned natural resource assets）三个不同层级的递进式概念。

第一，“自然资源”。即主要以自然形态存在的资产的来源或基础，或是人类可以利用的、自然生成的物质与能量，也可视为在一定时间、地点、条件下能够产生经济价值，以提高人类当前和将来福利的自然环境因素与条件。自然资源在具有稀缺性和较为完备的产权条件时，将转化为自然资源资产。

第二，“自然资源资产”。并非所有的自然资源都可被称为自然资源资产。从会计等式[①]来看，资产=负债+所有者权益。因此，自然资源要成为自然资源资产，需具备如下特性：一是“稀缺性”，系最为基本的条件。凡不具有稀缺性的，均不构成严格意义上的自然资源资产。二是“负债”，即资金的来源。能够产生经济价值，且该种经济价值可被评估，

① 会计等式，又称为会计恒等式或会计平衡公式，是编制资产负债表的依据。

可参与市场交易。[①]三是“所有者权益”，所有的占用必定有来源作为支持，即要求产权明晰。自然资源产权主体应尽可能明确。若产权主体不明确，则易导致自然资源资产的过度开发利用或收益的流失。

通过对上述两个概念的辨析，笔者认为，自然资源资产与自然资源之间既具有区别又存有联系。首先，二者之间的区别在于自然资源与自然资源资产涵盖范围与关注重心的差异性。前者往往是从生态学视角，强调自然资源实物本身，涵盖范围较大；而后者多从经济学视角，强调资源资产的经济价值与社会效用，涵盖范围相对较小，具备一定条件的前者方可构成后者。其次，二者之间的联系在于，自然资源资产源于、基于并包含于自然资源，能构成自然资源资产的当然属于自然资源的范畴。鉴于此，自然资源的属性与特征通常亦构成自然资源资产的属性与特征，如生态性与系统性等；反之，自然资源资产所特有的属性，如稀缺性，有的自然资源却不一定具备。

第三，“国有自然资源资产”。“国有”一词是对“自然资源资产”所有权归属的限定。《中华人民共和国宪法》第九条与第十条对自然资源资产所有权归属问题作了原则性规定，即国家所有或集体所有两种形式。其一，矿藏、水流和城市的土地为单一所有权形式，只能归国家所有，简称“国有”。其二，森林、山岭、草原、荒地和滩涂为双项所有权形式，归集体所有或国家所有。“国有”的价值目标是在维系自然资源生态属性的前提下，实现自然资源资产的保值增值，其实质是全民所有。[②]《中华人民共和国民法典》第二百四十六条规定，“法律规定属于国

---

① 贺义雄. 中国海域资源资产经营研究：理论 · 方法 · 应用[M]. 南京：东南大学出版社，2016：28-29.

② 赵亚莉，龙开胜. 自然资源资产全民所有权的实现逻辑及机制完善[J]. 中国土地科学，2020，34（12）：11-16，43.

家所有的财产，属于国家所有即全民所有”。集体所有中的“占有”是一种次级归属形式，民法学界有观点认为是一种临时所有权。[①]我国 2021 年施行的《中华人民共和国民法典》第二编“物权”第二百四十六条至第二百五十一条，在原《中华人民共和国物权法》第四十五条至第四十九条对自然资源资产所有权归属规定的基础上，新增了无居民海岛的国家所有权。

综合以上三个不同层级概念的界定可知，“自然资源”“自然资源资产”“国有自然资源资产”概念所涵括的范围层层限缩（见图 1-1）。分别在自身基础上，具备一定的条件后，方构成下一层级的概念范围。

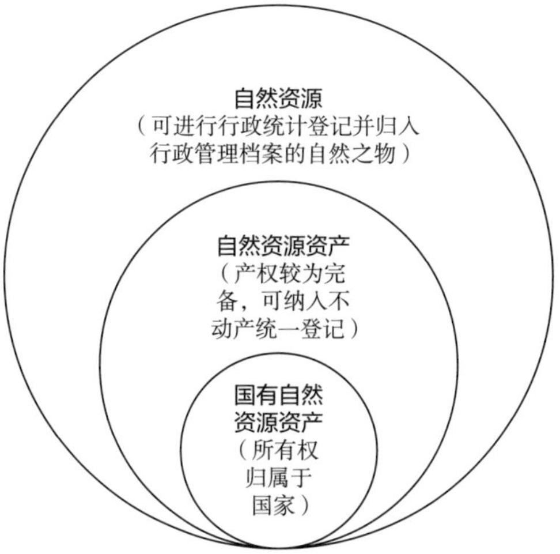

图1-1 国有自然资源资产相关概念关系图

海洋资源资产，即“海洋资源”“资产”两个要素共同构成的复合称谓。《地学辞典》将“海洋资源”定义为：“海洋动力资源、海水化学资源、

① 鲁道夫 · 萨科，拉法埃莱 · 卡泰丽娜. 占有论[M]. 贾婉婷译. 北京：中国政法大学出版社，2014：353.

海洋生物资源、海洋水产资源和海洋矿产资源的总称。"[1]狭义的"海洋资源",是指与海水水体本身有直接关系的物质和能量,包括海洋中生存的生物,溶解于海水中的化学元素,淡水、海水运动所产生的能量,海水中储存的热量,海底蕴藏的矿产资源,以及在深层海水中所形成的压力差、海水与淡水之间所具有的盐分浓度差等。广义的"海洋资源"包括海水水体本身以及海洋空间的利用,凡是与海洋相关的、可以为人类创造财富的物质、能量、空间、设施等,都可称为海洋资源,如水产资源、海洋上空的风、海底的地热、海上航运、海上娱乐场所、海底隧道和电缆线等。总之,一切海洋空间沿岸的利用都属此范畴。故有学者概括性地提出,海洋资源是海洋中蕴藏的自然资源,包含了海水、海床、洋底的生物和非生物资源(海洋矿物资源、海水化学资源、海洋能源)。[2]亦有学者提出,海洋资源是指在一定的技术经济条件下,海洋中一切能够为人类所利用的物质和能量。[3]该表述中"能够为人类所利用"这一限定条件,更贴合前文所述的"资产"范畴,即从经济学视角,更加强调资源的经济价值与社会效用。故笔者认为,该表述更适合称为"海洋资源资产"。

海洋资源资产监管,主要是通过海洋功能的区划和开发规划,组织、协调、控制海洋资源资产开发利用活动,以形成科学的海洋生产布局和合理的区域开发利用结构,实现海洋资源资产可持续利用目的的综合性活动。其含义具体包括如下几方面:(1)海洋资源资产监管的主体。《中华人民共和国海域使用管理法》第三条规定,海域属于国家所有,国务

① 邓绶林. 地学辞典[M]. 石家庄:河北教育出版社,1992:1360.

② 高桂林,杨雪婧. 生态文明视野下自然资源法治研究[M]. 北京:中国政法大学出版社,2021:243.

③ 马英杰. 海洋环境保护法概论[M]. 北京:海洋出版社,2012:60.

院代表国家行使海域所有权。任何单位或者个人不得侵占、买卖或者以其他形式非法转让海域。单位和个人使用海域，必须依法取得海域使用权。（2）海洋资源资产监管的客体。即海洋资源资产和海洋资源资产开发利用中产生的人与人、人与海、海与海之间的关系。（3）海洋资源资产监管的基本任务。即保护国家海洋资源资产综合收益权，调整海洋关系和管控海洋资源资产开发利用。（4）海洋资源资产监管的目标。即不断提高海洋资源资产开发能力、发展海洋经济、保护海洋生态环境与生物多样性、维护国家海洋权益。（5）海洋资源资产监管的手段。包括行政手段、经济手段、法律手段、技术手段、军事手段等。

二、海洋资源资产的多重属性

基于“海洋资源”的生态属性、“资产”的经济属性与“国有”的法律属性，加之海洋资源资产概念的递进模式，可以总结出，海洋资源资产兼具法律属性、生态属性与经济属性。具体表现如下。

（一）海洋资源资产的法律属性

海洋资源资产的法律属性主要表现为其法定所有权，即国家所有，全民所有。海洋资源资产的法律属性，要求海洋资源资产的开发利用活动应以国家利益为中心，从全局和系统的维度整体统筹，具体可表现为国家在海洋上获得的属于领土主权性质的权利，以及由此延伸或衍生的部分权利。海岛作为海洋资源的重要组成部分，是确定国家领海基线的基点，对划定国家的领海范围和专属经济区、维护国家海洋权益等有着关键性作用。海洋作为国家安全的国防屏障，国家应通过外交、军事等手段，防止发生海上权益冲突。

（二）海洋资源资产的生态属性

海洋资源资产的生态属性主要表现为其内部联系上的系统性，要求海洋资源资产的开发利用活动应在追求经济价值的同时，兼顾整个生态系统的生态价值。

其一，海洋资源资产数量的有限性。由于人类对海洋资源的认识不足，加之在海洋资源的使用过程中没能遵循可持续利用的原则，可能导致多种问题的发生。对海洋的不可再生资源而言，在其被使用过程中，很少会有人思考使其社会效益最大化的使用途径，这往往导致不可再生资源的浪费。对海洋的可再生资源而言，人类过度开采导致其迅速衰竭。人口增长，使得人类对海洋资源的依赖逐步加大，这将愈加凸显海洋资源的稀缺性。不同国家对海洋资源的不均等占有，往往使得富国越富、穷国越穷。

其二，海洋资源资产的流动性。海水不是静态的，而是动态的，朝着水平或垂直方向运动。溶解于海水中的物质随着海水的流动而位移；不溶于水的污染物也经常随着海水的流动在大范围内移动和扩散；部分海洋生物具有洄游的习性。海洋资源的流动，使人们难以对这些资源进行明确而有效的划分和占有。因此，海洋资源的开发，在不同的国家间产生了利益和产权责任分配问题。污染物的扩散和移动，造成归属海域和领海国家的损失，甚至引起国际纠纷。这些都需要世界各国紧密配合、相互支持、谋求合作共赢。

其三，海洋资源资产的不可复制性。海域与海域之间因自然环境、地理位置等因素的不同，会呈现出独特性和差异性。即便是在同一片海域，海洋资源的差异性也还是很明显的，其资产的功能效用也是不同的。

其四，海洋资源环境的脆弱性。海洋水系是一个统一整体，各个海域的分布不同，潮间带和近海水域水层浅、变换慢、环境复杂、海水自净能力差，一旦受污染，容易引发病害，并迅速蔓延至整个海域，直接影响海洋渔业，同时也会对旅游业、人文景观以及人类的身体健康造成危害，如海上石油开采有导致海洋大面积污染的风险，海洋渔业捕捞有产生渔业资源枯竭的风险等。海底矿产的开采会影响海底生态系统，但这种影响是否一定会产生风险，人们还没有清晰的认识，所以在海底矿产开采过程中，也没有相应的预防预警措施，而一旦产生风险，将很难预料会有多大的不良影响。

其五，海洋资源资产空间分布的复杂性。基于海洋环境和生态条件的复杂性和特殊性，海洋资源资产的分布在空间上有较大差异，各海域分布着不同的资源并构成各具特色的海洋资源资产区域，例如大陆架的石油资源，国际海底区域的铀矿资源等。海洋资源资产区域功能具有高度复杂性，海洋表面、海洋底部都广泛分布着各种资源，立体性强。另外，在同一片海区也会存在多种资源。

（三）海洋资源资产的经济属性

海洋资源资产的经济属性，要求海洋资源资产的开发利用活动应结合经济学理论与方法的分析，对海洋资源资产进行科学界定，可持续性地提高其开发利用的经济效益。

其一，海洋资源资产供给的稀缺性。海洋资源资产数量的有限性和海水介质的流动性决定了海洋资源资产供给的稀缺性。就像商品一样，如果生产得少，用的人多，就会导致供不应求。可见，海洋资源资产的稀缺性在特定的时期和特定的海区才会表现出来，由此可以引申出海洋资源资产利用的制约性。不同的海区，不同的条件，导致海洋资源资产的用途有所不同，而一种用途向另一种用途的变更同样受到诸如地理位置、地形、地貌特征等因素的影响，从而使得这种用途的海洋资源资产供给在一定区位、一定时期变得稀缺。

其二，海洋资源资产用途的可转换性。海洋资源资产可以有很多用途，而且不同的用途之间可以相互转换。如海岸带土地资源资产可开发为农用地、养殖用地、房地产用地、海洋旅游休闲用地、港口用地、临海工业用地；在一定条件下，这些海岸带土地资源资产和海水资源资产的用途之间可相互转换。因此，要妥善保护海洋资源资产，通过改变海洋资源资产用途来调整具体海区某种类型海洋资源资产的供求状况。

其三，海洋资源资产产权归属的不明确性。法律明确规定海洋资源资产的所有权属于国家。但是，长期以来国家所有权缺乏人格化的代表，在实际的经济运行中是虚化模糊的，表现在海洋资源资产所有权和使用权的泛化和管理的淡化上，实际上是"谁发现、谁开发，谁所有、谁受益"。在产权不具有排他性的情况下，海洋资源资产的开发、利用和保护的权责利关系就无法确定。海洋资源资产所有权代表地位模糊，各种产权关系缺乏明确的界定，造成沿海各个利益主体之间的经济关系缺乏协调。同时，海洋资源资产的流动性又决定了海洋资源资产产权的模糊性。如海洋渔业资源资产具有洄游的特性，除领海和专属经济区外，海洋的极大部分没有国界，即使是在一国的领海，一般也没有明显的省、区、市等界线，因此在诸多海域中，渔业资源资产产权的归属仍具有模糊性。

其四，海洋资源资产的公共性。就海洋资源资产的属性来看，它同时具有商品和公共产品的特征，公共物品性表现得尤为明显。海洋作为一个连通的整体，任何一个国家或地区均不能独占海洋资源资产，这与陆地有很大的不同。如大多数海洋鱼类属于捕获者，这一点与内陆的养殖鱼类在进入市场完成交易之前只属于养殖者有着很大的区别。海洋资源资产的公共性，一方面体现了国家性，表现为国家管辖海域内的自然资源资产通常属于国家所有，海洋资源资产的管理必须在国家有关法律法规框架内，通过适当的公共产品管理手段进行。另一方面则体现了国际性，相关海洋国际法明文规定国际海洋资源资产属于全人类所有，因此各国在海洋资源资产的开发活动中，容易产生一定的利益冲突，以海洋资源资产为中心的国际争端频发，这就亟须寻求一种共同的准则以协调利益、责任的分配和义务的履行。

第二节　海洋资源的分类与海洋资源资产的价值

海洋资源十分丰富，种类繁多。对海洋资源进行科学划分，厘清海洋资源资产所蕴含的价值构成，不但有利于更好地理解和把握不同资源间的相互关系及同类海洋资源的共同特征，还能进一步揭示海洋资源存在的自然规律，有利于更好、更合理地开发、利用和保护海洋资源资产。

一、海洋资源的分类

目前主要有以下几种常用的分类方法。

第一，按照海洋资源与人类社会生活以及经济活动的关系，将海洋资源分为海洋生物资源、海洋化学资源、海洋矿产资源、海洋能源资源、海洋空间资源等类型。

第二，按照海洋资源可被利用的特点，从经济学视角将海洋资源分为海洋耗竭性资源和海洋非耗竭性资源、海洋再生性资源和海洋非再生性资源、海洋恒定性资源和海洋非恒定性资源等类型。有学者提出了海洋资源分类系统（如下页图 1-2 所示）。[①]

---

① 崔旺来，钟海玥．海洋资源管理[M]．青岛：中国海洋大学出版社，2017：12.

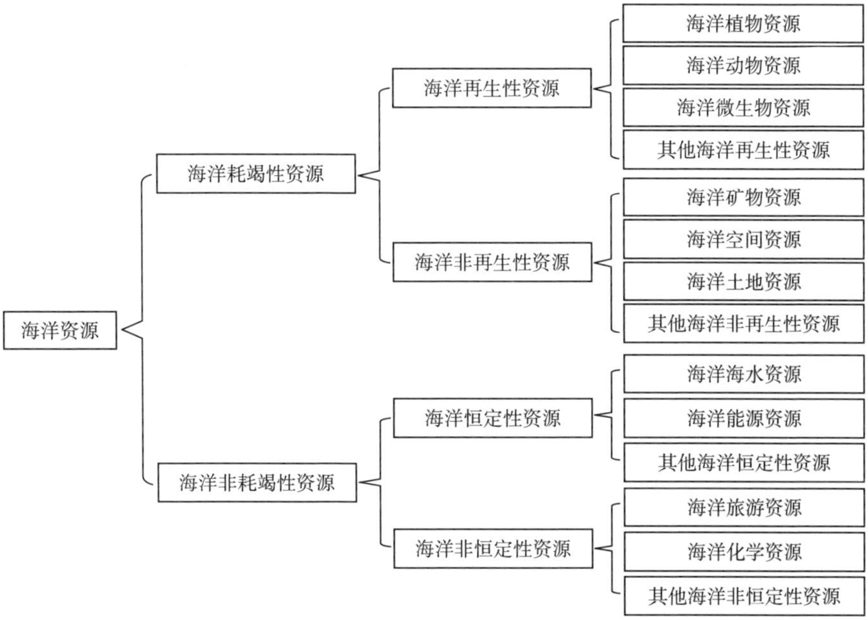

图1-2 海洋资源分类系统

第三，按照海洋资源所处的地理位置，将海洋资源划分为海洋海岸带资源、海洋海域资源、海洋海岛资源、海洋极地资源等。

第四，按照海洋资源的实物形态，将海洋资源划分为海洋物质资源和海洋非物质资源。

第五，按照海洋资源的空间层次，将海洋资源划分为海洋海上空间资源、海洋海中空间资源、海洋海底空间资源。

第六，按照海洋资源的依赖关系，将海洋资源划分为海洋主体性资源和海洋依属性资源两大类。海洋主体性资源是构成海洋本体的各种资源，包括海域资源、海岛资源、海洋矿产资源、滩涂湿地及盐田资源；海洋依属性资源是依附于海洋主体资源而存在的海洋资源，包括海洋生物资源、海洋新能源、海洋景观资源、港口岸线资源。

第七，按照海洋资源的自然属性，将海洋资源划分为海洋物质资源、海洋空间资源和海洋能源资源三大类。详细划分如表 1-1。

表 1-1　海洋资源分类及其利用举例表①

分类				利用举例
海洋物质资源	海洋非生物资源	海洋水资源	海水本身资源	冷却用水，盐土农业灌溉，海水养殖，海水淡化利用等
			海水中溶解物质资源	除传统的煮盐、晒盐的方式外，现代技术在卤族元素、金属元素（钾、镁等）和核燃料（铀、锂等）物质提取方面取得了很大的进步
		海洋矿产资源	海底石油、天然气	当前海洋最重要的矿产资源，其产量已近世界油气总产量的 1/3，而储量则是陆地的 40%
			滨海矿砂	金属和非金属矿砂，用于冶金、建材、化工、工艺等
			海底煤矿	弥补沿海陆地煤矿的日益不足等
			大洋多金属结核和海底热液砂床	可开发利用其中的锰、镍、钴、镉、锌、钒、金等多种陆地稀缺的金属资源
	海洋生物资源	海洋植物资源		种类繁多，常见的有海带、紫菜、裙带菜、鹿角菜、红树林等。用途广泛，作为食物、药物、化工原料、饲料、肥料等
		海洋无脊椎动物资源		种类繁多，包括贝类、甲壳类、头足类及海参、海蜇等。主要作为优质食物和饲料、饵料等
		海洋脊椎动物资源		种类繁多，主要是鱼类、海鸟和海兽等。鱼类是最主要的海洋食物。海鸟和海兽也有特殊的经济、科学、旅游和军事意义
海洋空间资源	海岸与海岛空间资源			包括港口、海滩、潮滩、湿地等，可用于运输、工农业、旅游、科教等方面
	海洋 / 海面空间资源			建造国际和国内海运通道、海上人工岛、机场、工厂和城市，提供广阔的军事演习场所，为海上旅游和体育运动等提供场所

① 朱晓东，李杨帆，吴小根，等. 海洋资源概论[M]. 北京：高等教育出版社，2005：13-14.

续表

<table>
<tr><th colspan="2">分类</th><th>利用举例</th></tr>
<tr><td rowspan="2">海洋空间资源</td><td>海洋水层空间资源</td><td>为潜艇和其他民用水下交通工具提供运行空间，建造水底观光旅游和体育运动场所、人工渔场，等等</td></tr>
<tr><td>海底空间资源</td><td>可供建造海底隧道，海底居住地和观光场所，海底通信线缆，海底运输管道，海底倾废场所，海底列车，海底城市等</td></tr>
<tr><td rowspan="5">海洋能源资源</td><td>海洋潮汐能</td><td rowspan="5">蕴藏在海洋中的这些形式的能量均可通过技术手段转换为电能，为经济发展与人类生活服务。海洋能源资源是不枯竭的无污染能源</td></tr>
<tr><td>海洋波浪能</td></tr>
<tr><td>潮流/海流能</td></tr>
<tr><td>海水温差能</td></tr>
<tr><td>海水盐度能</td></tr>
</table>

二、海洋资源资产的价值构成

从资源经济学的角度分析，我国海洋资源资产监管法律制度的优化，是基于信息资源的政策决策，能够促进海洋资源资产及其所开发利用的产品和服务总经济价值（total economic value，简称TEV）的实现。海洋资源资产的总经济价值是一个动态的概念，其内涵随着科技与社会的发展而不断丰富。具体由非使用价值（non-use value，简称NUV）和使用价值（use value，简称UV）两个部分构成，详见表1–2。

表1–2 海洋资源资产总经济价值构成表

<table>
<tr><th>名称</th><th>结构一</th><th>结构二</th><th>构成内容</th><th>具体体现</th></tr>
<tr><td rowspan="3">海洋资源资产总经济价值</td><td rowspan="3">使用价值</td><td>直接使用价值</td><td>可直接消耗的量</td><td>食物或生物量
休闲娱乐</td></tr>
<tr><td>间接使用价值</td><td>功能效益</td><td>生态功能
生物控制
生态保护</td></tr>
<tr><td>选择价值</td><td>将来的直接或间接使用价值</td><td>生物多样性
保护生存栖息地</td></tr>
</table>

续表

名称	结构一	结构二	构成内容	具体体现
海洋资源资产总经济价值	非使用价值	存在价值	继续存在的价值	濒危物种 生存栖息地
		遗赠价值	为后代遗留下来的使用或非使用价值	生存栖息地 不可逆改变

海洋资源资产的使用价值是指海洋资源资产被使用或消费的时候，满足人们生产和消费需要的价值，也就是现在或未来海洋资源资产通过商品和服务的形式为人类所提供的福利。[①]海洋资源资产的使用价值亦可分解为直接使用价值（direct use value，简称DUV）、间接使用价值（indirect use value，简称IUV）和选择价值（option value，简称OV）。（1）直接使用价值，取决于海洋资源资产对现阶段生产或消费的直接贡献。以海洋植物资源为例，药用价值、娱乐休闲使用价值等均是直接使用价值的表现。直接使用价值在定义上虽容易理解，但在经济上却不易对其作具体判断。植物产品的销售量和产量可依调查数据估算，而药用植物的使用价值却很难直接作出判断。（2）间接使用价值，系从现阶段用于生产和消费的海洋资源资产中间接获得的经济利益，类似于前文所述的生态功能。以上述海洋植物资源为例，其间接使用价值体现在营养循环、生物保护、防治污染、调节气候等方面。虽未直接作用于海洋资源资产的生产与消费，但对正常的生产和消费活动至关重要，为其顺利进行提供环境保障。（3）选择价值，又称“期权价值”，即任一种类的海洋资源资产都可能具有的使用价值。海洋资源资产作为日常生产生活的必需品，为了保值增值、使其使用价值更大，或者为了维护代际公平，保证后代

① 约翰·C. 伯格斯特罗姆，阿兰·兰多尔. 资源经济学：自然资源与环境政策的经济分析[M]. 第三版. 谢关平，朱方明译. 北京：中国人民大学出版社，2015：205-206.

人的使用，可能会选择保护而暂时不使用该类海洋资源资产。选择价值由该类海洋资源供需的不确定性来决定，且受到消费者对风险态度的影响。选择价值取决于人们为维护供将来使用的该类资源而付出的数值，包括将来的直接和间接使用价值。鉴于此，选择价值实际上是相关权利主体为未利用的资产提前付出的保险金，以使该资产在将来不至于消失。

海洋资源资产的非使用价值分为存在价值（existence value，简称EV）和遗赠价值（bequest value，简称BV）。非使用价值是生态学家赋予物品的内在特征，与它本身是否被使用无关。关于如何定义存在价值及其内容，有诸多说法。一种被广泛接受的观点是，存在价值是由对该资产存在的满足感而产生的，与是否有使用该资产的意愿无关。在某种程度上，存在价值是以道德视角，对海洋资源资产价值进行的评价和判断，其中包括人们对非自身物种的关注和同情。比如，若每个人都坚信所有物种都有权与人类自身共存，即使它们似乎没有使用价值，人们也必须保护这些物种的存在。随着自然环境保护观念的提升，环境经济学家提出，存在价值的基础，系人们为肯定海洋资源资产存在的意义而支付的意愿。若该海洋资源资产是独特的，上述关于存在价值的发现就更为重要。遗赠价值是可持续发展观念的重要体现，意味着每个人都想为维护某种类型的海洋资源资产而付出，且不仅是为了改善自身生活，更是为了更好地将其经济价值留给后代，更好地促进其价值的实现。

海洋资源资产的价值构成，加之海洋资源资产的稀缺性，决定了在开发利用与保护等各项活动中对其进行有效监督管理的必要性。一方面，海洋资源资产的使用价值与非使用价值，对国家经济发展与国民生产生活水平的提高均有着重要的作用，关乎国家利益，应对海洋资源资产的使用配置进行宏观指导。另一方面，对海洋资源资产的有效监管，亦会提高海洋资源资产配置效率。于监管客体而言，能够促进海洋资源资产的价值实现；于监管主体而言，有利于监管合力的形成，提高国家治理效能。

第三节 海洋资源资产监管法律制度完善的必要性与可行性

立法的体系化不仅是达到保护目标的现实需求，亦是法律体系化在自然资源领域的有效延伸。[①]法律是全民意志的表达，“法与时转则治，治与世宜则有功”。

一、海洋资源资产监管法律制度完善的必要性

于海洋资源资产而言，法律规定的“国家所有”不能简单地被认为是国家通过对海洋资源资产的间接占有与监督管理获取经营利益，而应以充分发挥市场决定性作用为前提，通过规定海洋资源资产使用权的限制性共享和管理权的多元主体共治，来确保社会成员持续性共享海洋资源，促进海洋资源资产保值增值，以实现社会效用最大化。[②]目前，我国海洋资源资产监管的依据主要是按照海洋资源种类制定的单项立法，如《中华人民共和国海洋环境保护法》《中华人民共和国海上交通安全法》《中华人民共和国领海及毗连区法》《中华人民共和国专属经济区和大陆架法》《中华人民共和国海域使用管理法》《中华人民共和国海岛保护法》《中华人民共和国渔业法》等。由于法律的相对滞后性，加之各单行法制定的背景及时间先后不一，相关规定难免存在重复或不衔接的问题，给海洋资源资产监管带来较大困难。政府作为海洋资源资产监管法律制度的供给方，相关权利主体作为海洋资源资产监管法律制度的需求方，基于各自利益的不同而呈现一种动态的利益交换与策略选择过程，并最终

① 秦天宝，刘彤彤．自然保护地立法的体系化：问题识别、逻辑建构和实现路径[J]．法学论坛，2020，35（2）：131-140．

② 王旭．论自然资源国家所有权的宪法规制功能[J]．中国法学，2013（6）：5-19．

决定了制度变迁与制度创新。制度变迁与创新遵循着从不均衡到均衡的发展规律，受制度需求与供给的影响。鉴于此，本书将海洋资源资产监管法律制度作为研究对象，分析各行为主体对该制度供给的真实需求，界定制度供给与需求之间的均衡关系。设计效用函数，采用实证与规范分析、跨学科交叉分析等研究方法，构建真正符合供需各方需求的、多元主体参与且功能目标整合的海洋资源资产综合监管法律制度。落实好党中央赋予自然资源主管部门的“两统一”职责[①]，为海洋资源资产的有效开发与利用提供制度保障，促进海洋资源资产产权保护，实现我国海洋资源资产法律体系的整体融贯性，推动生态文明体制改革的发展。

（一）海洋资源资产监管制度完善的理论意义

海洋资源资产监管法律制度的完善具有如下三点理论意义。

第一，有利于形成海洋资源资产多元综合监管法律制度构建的目标体系。价值目标引领制度设计。在“经济理性”层面，针对当前海洋资源资产流失的现状，以促进海洋资源资产保值增值、维护资源市场公平交易为目标，对海洋资源资产多元综合监管法律制度进行供需吻合度与效益分析。在“法律理性”层面，结合自然资源部主导的国有自然资源资产监管大部制改革，针对目前监管规定重复、冲突与滞后等问题，以加快环境资源法律体系的完善、实现环境资源司法裁判的公平正义、完善多元主体共治为目标，对海洋资源资产多元综合监管法律制度进行规范化构造。

第二，有利于实现海洋资源资产综合监管法律制度的精细化。作为一种高效管理模式，精细化标准要求准备精细充分、内容精确客观、程序精密细致及技术精湛新颖。随着我国海洋资源资产产权制度的不断发展，在海洋资源开发利用过程中，监管问题逐渐显露，如部门管理分散，

① 根据2018年《深化党和国家机构改革方案》的规定，“两统一”职责系指“统一行使全民所有自然资源资产所有者职责，统一行使所有国土空间用途管制和生态保护修复职责”。

立法滞后，各类海洋资源资产底数不清、权属不清等，这些问题亟待解决。为此，梳理海洋资源资产监管的法律依据与机构演变，从监管依据、监管主体与监管内容等方面实现中国海洋资源资产监管法律制度的精细化，是保证海洋资源合理开发利用、切实推进生态文明建设的重要前提。

第三，有利于保障自然资源资产产权制度的整体融贯性。从宏观层面而言，自然资源统一确权登记、自然生态空间系统修复、自然资源资产集约开发利用与自然资源资产监管等制度的健全与完善共同构成自然资源资产产权制度改革的主要任务。其中任一制度规范的优化完善，均有利于统筹推进自然资源资产产权制度改革。从微观层面而言，海洋资源资产监管法律制度的规范构造，需以海洋资源基本法与海洋资源综合监管法的制定为主，各类海洋资源专门法律法规的修改为辅，以供需平衡为导向分析海洋资源资产多元综合监管法律制度的偏好与效率，如此可避免自然资源资产产权制度的融贯性阻滞的产生。

（二）海洋资源资产监管法律制度完善的实践意义

海洋资源资产监管法律制度的完善至少具有如下三点实践意义。

第一，有助于形成海洋资源资产监管合力，加速海洋强国建设进程。海洋生态文明建设是海洋强国建设的重要组成部分，海洋生态文明建设要明确美丽海洋建设目标、掌握海洋生态系统方法、坚持陆海统筹重大谋略、构筑海洋生态文明制度体系。[①]通过创新海洋资源资产监管的方式方法，鼓励社会公众积极参与治理，实现多元主体的动态有效监管，形成监管合力，避免重复与冲突。

第二，有助于转变政府职能，提升国家治理效能。海洋资源资产多元综合监管法律制度的构建，需借助经济与技术工具，基于供需平衡分

① 李加林，沈满洪，马仁锋，等. 海洋生态文明建设背景下的海洋资源经济与海洋战略[J]. 自然资源学报，2022，37（4）：829-849.

析互惠偏好，基于成本收益分析监管效率，以实现社会效用目标的最大化。海洋资源资产多元综合监管法律制度的构建，侧重共同治理与服务，有利于推动政府职能的转变，推进国家治理能力的提升与治理体系现代化的构建。

第三，有助于保护生态环境，促进社会经济可持续发展。通过厘清海洋资源资产产权“权利束”的构成，以多元共治为目标体系，重构海洋资源资产多元综合监管法律制度，增强社会公众的参与感与获得感，使得合理有效利用海洋资源、保护生态环境实现常态化。通过对国内外海洋资源资产监管模式的比较，以保值增值为目标，优化海洋资源资产多元综合监管法律制度，稳定海洋资源资产市场交易秩序，推动社会经济的可持续发展。

二、海洋资源资产监管法律制度完善的可行性

我国海洋资源资产监管法律制度完善的可行性，主要体现在理论视野的可行性、分析工具的可行性、研究方法的可行性三个方面。

（一）理论视野：在何种理论视野中实现中国海洋资源资产的有效监管

海洋资源资产源于海洋资源，具有生态性、系统性与地域性。海洋资源资产属于国家所有，即全民所有，政府接受全民委托对信托资源资产进行管理，维护海洋资源资产的信托属性。基于监管主体的多元化与监管客体的公共物品特性，海洋资源资产监管具有外部性特征，若市场机制不能发挥作用，使海洋资源资产达到帕累托最优配置，出现市场失灵，将造成海洋资源资产滥用与环境恶化，发生“公地悲剧”（the tragedy of the commons）[①]。海洋资源资产监管需坚持市场化方向，向多元

① 公地悲剧，指有限的资源由于多数人的自由使用而被过度开发的情况。见 Hardin G. The Tragedy of the Commons[J]. Science，1968（162）：1243.

主体共同治理、追求综合效益的目标发展，产权理论、外部性理论以及公共信托理论共同构成中国海洋资源资产监管的理论基础。

（二）分析工具：采取何种分析工具服务中国海洋资源资产监管模式

海洋资源资产监管模式选择的效用分析主要分为两个步骤：第一步即信度分析，用来验证供给与需求的对应，即海洋资源资产监管模式是否建立在制度需求上，以满足整合性、融贯性与可行性需求为基本出发点。第二步即效度分析，用来验证海洋资源资产监管模式是否建立在效益原则的基础上。中国海洋资源资产监管模式选择的效用研究，其目的在于考量监管模式是否能实现市场主体利益诉求和制度供需平衡。

（三）研究方法：如何系统全面地构建中国海洋资源资产多元综合监管法律制度

本书分为四个阶段四大方面（见图 1-3）。四个阶段是：理论分析（文献整理）阶段、问题厘定阶段、目标指向阶段与制度设计阶段。四大方面是：海洋资源资产特性与资源资产监管理论、海洋资源资产监管现状与阶段性问题厘定、海洋资源资产监管模式选择与国外制度考量以及海洋资源资产多元综合监管的目标体系与规范构造。

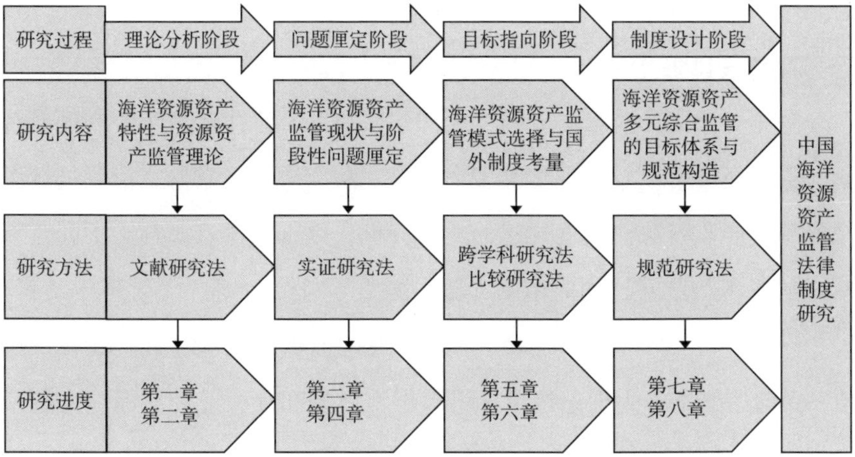

图1-3 中国海洋资源资产监管法律制度研究的研究阶段与计划进度图

本书拟通过下列三种研究方法展开机关论述。

1. 文献与比较研究法

对与海洋资源资产的法律属性与经济属性、海洋资源资产监管法律依据与机构演变等相关的诸多国内外文本资料进行分析，比较国外海洋资源资产治理体系的不同规范。结合我国现实国情与现有社会治理新格局，探索海洋资源资产多元综合监管法律制度的价值目标、海洋资源资产多元综合监管法律制度构建相关文本之于实践的推动力量。通过收集和整理相关文献资料，对海洋资源资产管理权和海洋资源资产监管法律制度研究的理论成果进行归纳与总结，为进一步的研究奠定文献和理论研究基础。

2. 实证与规范研究法

首先，针对我国海洋资源资产监管法律制度现状进行考察研究。充分利用“中国裁判文书网”以及“北大法宝”等电子数据库资源，统计各类海洋资源资产司法裁判案例，了解目前确权登记、用途管制等海洋资源资产监督与管理情况。其次，在实证研究基础上，对实证材料进行法律制度构建的规范分析，探讨不同海洋资源资产监管模式供给的需求吻合度与成本收益，聚焦于更有效率的监管法律制度建构与技术优化问题，对制度主体、内容、手段等进行规范化阐释。

3. 跨学科研究法

海洋资源资产监管法律制度之构建研究涉及法律经济学、制度经济学、资源经济学以及管理学等多个学科。利用法经济学研究范式进行海洋资源资产监管法律制度构建的效用分析，评析海洋资源资产不同监管模式的成本与收益，同时引入“公共物品”“公共治理”等管理学要素，以“公平交易”与“生态均衡”原则作为价值追求目标，以“权利—价值—治理—监督”为理论逻辑，将政府、市场和社会三个层面综合起来进行论证与阐述。

综上，本书的基本构想在理论视野、分析工具、研究方法等方面均具有可行性。初步设定为，海洋资源资产的多元综合监管是一个多种因素共同作用的复杂过程。在明确产权理论、外部性理论与公共信托理论，梳理海洋资源资产监管法律依据与机构演变的前提下，基于“权利—价值—治理—监督”的理论逻辑体系框架，立足于资产确权、市场流转及司法实践三个阶段，从海洋资源资产监管模式的供需分析与成本收益分析、海洋资源资产监管目标体系以及法律制度的规范构造等方面，系统全面地把握中国海洋资源资产多元综合监管法律制度之构建（见图1-4）。

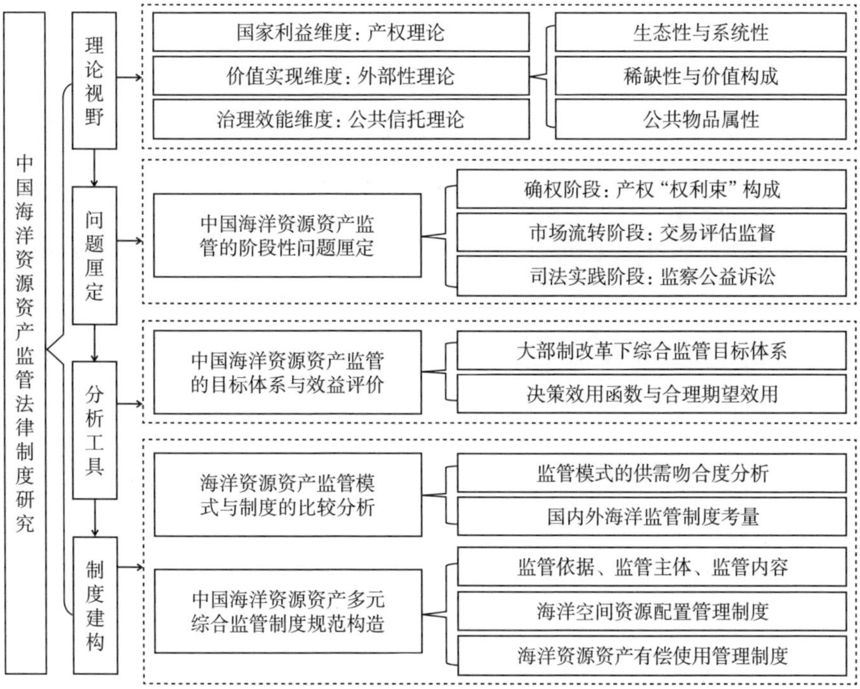

图1-4 中国海洋资源资产监管法律制度研究技术路线图

第四节　海洋资源资产监管法律制度的研究现状

海洋资源资产兼具法律属性、经济属性与生态属性，其权属与监管等的法律制度设计需要法学和经济学的结合验证，以兼顾“法律理性”“经济理性”与“生态理性”。目前，海洋资源资产监管法律制度相关的国内外研究较为丰富，从价值理论、利益理论、治理理论等不同视角，可将当前的研究概括为资源资产属性、资源资产监管权、资源资产监管体制三个方面。

一、价值理论视角下自然资源资产属性的研究现状

第一，对自然资源资产价值理论的研究。

自然资源资产价值理论的学术渊源是威廉·配第（2022）的《赋税论》，该书提出了“土地是财富之母”的论断。[①]该论断指出了土地价值论，认为在某种程度上，“土地”即自然资源资产的最原始形态，并由此延伸出资源资产定价及资产核算的问题，是资源价值论的萌芽。在全世界倡导可持续发展的背景下，美国学者阿兰·兰德尔（1989）进一步对有关自然资源环境的政策进行了探讨，结合经济学研究理论以及定量分析方法，从资源经济学的视角，研究自然资源资产及其价值。[②]随着世界人口的快速增长和经济全球化的不断发展，人们对自然资源及其产品或服务的需求不断增多，资源消耗速度逐渐加快，甚至出现“空心化”的现象，对自然资源资产价值以及核算等的理论研究不断从土地资源拓展到

① 威廉·配第.赋税论 献给英明人士 货币略论[M].陈冬野，马清槐译.北京：商务印书馆，2022：4.

② 阿兰·兰德尔.资源经济学：从经济角度对自然资源和环境政策的探讨[M].施以正译.北京：商务印书馆，1989：11.

其他自然资源领域。

自然资源资产价值理论的研究主要包括两个派别：一是马克思主义经济学提出的劳动价值论（labor theory of value），二是西方经济学提出的效用价值论（utility theory of value）。（1）劳动价值论以人类劳动作为自然资源资产价值的认定依据。价值（系抽象财富）的基础和源泉即抽象劳动，产品或服务价格的确定应以产品价值作为考量基础，系价值的一种表现形态，产品或服务进入市场流通需消耗的社会必要劳动时间决定了该产品或服务的价值量。因此，自然资源资产系自然界天然存在的产品，并无抽象劳动作为其价值的来源，因而自然资源资产无价值。伴随着自然资源资产使用范围以及利用程度的提高，越来越多的理论创新研究将传统劳动价值论的内涵进行拓展，力图为自然资源资产的价值论及其定价提供理论支撑，总体来看可归纳为两种不同的观点。第一种观点认为，自然资源资产本身并无价值，但不排除自然资源资产有价格。马克思（2018）指出，“价格是可想象的，类似于数学上的某些数量或符号，可以是产品价值的表现形态。同时，亦可以是简单的形式符号。在形式上有价格但在实质上无价值的产品，可直接被用于换取货币，通过简单的交换获取其他商品”①。第二种观点认为，自然资源资产本身即具有价值，自然资源资产价值观确立的基础包括如下方面：自然资源资产是全社会的共同财富；在自然资源资产的开发利用过程中有人类劳动的存在；自然资源资产及其产品与休闲服务等可作为商品参与市场流通等。（2）效用价值论以主观效用作为自然资源资产价值的认定依据。自然资源资产的效用体现在多个方面：一是资源效用，即为经济发展提供水资源、土地资源、能源资源等物质或能量；二是生态效用，即为人类生产生活

① 马克思．资本论：第一卷[M]．北京：人民出版社，2018：96-97.

提供舒适环境、休闲娱乐条件等各种生态服务；三是经济效用，即自然资源资产作为生产要素的重要组成部分，为促进经济发展与生产力水平的提高所带来的产品及其价值。传统效用价值论的基础是自然资源资产的稀缺性及其对人类经济生活需求的效用，在主观效用的层面，认为自然资源资产具有价值，并在此研究基础上，形成了自然资源资产价值理论研究体系。

第二，对自然资源资产及其属性的研究。

20 世纪 80 年代以来，国外学者关于自然资源资产的相关理论研究趋于成熟。最早的理论研究起源于环境经济学领域，体现了可持续发展观以及自然资源资产稀缺性的重要性。皮尔斯和特纳（Pearce & Turner，1990）在采用经济学分析方法研究自然资源与环境保护时，提出了“自然资本”的表述，标志着自然资源资产化研究进入了新阶段。① 戴利（Daly，1996）对“自然资本”一词的概念范围进行了明确。他提出，包括自然资源在内，在人们生存与经济发展过程中发挥积极促进作用的自然生态环境，都具有价值，即属于自然资本。② 保罗·霍肯、埃默里·洛文斯和亨特·洛文斯（2002）在已有理论研究的基础上，进一步对自然资本的四项基本利用策略作出了概括，具体包括：仿生学、自然资源本身的基础性生产、自然资源资产投资自然资本以及市场流通与服务经济发展。③

国内学者对自然资源资产及其属性的研究起步较晚，主要集中在自然资源资产的价值与自然资源资产的使用配置两个方面。基于对自然资

① Pearce D. W., Turner R. K. Economics of Natural Resources and the Environment[M]. Baltimore：Johns Hopkins University Press，1989：48.

② Daly E. H. Beyond Growth: the Economics of Sustainable Development[M]. Boston：Beacon Press，1996：75-80.

③ 保罗·霍肯，埃默里·洛文斯，亨特·洛文斯. 自然资本论：关于下一次工业革命[M]. 王乃粒，诸大建，龚义台译. 上海：上海科学普及出版社，2002：1-21.

源和自然资源资产关系的不同意见，目前关于自然资源资产概念以及属性的研究，尚未达成普遍共识。主要有以下三种不同观点：（1）以向书坚和郑瑞坤（2015）为代表，认为自然资源资产可以等同于自然资源。[①]（2）以封志明、杨艳昭和闫慧敏等（2017）为代表，认为自然资源资产与自然资源不可等同，二者相互包容，在研究视角与侧重点上存有明显的差异性。自然资源具备一定的条件后可转化为自然资源资产，自然资源资产包含于自然资源的范围之内。[②]谷树忠（2016）提出，自然资源要成为自然资源资产，需具备如下条件：一是具有稀缺性；二是能够产生经济价值；三是产权主体尽可能明确；四是产权边界尽可能清晰。[③]（3）以张宏亮、刘长翠和曹丽娟（2015）为代表，认为自然资源资产与自然资源不可等同，并提出自然资源资产不仅包括以自然资源自身为基础形成的资产，还应包括人类为了资源保护与生态环境建设而消耗的其他资产，进而拓展了自然资源资产的外延。[④]此外，张海燕、樊江文和黄麟等（2020）在自然资源复合性、空间异质性等理论基础上，对我国国有自然资源资产综合区划的理论体系与技术方案进行了探讨，以提高对自然资源资产耦合关系的认识。[⑤]谷树忠和李维明（2015）对自然资源资产有偿使用制度、自然资源资产负债表等五个关乎自然资源资产产权制度的基本问题进行

---

① 向书坚，郑瑞坤. 自然资源资产负债表中的资产范畴问题研究[J]. 统计研究，2015，32（12）：3-11.

② 封志明，杨艳昭，闫慧敏，等. 自然资源资产负债表编制的若干基本问题[J]. 资源科学，2017，39（9）：1615-1627.

③ 谷树忠. 自然资源资产及其负债表编制与审计[J]. 中国环境管理，2016，8（1）：30-33.

④ 张宏亮，刘长翠，曹丽娟. 地方领导人自然资源资产离任审计探讨——框架构建及案例运用[J]. 审计研究，2015（2）：14-20.

⑤ 张海燕，樊江文，黄麟，等. 中国自然资源综合区划理论研究与技术方案[J]. 资源科学，2020，42（10）：1870-1882.

了深入研究。[①]商思争和易爱军（2017）提出，自然资源资产及其属性、自然资源资产产权的明确界定等，是合理编制自然资源资产负债表中的资产报表的前提，自然资源资产负债表的编制框架，应以自然资源资产属性的科学认知为研究基础。[②]

第三，对资产产权与资源配置效率的研究。

西方经济学者多从产权的角度对自然资源资产进行研究，强调产权的清晰界定和资源的有效配置。科斯（Coase，1959）认为，“权利之厘定是市场交易之前提要件”。对于开放获取的自然资源资产，若不对其产权配置进行明确界定，部分成员据为己有过度使用或不使用，都将造成其他成员无资源可用的情况。[③]据此，美国学者哈丁（Hardin，1968）提出了“公地悲剧”理论。[④]该理论与科斯定理均成为自然资源资产产权制度的基础性理论。产权界定与产权配置是自然资源资产产权制度应解决的根本性问题，大多数学者均主张自然资源资产产权的私有化。理查德·A.波斯纳（1997）从法律经济学分析进路入手，认为自然资源资产产权的明确界定，将有利于降低市场交易成本。[⑤]若交易费用过高，将降低人们参与市场交易的积极性。因此，只有制定与完善法律法规，将自然资源资产产权赋予最珍视它们的人，方能提升市场经济运行效率，实现效用最大化。

---

① 谷树忠，李维明. 自然资源资产产权制度的五个基本问题[N]. 中国经济时报，2015-10-23（14）.

② 商思争，易爱军. 自然资源资产产权、属性与自然资源资产负债表编制框架[J]. 财会月刊，2017（28）: 18-22.

③ Coase R. H. The Federal Communications Commission[J]. The Journal of Law and Economics，1959（2）: 1-40.

④ Hardin G. The Tragedy of the Commons[J]. Science，1968（162）: 1243.

⑤ 理查德 · A.波斯纳. 法律的经济分析（上）[M]. 蒋兆康译. 北京：中国大百科全书出版社，1997: 40.

关于共有财产资源配置效率理论模型的研究，主要包括以下三种：（1）科斯的市场（私有化产权）方案。该方案充分发挥市场配置的基础性作用，认为市场本身即具有解决“外部性”问题的机制，“政府之手”的作用仅限于产权的明确界定。提出市场主体之间可以经讨价还价或多方协商等方式，实现公平交易，提高市场资源配置效率，无须政府过多地干预。（2）庇古的政府干预方案。庇古（2017）在《福利经济学》一书中，从生产的私人成本与社会成本的分离现象入手，总结出市场失灵的表现，并提出了政府宏观干预的可能性。[①]他认为政府可以通过采取专项补贴与政府税收等宏观干预方式，解决市场失灵问题，使外部性“内部化”，实现私人最优与社会最优的一致。（3）哈丁的“公地悲剧”及其解决方案。对于自然资源资产中开放获取的重要资源资产，随着人类对该资源资产使用需求的增加与开采程度的提高，加之巨额经济利润的诱惑，过度开发、资源枯竭以及环境恶化等后果不可避免，进而对自然生态系统产生不利影响。同时，亦间接影响到该自然资源资产的后续开发利用活动。韩立民和陈艳（2004）总结道，为提高共有财产资源的配置效率，避免“公地悲剧”的发生，哈丁的解决方案可分为两个方面：一是政府对该类自然资源资产的开发利用活动进行直接干预；二是通过健全与完善该类自然资源资产产权制度，使得产权明晰，促进公平交易。[②]

第四，研究评述。

通过国内外理论研究的对比可知，关于产权理论与资源配置效率的研究，多基于自然资源的稀缺性与公共性，强调庇古提出的外部性以及

---

① 阿瑟·塞西尔·庇古. 福利经济学[M]. 朱焕，张胜纪，吴良健译. 北京：商务印书馆，2020：345-346.

② 韩立民，陈艳. 共有财产资源的产权特点与海域资源产权制度的构建[J]. 中国海洋大学学报（社会科学版），2004（6）：138-143.

哈丁的“公地悲剧”理论，而对基于资产属性延伸而来的科斯产权理论与交易成本的关注较少。从科斯的角度看待自然资源资产与环境问题，将注意力集中在产权如何演变，如何影响交易成本，以及这些交易成本如何影响议价潜力，从而将社会成本降到最低等方面。国有自然资源资产的价值评估与价值核算是管理决策的关键因素，其目的是实现经济多元化与生态可持续发展，保证自然资源资产的有效勘探、消耗和补充。

二、利益理论视角下自然资源资产监管权的研究现状

第一，对自然资源资产利益理论的研究。

关于法律与利益之间的关系，耶林（2004）认为，法律基于利益的存在而出现，即利益创造法律，个人利益、国家利益以及社会利益等多元利益之间的均衡，是法律在利益保护方面的目标。[①]庞德（2002）从社会生活秩序的层面提出，法律调整的对象不仅包括社会成员彼此之间的权利义务关系，还应包括每一社会成员的具体行为，个体的行为会影响他人或影响社会以及经济秩序。[②]鉴于此，庞德对利益进行了初步定义，即主体对客体的某种要求、请求或期望，并进一步形成利益理论，其逻辑过程为“利益承认、利益选择以及利益保护”三个层级。在利益的具体内容方面，庞德将其划分为个人利益（personal interest）、公共利益（public interest）与社会利益（social interest）三个类别，并对三种利益进行了进一步的分类和阐述。（1）个人利益。庞德（2007）认为，个人利益可进一步划分为物质利益、人格利益与家庭利益，三者共同构成个人对于自我的存在和发展的必要需求。[③]（2）公共利益，即国家利益（national

---

① 耶林. 为权利而斗争[M]. 刘权译. 北京：法律出版社，2019：10-14.

② 罗斯科 · 庞德. 法律史解释[M]. 邓正来译. 北京：中国法制出版社，2002：225-226.

③ 罗斯科 · 庞德. 法理学：第三卷[M]. 廖德宇译. 北京：法律出版社，2007：22.

interest）。具体包括两个层面：一是作为法人所具有的国家利益，二是作为公共利益监控者所具有的国家利益。（3）社会利益。宋宇文（2016）总结道，社会利益即整个社会的安全稳定与发展进步的目标和愿望，包括社会自然资源资产、社会公共道德以及社会制度等多个构成要素。①

第二，对国有自然资源资产管理权及其制度改革的研究。

国有自然资源资产产权制度的优化完善，系自然资源资产监管实现可持续性的关键，亦是处理社会发展需求的提升与自然资源资产稀缺之间巨大分歧的重要环节。国有自然资源资产产权的明晰有利于自然资源资产的合理使用，促进绿色生态、经济发展以及社会效益的协调统一。王尔德（2016）研究发现，发达国家对自然资源资产进行监督管理的重要工具即产权制度规范，通过立法对产权的明确界定，细化自然资源资产占有、开发、经营以及管理等各项权利的权利主体与权利内容，为自然资源资产的监督管理提供法律依据。②国内学者大多认为，自然资源资产产权制度中的自然资源资产管理权是由自然资源国家所有权派生而来的，如郭晓虹和麻昌华（2019）③。何登辉（2016）以公共信托理论为指导，探析国有自然资源资产管理体制的完善，明确国家所有即全民所有的内涵。他提出，国有自然资源资产的监督管理，本质上即政府对自然资源资产使用配置的主动干预。政府干预应以实现国有自然资源资产的有效合理利用为限。自然资源资产的有效合理利用又应以自然资源资产的科学分

① 宋宇文. 论生态文明建设中环境利益的类型与法律保护机制——基于庞德利益理论的视角[J]. 南京师大学报（社会科学版），2016（1）：74-80.

② 王尔德. 自然资源资产应按公益类和经营类分类管理——专访全国人大环资委法案室副主任王凤春[J]. 中国环境管理，2016，8（1）：20-22.

③ 郭晓虹，麻昌华. 论自然资源国家所有的实质[J]. 南京社会科学，2019（5）：108-112.

类为前提和基础。[①]邹爱华和储贻燕（2017）从法律体系的角度，对自然资源国家所有权与国家管理权的法律实践进行了全面审视。[②]

关于我国国有自然资源资产管理权制度改革的论述，主要出现在探讨国有自然资源资产产权制度改革的相关文献中。程雪阳（2018）提出，应将自然资源资产从自然资源中提取出来，与一般意义上的自然之物作出区分，并按照统一确权登记制度对国有自然资源资产的权属主体以及权利内容等进行规范登记。此外，国有自然资源资产可划分为经营性与公益性资源资产两大类别，在此基础上，结合国有企业的混合所有制改革，由新建立抑或授权的企业分别行使管理权，实现国有自然资源资产使用收益的共享目标。[③]张志宇（2019）通过梳理、总结深圳市在自然资源资产产权制度改革方面的具体做法，深入辨析现存问题，从健全国有自然资源资产产权权能、促进国有自然资源资产产权流转顺畅、保障国有自然资源资产产权制度的有效性等方面，探讨国有自然资源资产产权制度改革的具体路径。[④]陈东和杨平宇（2019）认为，国有自然资源资产产权制度改革应包括四个主要环节：国有自然资源资产产权界定、国有自然资源资产使用配置、国有自然资源资产市场交易以及国有自然资源资产的保护与管理。[⑤]

第三，对国有自然资源资产所有权制度的研究。

施志源（2015）提出，所有权制度是国有自然资源资产产权制度的

---

① 何登辉. 论自然资源国家所有权的实现路径[J]. 苏州大学学报（法学版），2016，3（3）: 39-50.

② 邹爱华，储贻燕. 论自然资源国家所有权和自然资源国家管理权[J]. 湖北大学学报（哲学社会科学版），2017，44（4）: 88-96.

③ 程雪阳. 国有自然资源资产产权行使机制的完善[J]. 法学研究，2018，40（6）: 145-160.

④ 张志宇. 自然资源产权与市场化改革初探[J]. 知识经济，2019（4）: 14，16.

⑤ 陈东，杨平宇. 新时代我国产权制度改革的路径选择[J]. 山东财经大学学报，2019，31（5）: 25-35.

核心。探讨自然资源资产产权权利归属的逻辑起点在于，对自然资源资产的法律属性以及资产所有权的法律性质具有较为清晰的认知。[①]刘练军（2016）认为，国家所有的价值目标在于保障自然资源资产的可持续发展，其实质是全民所有。[②]房绍坤（2019）提出，自然资源资产国家所有权具有公法上所有权与私法上所有权双重属性，为体现其与一般私法上所有权的不同，国有自然资源资产所有权制度设计，可采用“客体+特殊行使规则”的逻辑结构。[③]

第四，研究评述。

任何有价值的资源资产均应确定其权利归属的特定主体。[④]国有自然资源资产作为一种有价值的资源，其权利主体具有复杂性。鉴于此，国有自然资源资产产权制度改革、权属配置以及使用管理等制度规范的健全，不能仅仅依靠宪法、民法、行政法、公司法以及各类自然资源资产单行法，应着眼于构建一个有效的自然资源资产国家所有权与使用权、管理权相互补充配合的衔接机制，共同作用于国有自然资源资产的保护与管理。

三、治理理论视角下海洋资源资产监管体制的研究现状

第一，对自然资源资产治理理论的研究。

从国外理论界的研究来看，公共治理理论是20世纪90年代后发展起来的，主要针对的是“政府失灵”的问题。罗斯诺和泽皮尔（Rosenau & Czempiwel，1995）提出，治理的实质即管理，是在同一目标指引下，

① 施志源. 生态文明背景下的自然资源国家所有权研究[M]. 北京：法律出版社，2015：147.

② 刘练军. 自然资源国家所有的制度性保障功能[J]. 中国法学，2016（6）：73-92.

③ 房绍坤. 物权法的变革与完善[M]. 北京：北京大学出版社，2019：33.

④ 万志前，张文斐. 知识产权视角下农民品种保护的规范构造[J]. 华中农业大学学报（社会科学版），2021（2）：148-155.

对一系列主题活动行业进行管理的行为或机制。该管理主体不限于政府部门，其管理行为不限于经过正式授权，其机制的实现亦不需通过国家强制力便可充分发挥作用。[①]罗德斯 (Rhodes，1996) 以列举的形式，对治理的概念范围进行了初步界定。他认为，治理应包含：(1) 最低限度的政府部门治理活动；(2) 公司或企业内部的治理活动；(3) 新兴公共领域的管理活动；(4) 实行善治；(5) 通过社会控制的管理活动；(6) 通过网络组织进行的管理活动。[②]

从国内学术界的研究来看，许多学者就"治理"的概念与内涵等进行了深入研究，如余军华和袁文艺 (2013)[③]。顾建光 (2007) 将"治理"称为一种公共事务管理方式的创新，就不同国家、地区背景以及不同的社会群体而言，公共治理的定义亦有所差异。公共治理是指，基于治理对象的公共性，为影响社会公共政策结果，多个利益攸关方相互沟通和协商的管理方式。[④]有学者就公共治理理论在我国的适应性问题进行研究，如魏崇辉 (2013) 提出，公共治理理论在我国的有效应用与合理考量，必须与社会主义民主政治的发展趋势紧密联系。政府部门对社会公共事项的反馈与回复等工作，均需社会公众的约束与监督。[⑤]马永欢、吴初国和曹清华 (2017) 认为，公共治理具有以下三大特征：(1) 治理主体多元化，

---

① Rosenau J. N.，Czempiel E. O. Governance without Government: Order and Change in World Politics[M]. Cambridgeshire: Cambridge University Press，1995: 4-5.

② Rhodes R. A. W. The New Governance: Governing without Government[J]. Political Studies，1996: 652-667.

③ 余军华，袁文艺. 公共治理：概念与内涵[J]. 中国行政管理，2013 (12): 52-55，115.

④ 顾建光. 从公共服务到公共治理[J]. 上海交通大学学报 (哲学社会科学版)，2007 (3): 50-55.

⑤ 魏崇辉. 当代中国公共治理理论有效适用的目标、根基与可行路径分析[J]. 当代经济管理，2013，35 (8): 46-49.

由社会公众等主体共同参与;(2)治理手段多样化，以提高治理效率;(3)治理机制民主化，基于法治和协商民主，实现从对抗走向合作，从管制走向协调。[①]此外，亦有学者从公共治理的视角对自然生态环境的改善作出研究。胡中华(2020)通过对自然资源调查制度建构路径的研究，提出要实现自然资源资产治理的法治化，就要厘清自然资源资产监测所涉及的法律关系。[②]胡亮和郑玉婷(2021)针对生态治理"简约化"的实践，基于不同自然资源资产产权构成的差异，提出应考量国有自然资源资产产权的复杂性，建构多元主体的自然资源资产治理机制。[③]

第二，对国内外海洋资源资产监管体制的研究。

目前，国外理论界和学术界针对海洋资源资产监管体制的研究较少，主要通过经济与生态两个研究方向的协调，对自然资源管理模式进行研究。(1)经济研究方向，主要集中在对自然资源的价值评估方面。费尔曼(2002)在新古典经济学的研究过程中，采用经济学的相关理论，对生态环境与自然资源的价值进行了系统性评估。[④]乔西(Jowsey，2011)结合不同类型自然资源的特点，以人类生产生活中对自然资源的消耗和对环境造成的污染为视角，研究不同种类自然资源开发利用以及保护管理所需付出的总成本。[⑤](2)生态研究方向，主要关注自然资源的可持续发展。1992年《21世纪议程》发布，呼吁世界各国在自然资源的开发利

① 马永欢，吴初国，曹清华. 生态文明视角下的自然资源管理制度改革研究[M]. 北京：中国经济出版社，2017：18-20.

② 胡中华. 自然资源调查制度的建构逻辑与路径[J]. 中国地质大学学报(社会科学版)，2020，20(6)：27-41.

③ 胡亮，郑玉婷. 生态治理"简约化"的实践与反思[J]. 河海大学学报(哲学社会科学版)，2021，23(1)：57-63，107.

④ A. 迈里克 · 弗尔曼. 环境与资源价值评估——理论与方法[M]. 曾贤刚译. 北京：中国人民大学出版社，2002：60-71.

⑤ Jowsey E. Real Estate Economics[M]. London：Palgrave Macmillan，2011：520.

用活动中，采取可持续发展的模式，尽可能地降低能源损耗，同时，提供了可持续发展与环境保护之间的应然选择方案。亦有学者采用“治理”的表述，更加强调社会公众的参与。鲁斯、凯伦和艾伦（Ruth，Karen & Allan，2016）提出自然资源资产治理的概念框架，涉及自发和积极的治理，包括发展合作引起的体制变革。[①]摩根德和科拉沃 (Mogende & Kolawole，2016）借鉴现有的制度分析框架，为自然资源保护的地方治理提出了完善建议，使其更适应国际合作背景。[②]

国内学者对我国海洋资源资产监管制度的研究较为深入，主要集中在国有自然资源资产监管体制改革、海洋资源资产市场化管理必要性以及海洋资源资产市场化管理等方面。

首先，关于国有自然资源资产监管体制改革的研究。李松森和王堃（2014）认为，国有自然资源资产监管体制改革首先应明确国有自然资源资产监管机构的工作职责，在此基础上，对国有自然资源资产监管的主要内容进行统筹整合。[③]李松森和夏慧琳（2017）提出，当前，我国国有自然资源资产监管制度存有的现实问题包括四个方面：（1）国有自然资源资产所有者缺位；（2）监管规划与具体工作缺乏系统性；（3）监管偏重于国有自然资源资产的开发，忽视国有自然资源资产的保护；（4）不同监管

① Ruth P.，Karen V.，Allan D. Evaluating Governance Arrangements and Decision Making for Natural Resource Management Planning : An Empirical Application of the Governance Systems Analysis Framework[J]. Society & Natural Resources，2016 (11): 1325-1341.

② Mogende E.，Kolawole O. Dynamics of local governance in natural resource conservation in the Okavango Delta[J]. Botswana Natural Resources Forum，2016, 40 (3): 93-102.

③ 李松森，王堃. 中国产业结构调整与财政政策选择[M]. 大连：东北财经大学出版社，2014：322.

部门尚存在职责交叉等问题。[①]针对上述现存问题，学者们提出了相应的改革思路。郑晓曦和高霞（2013）认为，大部制改革的设想，分级行使全民所有自然资源资产的理念，对国有自然资源资产监管制度的系统化构建具有积极的推进作用。[②]刘丽、陈丽萍和刘伟等（2016）提出，国有自然资源资产管理应采取市场化的管理机制。[③]胡咏君和谷树忠（2018）研究发现，基于所有权、使用权以及经营管理权之间的关系特征，国有自然资源资产经营模式可分为两种类别：一是所有权与经营权呈一体化；二是所有权与经营权相互分离。[④]袁一仁、成金华和陈从喜（2019）认为，国有自然资源资产监管体制改革，应实现国有自然资源资产监管理念、监管制度、监管机构以及实践方式的全方位转变，以促进国家生态治理效能与治理能力水平的现代化提升。[⑤]立法碎片化、目标差异化、生态缺位化是我国国有自然资源资产监管存在的困境。鉴于此，常纪文（2019）提出，健全国有自然资源资产监管体制，首先应夯实资源资产监管的理论基础，健全国有自然资源资产产权制度，以实现各项权力（利）的优化配置。[⑥]马永欢、吴初国和强海洋等（2022）基于系统观和整体观，从加强理念认同、强化制度衔接、探索决策创新、优化部门职责和推进技术

---

① 李松森，夏慧琳. 自然资源资产管理体制：理论引申与路径实现[J]. 东北财经大学学报，2017（4）：47-54.

② 郑晓曦，高霞. 我国自然资源资产管理改革探索[J]. 管理现代化，2013（1）：7-9.

③ 刘丽，陈丽萍，刘伟，等. 自然资源资产管理的国际经验借鉴[J]. 国土资源情报，2016（10）：3-8.

④ 胡咏君，谷树忠. 自然资源资产研究态势及其分析[J]. 资源科学，2018，40（6）：1095-1105.

⑤ 袁一仁，成金华，陈从喜. 中国自然资源管理体制改革：历史脉络、时代要求与实践路径[J]. 学习与实践，2019（9）：5-13.

⑥ 常纪文. 国有自然资源资产管理体制改革的建议与思考[J]. 中国环境管理，2019，11（1）：11-22.

互联互通等五个方面提出了健全自然资源融合管理机制的建议。[①]

其次，关于海洋资源资产市场化管理必要性的研究。我国对于公共资源尤其是海洋这一特殊公共资源市场化配置方面的研究相对较少。在《中华人民共和国海域使用管理法》出台以前，我国海洋资源管理呈现出无度、无序、无偿的较为混乱的局面，市场化管理的条件还不成熟。因此在20世纪，国内学者的研究主要在于引进吸收国外学者关于此方面的研究成果。王龙泉（1996）通过对英国海洋资源开发利用管理部门的现场考察，针对我国的海洋资源开发管理，提出了几点我国应该向英国学习的建议：全面推行海洋开发许可证和海域有偿使用许可证制度；注意海洋资源开发后的再生与恢复，强调维护生态平衡和环境保护，确保海洋资源可持续性合理使用等。[②]郑贵斌、孙吉亭（1998）指出，如果海域使用权不能流转，使用者会开发无序，利用过度，造成海洋资源和空间的浪费，因此应该探讨海域使用权的流转方式，即通过建立海域使用权市场——一级和二级海域市场，科学测算“级差地租”，来保证海洋资源有序的市场化管理。[③]丁栋虹、贾砚林、丁梅芳（1999）分析了共有财产资源产权不具有排他性、交易双方产权拥有不平衡性和产权不具有转让性的特点，使得个人使用的收益总是大于个人分担的成本。如果共有财产资源向每个使用者开放，就会导致过度利用、误用资源。[④]陈可文（2000）提出，在行政审批的前提下，海

① 马永欢，吴初国，强海洋，等．健全自然资源融合管理机制研究[J]．中国软科学，2022（8）：12-18.

② 王龙泉．国外海洋资源开发管理模式——访英见闻及启迪[J]．海洋开发与管理，1996（2）：49-51.

③ 郑贵斌，孙吉亭．我国海域使用权的流转问题初探[J]．东岳论丛，1998（5）：54-57.

④ 丁栋虹，贾砚林，丁梅芳．共有财产资源产权结构的特点与利用行为[J]．中国环境科学，1999（5）：477-480.

洋资源的开发利用普遍存在盲目开发、掠夺性经营等现象，因此要合理界定海域使用权。随着《中华人民共和国海域使用管理法》的颁布实施，国内学者和专家开始对海洋资源使用管理问题有所关注。由于海洋资源具有共有财产的属性，在海洋资源的使用管理上，国内学者一般认为国家应当基于新制度经济学的产权理论，明确界定产权，通过市场机制配置海洋资源，提高海洋资源使用的经济效益与社会效益。①韩立民、陈艳（2004）认为，从产权形态考证，海洋资源属于共有财产资源。他们通过庇古、科斯和哈丁有关解决共有财产资源外部性的理论模型，运用新制度经济学的产权理论，为我国海洋资源管理提供了新思路。②吉扬（2009）指出，公共资源的使用使得海洋环境恶化，其实质是公共物品的负外部性，对于海域污染问题，政府只要明晰产权，将余下的事情交给市场，可能会收到更好的效果。③李飞星（2010）认为，海洋资源的性质使海域管理存在“产权悖论”，生产者在既定资源面前会采取单个决策，尽量增产以实现自身利润最大化，在既定时间内不顾生产周期盲目加大海产品输出，超越了海洋环境的承载力。解决这个悖论的方法是政府介入和实施海洋产业战略规划。④于广琳（2010）认为，海洋资源的市场化配置是社会主义市场经济的必然要求，是转变政府职能构建服务型政府的必需条件，是实现公共资源合理、高效公平配置的必要措施，缺乏市场机制的行政审批式的海域资源配置模式极易滋生腐败，推进以海域使用权招标拍卖为核心的海洋资源市场化配置是从

① 陈可文. 简论海域使用权的界定、确立与管理[J]. 海洋开发与管理，2000（1）: 9-13.

② 韩立民，陈艳. 共有财产资源的产权特点与海域资源产权制度的构建[J]. 中国海洋大学学报（社会科学版），2004（6）: 138-143.

③ 吉扬. 新制度经济学的产权理论对于治理辽宁省海域污染的启示[J]. 海洋开发与管理，2009，26（7）: 21-23.

④ 李飞星. 海域管理“产权悖论”对海洋资源的影响[J]. 开放导报，2010（4）: 90-94.

源头防治腐败的有效途径。[①]王淼、李蛟龙、江文斌（2012）指出，在现代科学技术的推动下，人们对海洋资源的开发利用已经逐渐从平面开发利用向立体开发、多层次利用过渡，因此，对海洋资源产权体系的研究应从权利体系、初始配置体系、市场交易体系以及管理保障体系等多维角度进行，以为海洋资源的多层次利用提供理论支持。[②]

再次，关于海洋资源资产市场化管理的研究，主要集中在以下两方面。（1）海洋资源资产的产权界定及其配置。清晰的海洋资源资产产权是海洋资源资产市场化管理的基础。柳百萍（2002）指出，海域使用权应作为特殊商品进入市场，应按照海域所有权与使用权相分离的原则建立海域使用单位和个人之间的依法租赁关系，并总结了海域有偿使用制度的四个特点：合法性、有偿性、有期性、使用权流动市场性。[③]陈艳、韩立民（2005）介绍了海洋资源资产产权的四种初始配置模式，并在比较其优劣的基础上，针对我国海洋资源资产利用现状以及要实现海洋资源资产可持续利用、海洋资源资产高效和公平配置的目标，提出在海洋资源资产产权初始配置的过程中，不能采取单一的配置模式，必须因地制宜，采取灵活的配置模式，还详细论述了行政审批、招标、拍卖、抽签等过程。[④]吴克勤、黄南春（2009）在分析我国海域使用权的配置方式的基础上，从交易费用的角度指出，在这几种方式中，行政审批的配置效率最低，招标和拍卖较高，流转的配置效率最高。为了有效地配置海洋资源，

---

① 于广琳．推进海域资源市场化配置 从源头防治腐败[J]. 海洋开发与管理，2010，27（2）：71-74.

② 王淼，李蛟龙，江文斌．海域资源三维多层产权研究[J]. 中国渔业经济，2012，30（3）：63-69.

③ 柳百萍．论我国海域有偿使用制度[J]. 安徽农业大学学报（社会科学版），2002（6）：53-55.

④ 陈艳，韩立民．海域资源产权初始配置模式探讨[J]. 中国渔业经济，2005（6）：17-19.

在海域使用权的一级市场可采用行政审批的方式，但招标、拍卖的配置效率要高于行政审批的方式；对于海域使用权的二级市场，应尽快建立海域资产管理机构，建立便于流转的中介服务机构，建立相应的海域使用权流转的法律制度，进一步理顺二级市场的流转渠道，使配置效率高的流转方式在海洋使用权配置中发挥主导作用。[①]刘细良、樊娟（2010）认为，当前我国公共资源“市场化”配置功能尚不完备，政府仍拥有较大垄断配置权。而政府干预失灵就会产生“非生产性租金”，受个人机会主义行为驱动容易出现权力腐败现象。他们从政治、经济、社会文化及个体因素四方面探究了公共资源配置过程中腐败行为的形成机理，为从源头上预防与遏制腐败提供了理论依据。[②]陈书全（2012）发现，针对我国海洋资源资产市场化管理实践中存在的问题，各级海洋行政主管部门在坚持依法管海，建立相对集中、统一的海洋综合管理体制的同时，还要积极培育海洋资源资产市场化配置的运行环境、完善海域使用权以招标拍卖为核心的海洋资源资产市场化配置机制、建立健全海洋资源资产价值评估体系，以加快海洋资源资产市场化管理的进程，使有限的海洋资源资产最大限度地得到公平高效的开发利用。[③]

（2）海洋资源资产使用权的流转。陈艳、文艳（2006）在论述建立海洋资源资产产权市场流转机制的必要性的基础上，分析了海洋资源资产产权市场流转机制的基本框架：培育海洋资源资产产权市场、科学核算海域的“级差地租”、逐步推行规范化的海域使用管理方式、制定和完

① 吴克勤，黄南春. 海域使用权配置的经济学分析[J]. 渔业经济研究，2009（6）：46-49.

② 刘细良，樊娟. 基于公共资源配置的腐败形成机理分析[J]. 湖南大学学报（社会科学版），2010，24（4）：128-132.

③ 陈书全. 海域资源市场化管理的问题与对策研究[J]. 山东社会科学，2012（10）：146-148.

善海域使用权流转的监督管理。[①]姚菊芬（2007）认为，由于我国海域使用权市场化经营的时间较短，海域一级市场、二级市场的管理存在一定问题，因此要建立健全海域使用权流转的专门民事及配套法律法规，确立海域使用权在一、二级市场中合理流转的法律机制，从而保障海域使用权市场化运营的有序进行。[②]汤建鸣、李荣军（2010）认为，按照市场经济原则和价值规律，依法建立海域使用权出让、出租和转让等流转机制，具有非常重大的意义。他们提出了建立海域使用权流转市场的初步构想：在构建海域使用权流转平台的基础上，着力培养海域使用权流转市场，同时建立海域动态化管理机制。[③]汪磊、黄硕琳（2010）认为，加快海域使用权的流转，在海洋资源资产的增值等方面能发挥积极的作用，对具有很高经济价值的海域进行市场化配置，海域利用率将会大幅度提高。他们通过对海域使用权一级市场的主要流转方式的比较，指出海域使用权招标、拍卖以及挂牌出让是市场机制配置国有海洋资源资产的重要方式。[④]于青松（2012）提出了合理配置海洋资源资产的具体措施，指出市场化配置海洋资源是当前我国建设海洋强国的重要保障。[⑤]

第三，研究评述。

关于公共治理理论的概念界定，国内外学者根据自己国家的政治制度特征作出了个性化的分析，其共性在于，理论分析的实践背景均源自市场失灵抑或政府失灵。治理作为一种特殊的管理方式，其范围从公共

① 陈艳，文艳．海域资源产权的流转机制探讨[J]．海洋开发与管理，2006（1）：61-64.

② 姚菊芬．海域使用权市场化经营的法律问题探讨[J]．特区经济，2007（6）：234-236.

③ 汤建鸣，李荣军．构建海域使用权流转机制初探[J]．海洋开发与管理，2010，27（7）：8-11.

④ 汪磊，黄硕琳．海域使用权一级市场流转方式比较研究[J]．广东农业科学，2010，37（6）：360-362.

⑤ 于青松．合理配置海域资源　为建设海洋强国提供保障[J]．海洋开发与管理，2012，29（12）：13-15.

事务拓展到整个社会公共生活，其行为主体从政府拓展到包括政府、市场、社会团体以及社会公众在内的多元主体。与一般意义上的管理相比，公共治理结构更为广泛化与多元化，实现了多方共同参与协商。纵观公共治理理论的发展，其趋势特点如下：（1）从研究视角来看，由“公共管理”转向“公共治理”；（2）从研究主体来看，由“单元主体”转向“多元主体”；（3）从研究内容来看，由“单一化”转向“多样化”；（4）从研究方式来看，由“线下”转向“网络治理”新模式。

在海洋资源资产市场化管理的研究方面，海洋资源资产市场化配置的过程实际上是把资源转化为资本，把潜在的资源优势转变为现实的经济优势的过程。学者们一般认为通过公开、公正、透明的市场机制，能够最大程度上将海洋资源资产交予最有条件和资格的、有经济和技术实力的使用者开发利用，使有限的海洋资源资产发挥最大的经济和社会效益，扩大社会资本的投资领域，激发全社会开发海洋资源资产的生机和活力。同时，相关研究主要探究了海洋资源资产市场化管理中的配置方式、价格评估、流转方式、政府监管等。上述研究有效推进了海洋资源市场化配置的理论研究与现实操作。但国内方面的研究成果主要集中于海域使用管理的法律层面和政策层面，对海洋资源市场化管理进行制度设计与路径安排的研究还不是很多。本书认为，海洋资源的公共物品属性决定了海域应该由政府统一综合管理。传统的行政管理方式缺乏效率，海洋资源的市场化配置成为完善社会主义市场经济体制、发展海洋经济、维护海洋权益、建设海洋强国的必然趋势。

在海洋资源资产监管体制的研究方面，从国外研究进展来看，发达国家的自然资源资产管理体制较为完善，无论对自然资源资产采用何种形式的管理体制，总体目标均为自然资源资产产权的明确。其特点可总结为如下四个方面:(1)普遍采取较为集中统一的资源资产管理模式;(2)资产管理与资源监管合为一体;(3)以社会公共利益为核心，寻求资源生产和环境保护的协调发展;(4)资源资产使用收益及其管理由专门机构负责。从国内研究进展来看，学者从监管基本理论、监管模式选择与监管体制改革等方面进行了深入研究，提供了诸多可供借鉴的经验，为深化我国海洋资源资产监管法律制度的研究奠定了理论基础。当前，中国海洋资源资产监管有两大核心制度(见图1-5):一是资源配置制度，主要依靠市场配置，以合同制管理为主;二是资源利用制度，主要依靠行政管理，以许可制管理为主。对于海洋资源资产监管，特别是公益性较强、难以货币化的海洋资源资产，应当采用公共治理的理念。通过划清政府、企业和社会之间的公共责任和权责关系，综合利用法律、行政、经济等手段以及签署合同、进行协商和信息交流等方式，强化检测统计并改善信息质量，实现对公共事务的共管共治。

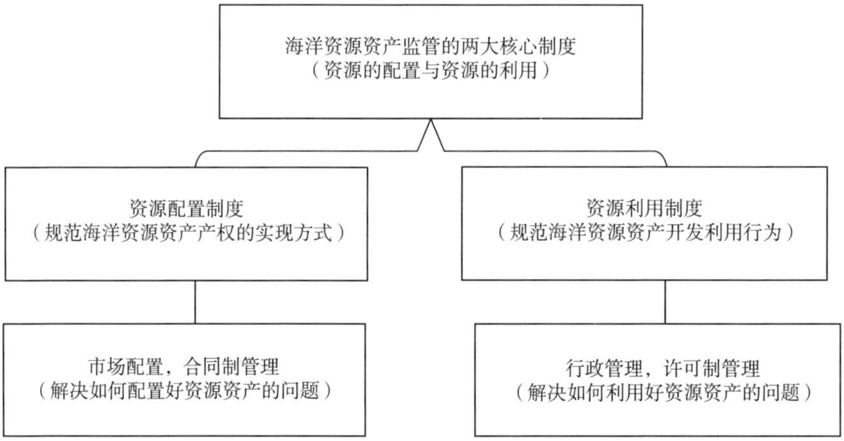

图1-5 中国海洋资源资产监管的核心制度

当前，在大部制改革背景下，我国海洋资源资产监管法律制度的建构与完善，尚存有如下三个亟须解决的问题：(1)海洋资源资产产权制度如何优化，如何配置相关权力(利)，以解决所有者虚置和义务缺位的现实问题。(2)我国现有关于海洋资源资产监管的法律法规应作哪些调整，海洋资源基本法或海洋资源综合监管法应如何设计，中央与地方立法机关如何协调，以解决不同监管部门的目标差异与利益冲突。(3)如何实现海洋资源资产综合监管的多元主体共同参与。上述问题的有效解决，可以在很大程度上推进中国海洋资源资产监管法律制度的有效构建。本书拟借助法经济学分析方法，寻求上述问题的破解之道，对海洋资源资产监管法律制度进行整合性与系统性研究，为生态文明体制改革提供参考，促进经济社会的可持续发展。

02

第二章

海洋资源资产特性与海洋资源资产监管理论基础

“社会成员对法律规则本身的判断，决定了其对法律体系的接受程度，该判断又取决于规则本身的价值构成。”[①]海洋资源资产作为维系生命系统和支持经济活动的自然物质要素，兼具法律属性、经济属性与生态属性。我国海洋资源资产监管需基于法学、经济学与管理学等多重视野，以产权理论、外部性理论、公共信托理论为依托，以利益平衡、保值增值、共同有效治理为目标。

① 马丁·范·海思. 对法、权利和自由的规范分析[M]. 席天扬，方钦译. 上海：上海财经大学出版社，2012：221.

第一节 国家利益维度的海洋资源资产监管

法律权利最核心的便是利益，要实现当事人的权利保护。[①]民事主体以自身利益为导向，而群体利益的保障则赖于社会价值的规范与引导。资源主权是国家主权原则在自然资源领域的延伸，海洋资源资产作为国家利益的重要体现，具有生态性、系统性与地域性。海洋资源资产有效监管的核心，在于明确权利归属主体，协调各方主体之间的冲突因素，以实现海洋资源资产权利人利益与国家利益、社会公共利益的多元化均衡。

一、海洋资源资产的生态性、系统性与地域性

海洋资源的功能与特性是海洋资源资产功能与特性的基础。基于海洋资源的自然属性，海洋资源资产亦具有自然属性即生态性，并由此延伸出系统性与地域性。

一是生态性（ecologism）。所谓生态性，或称自然性，是指海洋资源遵循自然规律而形成，不依赖于人类的主观意识而客观存在。海洋资源作为生态之源，是生态系统的重要组成部分。绝大多数海洋资源都具有绿色生态功能，在环境资源保护和生态文明建设中具有主导作用。生态系统服务价值亦是海洋资源资产价值评估的重要内容之一。

具体而言，水是地球万物生命的起源，是维护地球生态系统的不可替代的基本生态资源和战略性资产，具有维系山脉、草原、森林和湿地生态系统稳定以及保护自然保护地物种多样性等绿色生态功能；土地资源是物种能量交换的基础，具有许多绿色生态功能，如可供生物栖息、

① 梁上上. 利益衡量论[M]. 北京：法律出版社，2013：171.

绿色植物生产和作物栽培、娱乐休闲、自然环境净化处理、能量和物质循环交换等；草地资源作为畜牧业发展的重要经济资源，其生态保护功能非常关键，如可以维护物种多样性、避免水土流失、保护水源水质、调节气候以及供人类进行娱乐和休闲活动等；林木资源亦具有保持水土、保护物种多样性以及调节气候等诸多绿色生态功能。

各类海洋资源的自然属性均具有生态特征，其差异在于不同种类资源的生态功能不尽相同。例如，由于生态环境类型和可利用价值的差异，草地资源与森林资源相比，为人类提供娱乐休闲场所的功能较强，而保护生物多样性的功能较弱；森林资源与草地资源在调节气候、避免水土流失等方面的作用较强，而耕地资源与海洋资源在这些方面的作用则相对较弱。

二是系统性（systematicness）。系统性与生态性相关，尽管海洋资源资产在很多形态中都能够以具体的要素被认识，但要素之间都是相互作用、彼此关联的，而非孤立存在。海洋资源资产的具体要素或条件在相互联系、相互作用过程中，形成一个有机的生态系统。对任何一个要素或者条件的开发利用，都会对其他的海洋资源资产要素或者条件产生一定的影响。各类海洋资源资产共同构成完整的海洋生态资源环境系统，相互作用而保持生态平衡，各类海洋资源资产均是生态系统中不可或缺的重要组成部分。任一海洋资源资产遭到破坏，整体生态系统都将面临失衡。譬如，过度开发海洋矿产资源，会造成海洋资源资产矿物质成分流失，海洋渔业生物资源生存环境恶化。

此外，不同种类海洋资源资产位处同一生态圈，经常出现交叉。例如，渤海海域内水流相互贯通，属于同个生态系统板块，人类对海洋资源的开发利用活动影响着海域内的各类动植物资源。对这类海洋资源资产的监督管理可采取多元统一的规制措施，将其视为基于权利客体整合而构成的相互作用、相互联系的有机整体。

三是地域性（regionalism）。海洋资源资产是历年来地球生态系统活动的产物，其演化依赖于特定的地理环境与特定的时间，遵循着特定的时间节奏和区域差异规律，这就决定了海洋资源资产具有地域性。以海洋遗传资源资产为例，诸多遗传资源本身就是一种生命体，如实质性派生品种等，具有自我繁殖能力，每一个物种本身都有其独特的生存条件和其所适应的地理环境，包括气候、水文以及地质等，使得海洋资源资产的地域性更加明显。海洋资源资产开发利用的价值与其所处的地理单元属性有着直接关系，某些地区海洋资源资产种类丰富，开采质量较高且开发难度较小；但某些地区海洋资源资产的禀赋较差，生态环境较为脆弱，便不适合大规模开发利用。鉴于此，海洋资源资产监督管理需要因地制宜，根据各地海洋资源资产的组合、数量、质量等制定科学合理的方案与策略。

二、我国海洋资源资产监管的产权理论

产权是针对某类经济物品及其用途作出选择的权利，通常依靠社会强制来实现；产权由于其存有稀有物品属性和特殊用途而使社会主体之间产生关联性，详尽说明了社会成员之间的内在联系，应当遵守的行为规范，以及不遵守该类规范的惩罚规则。[①]产权不仅是人们对物及其使用的权利，也是一种社会规章制度，明确了人们的行为准则。产权制度确立了每个社会成员在特殊资源上的经济性资产利益范畴，成功阻拦其他个人或社会组织对自身利益的掠取，从而使社会成员尽己所能合理运

① 罗纳德 · H. 科斯. 财产权利与制度变迁：产权学派与新制度学派译文集[M]. 刘守英，等译. 上海：格致出版社，上海三联书店，上海人民出版社，2014：204.

用各类资源资产。因此，对于有价值的海洋资源资产，设定具有可让渡性与排他性的产权，能够在满足人类追求自身利益最大化的同时，使得各类海洋资源资产的使用价值得以充分实现。产权界定的不同将导致权利主体所付成本与所获收益的变化，产权制度的设置是海洋资源资产优化配置的前提和基础。现代产权理论为协调不同利益主体之间的利益关系，在产权界定中引入了“交易费用”的概念。产权界定还要求国家权力介入，在海洋资源资产的权益分配方面，最大程度地减少不同主体的意见分歧，促进资源资产分配共识的达成。[①]海洋资源资产产权制度的优化安排，是为了实现海洋资源资产所有权、使用权、监管权的配置平衡。

首先，产权界定具有消解不确定性的功能，该功能源于人们对不确定性进行有效消解的渴求。经济学研究表明，在资源资产紧张的竞争格局中，人们有诸多选择。尽管人们的选择旨在追求自身经济利益的最大化和经济活动方式的最优化，但面向未来，人们的任何选择均具有不确定性。这种不确定性意味着失败的风险。面对这种风险，人们有两种选择，即进行选择与放弃选择。尽管放弃选择意味着风险规避，但也意味着放弃机会、放弃资源资产和利益，甚至放弃生存。因此，虽然人们对未来的不确定性有着许多恐惧，但往往仍需要有所行动而选择面对未来的不确定性。此时，人们会寻求减少这种不确定性的方法与途径，而产权界定就是减少不确定性的有效途径之一。海洋资源资产产权界定的明晰，将明确人们各种行为的可能性与行为边界，这也意味着不确定性将在一定程度上被有效消解。产权界定既是一种有效消解不确定性的工具，亦是建立与完善海洋资源资产市场配置关系的前提。

① 罗伯特·考特，托马斯·尤伦. 法和经济学[M]. 第六版. 史晋川，董雪兵，等译. 史晋川审校. 上海：格致出版社，上海三联书店，上海人民出版社，2012：135-136.

其次，产权界定具有激励功能，该功能源于产权的内容。波斯纳（1997）认为，对财产权进行法律上的保护，可以促进资源资产使用效率的提高。[①]一个人的行为预期能够与其努力程度相对应，并且这种预期能够被有效实现，那么，这种行为就有了利益的刺激或激励，而这种刺激或激励能充分调动人的积极性，亦即产权的激励功能。产权的实质是权利与义务的统一，故而产权在意味着权能与利益的同时，也意味着约束。没有约束的产权行使行为将导致产权拥挤与产权纠纷，造成资源利用和资源配置的低效率。此外，对不同产品或资源采用不同的产权配置模式，将产生不同程度的激励效果。根据产品性质的不同，人们设计了两种较为经典的产权配置方案：对私人产品配置以私人产权，对公共产品配置以公共产权。[②]私人产品，是指该类资源资产在消费上具有对抗性，在使用上具有个人排他性，特定条件下权利仅由特定主体享有。而公共产品，是指该类资源资产在消费上不具有对抗性，在使用上亦不具有个人排他性，一定条件下权利可为不同主体同时享有。[③]然而，财产是一种抽象概念，是由若干不同的权利组成的一束权利，称为“权利束”。[④]“公地悲剧”与“围栏陷阱”模型的研究证实，对具有公共属性的资源资产配置以公共产权，对具有私人属性的资源资产配置以私人产权，并非总是最佳的产

① 理查德 · A.波斯纳.法律的经济分析（上）[M]. 蒋北康译. 北京：中国大百科全书出版社，1997：40.

② 威廉 ·M. 兰德斯，理查德 ·A. 波斯纳. 知识产权法的经济结构[M]. 金海军译. 北京：北京大学出版社，2005：17.

③ 卢瑶，熊友华. 生态环境损害赔偿制度的理论基础和完善路径[J]. 社会科学家，2019（5）：131-138.

④ 斯图尔特 · 班纳. 财产故事[M]. 陈贤凯，许可译. 北京：中国政法大学出版社，2017：70.

权配置模式。[①]亦即私有化具有局限性。[②]

再次，产权界定推动自我行为约束。[③]评价产权要根据它对大多数人的福利所产生的经济影响。毫无疑问的是，对海洋资源资产实施有效监管，并进行法律制度架构，从经济学角度来看，是契合产权理论的。经济学的产权理论为海洋资源资产监管法律制度建构提供了强有力的正当性阐释。这种“契合”或“正当性”主要表现在两个方面：第一，海洋资源资产的产权界定能有效消解人们在海洋资源资产占有、使用与开发过程中可能面临的不确定性。“实现资源资产优化配置的理想途径，应在行动计划决策之前，首先将可能出现的有害影响（即妨害）考虑在内。”[④]若人们在进行海洋资源资产开发与利用时不能明确自己的行为将面临怎样的后果，那么将可能因对这种不确定性的恐惧而选择不进行海洋资源资产的开发与利用，从而导致社会整体福利的减损。第二，海洋资源资产的产权界定及有效监管，明确了人们对海洋资源资产能做什么、不能做什么，并恰当地解释了这样做的根据。同时，对海洋资源资产的有效监管意味着人们具有从海洋资源资产中获得经济利益的可能性。一种“能这样做而不那样做”的行为规范，以及这种行为的利益能被有效保证的预期，将有效激励人们开展对海洋资源资产的“创作”与投资。

---

① 杨理. 中国草原治理的困境：从“公地的悲剧”到“围栏的陷阱”[J]. 中国软科学，2010（1）: 10-16.

② 魏伯乐，奥兰 · 扬，马赛厄斯 · 芬格. 私有化的局限[M]. 王小卫，周缨译. 上海：格致出版社，上海三联书店，上海人民出版社，2019: 314.

③ 托马斯 · 索维尔. 经济学的思维方式[M]. 吴建新译. 成都：四川人民出版社，2018: 375-376.

④ 斯蒂文 · G. 米德玛. 科斯经济学——法与经济学和新制度经济学[M]. 罗君丽，李井奎，茹玉骢译. 张旭昆校. 上海：格致出版社，上海三联书店，上海人民出版社，2018: 223.

第二节　价值实现维度的海洋资源资产监管

各个时代，社会各个成员之间总会有某种共同的价值追求或某种共同的价值标准。海洋资源资产作为人类社会经济活动中的重要物质要素，需根据可持续发展的原则进行管理，以防止其功能随着时间的推移而退化，避免“公地悲剧”的发生，促进海洋资源资产的价值实现。[①]

一、海洋资源资产的稀缺性及其构成要素

稀缺是人类社会的一种普遍现象。尽管海洋资源资产极其丰富多样，但作为一种自然产物与社会生活承载体，在人类社会不断增长的需求面前，海洋资源资产在特定的时空内是有限的（limited），即海洋资源资产具有稀缺性（scarcity）。在经济学理论中，稀缺性是“决定海洋资源资产价值的核心”[②]。海洋资源资产的稀缺性不仅仅表现为可开采储量上的稀有，还要结合开采成本、资源资产的价格以及利息率等经济学要素综合分析，关注开发利用该类海洋资源资产的成本和价格之比，若结果小于1，则稀缺程度较低；若结果大于或等于1，则稀缺程度较高。

海洋资源资产稀缺性的构成要素可归纳如下：（1）海洋资源资产的开采成本逐渐提高，抑或在同一时间序列上持续升高；（2）开采成本的变动造成该类海洋资源资产价格的持续上涨；（3）该类海洋资源资产的成本与价格系扣减通胀要素后的真正成本与价格，其变动真实可信；（4）边际开发费用持续升高。[③]若不具备以上四点，即使该类海洋资源资产的现存量

---

① 乔纳森 · M. 哈里斯，布瑞恩 · 罗奇. 环境与自然资源经济学：现代方法[M]. 第三版. 孙星译. 上海：上海财经大学出版社，2017：167.

② 郑永琴. 资源经济学[M]. 北京：中国经济出版社，2013：21.

③ 王松霈. 走向21世纪的生态经济管理[M]. 北京：中国社会科学出版社，2015：282.

不断降低，但在经济学上也被认为不具有稀缺性。在一套完整的产权管理体系中，价格在社会经济发展中起着协调的作用。于消费者而言，针对产品与服务的花销应低于预算费用，因此价格具有分配产品和服务的功能。产品与服务的供需条件决定产品与服务的价格，因而价格的变动即体现海洋资源资产稀缺性和供需情况，能刺激经营者与生产者随时根据新的供需状况调整产业生产线。海洋资源资产价格上涨，稀缺程度加深，则鼓励社会成员更少地生产、使用或消费该类海洋资源资产及其制品，开展循环利用，更多地生产、使用或消费该类海洋资源资产的替代品，缓和该种资源资产的紧张状况，优化海洋资源资产市场配置。

海洋资源资产的稀缺性源于自然规律和法律规范。例如，矿产资源或许在短时间内几乎是无限的，但当法律对其开发利用活动进行限制时，这种矿产资源将因法律的限制而在相当长的时期内成为一种稀缺资源。然而，无论是哪一种限定，海洋资源资产稀缺性的最核心依据在于：海洋资源资产的有限供给与人类对海洋资源资产的无限需求之间的紧张关系。海洋资源资产的有限供给，是因为海洋资源的占有、使用、收益与处分往往受到人类科技水平、利用开发程度、人类需求的程度等因素的制约。换言之，科技手段的有限性、利用与开发的扩大、人类的需求增加、海洋资源的匮缺等都将严重限制海洋资源资产的供给。[①]比如，科学技术的发展与广泛应用，在拓展海洋资源资产开发利用的广度与深度的同时，也在一定程度上破坏了海洋生态系统。

二、我国海洋资源资产监管的外部性理论

萨缪尔森将外部性（externalities）定义为，任一市场主体包括个人或

① 张文斐. 美国基因漂移侵权责任分析及启示[J]. 电子知识产权，2020（8）：65-74.

组织向除自身以外的其他市场主体强加的成本或收益。①外部性是普遍存在的。在海洋资源资产的开发利用过程中，同样也会产生外部性。例如，海洋资源资产的开发与利用往往会给其他社会成员带来影响。一些人对海洋资源资产的排他性开发利用，可能直接排斥其他人对海洋资源资产的使用与消费；一些人对海洋资源资产的开发建设，也可能给其他社会成员带来更优质的海洋资源资产；一些人对海洋资源资产的过度开发与利用，同样可能造成资源枯竭或环境污染，损害其他社会成员的利益，增加其他社会成员对海洋资源资产的维护与修复成本。海洋资源资产的监管，不仅是对市场失灵的反应，而且还需根据市场资源配置制定目标。作为具有独特激励结构的参加者，监管主体在市场交易中的行为具有外部性。其原因在于产权界定不明晰导致的成本和收益不均衡，影响社会经济发展效率。对海洋资源资产监管的外部性进行剖析，不仅是促进监管效率提高的要求，更是为市场运行提供更具经济性制度保障的必要手段。

根据影响效果不同，海洋资源资产监管的外部性可分为负外部性与正外部性。负外部性即海洋资源资产监管主体的监管行为使其他经济主体受损，而没有或无法进行补偿；正外部性即海洋资源资产监管主体的监管行为使其他经济主体受益，但没有或无法向其收费。产生海洋资源资产监管外部性的原因主要有以下两点：

其一，海洋资源资产监管的外部性受监管主体行为的影响。新制度经济学非常重视对特定的实际问题进行研究，为使“经济人”设定更符合现实需求，该学派将人的行为设定作了修正，具体体现为：(1)假设

① 保罗·萨缪尔森，威廉·诺德豪斯. 经济学（上册）[M]. 第十九版. 萧琛，等译. 北京：商务印书馆，2012：453.

个人行为的主观意向是双重的；（2）人与环境的关系为有限理性；（3）将个人机会主义纳入考量范围，即在市场中人们倾向于追求自身收益最大化而规避外在成本。海洋资源资产监管主体的行为亦符合上述三个假设：参与监管的主体为了自身利益，在施行监管行为时促使各利益团体相互博弈，力图制定出符合自身最大利益的监管政策。故而，监管成员极有可能为追求自身利益而侵害公共利益，使得实际的监管效果与理论上的期望值存在偏差，导致外部性的产生。

其二，海洋资源资产监管机构自身的内部属性促成外部性。换言之，监管机构的内在目标与外部目标存在冲突。其内在目标主要体现在预算增长上，因为监管机构未制定有效的绩效考核标准，所以无法预估监管机构的活动规模，"集体选择即通过制定一个符合集体内在特征的规则，使该规则充分为得胜者的利益服务，在程序上为政府职能的扩大提供合法性"①。监管规模持续扩张将影响政府行为效率，使政府干预的社会成本等于或高于市场缺陷所带来的社会成本。监管机构的"经济人"属性指导其充分利用海洋资源资产来获取最大利益，即获得最大程度和规模的税收和租金。为实现自身利益最大化，监管主体将在其权限范围内，抑或超过其权限范围，最大程度掌控海洋资源资产，而忽视该权限或权限的突破是否将对公共利益造成损害。

实现外部性内部化是矫正海洋资源资产监管外部性的主要方法。即在自身开采过程中"内部消化"海洋资源资产开发利用过程中产生的外部费用，以此来控制社会成本与私人成本的差额。在自由化的资源体系中，监管者的活动通常被导向两个领域：一是为海洋资源资产开发设定市场规

① 安东尼·德·雅赛. 重申自由主义[M]. 陈茅，徐力源，刘春瑞，等译. 北京：中国社会科学出版社，1997：178.

则；二是对包括传输和配送线路在内的网络垄断加以规制管理，以防止企业获得超额利润。海洋资源资产监管的主要目标是通过在单位资源交易中的竞争，或者通过准许消费者选择供能企业，来实现效率最大化。[①]具体而言，海洋资源资产监管外部经济性“内部化”的方法，可分为直接管制手段和经济手段（包括产权管理和非市场性经济手段）两大类。

其一，直接管制手段，即政府干预。所谓管制，即依据相关法律法规与标准准则等，相关行政管理部门直接对经营者产生外部性的行为总数与方法进行规定。该手段的特点在于：既然在资源分配问题中，交易市场存在失灵，政府部门就应以非市场方式直接干预海洋资源资产的利用与保护活动。克尼斯等经济学家提出，市场自身并不具有对称性，其高运作效率通常体现于对海洋资源资产的开发利用活动，而涉及污染物处置问题时，其运作效率却几乎为零。现实生活中，公共海洋资源资产产权不明确的现象普遍存在，即使产权界定明晰，也可能因当代人的过度开发利用，而造成具有长期影响的资源枯竭和生态破坏的后果。因此，从可持续发展原则出发，考虑到后代人对当代海洋资源资产与生态环境的利用权利，需要政府干预来达成当代人自身利益与后代人权益的均衡。

其二，经济手段。（1）产权管理手段。产权不明是产生外部性的典型原因。根据科斯定理，如果外部性的受害者或引发者能够获得永久产权，且双方不存在交易成本，将产生最优外部性。其特点在于：为实现帕累托最优，充分发挥市场机制的优化配置，将产权与外部性进行联系，排除政府干预手段。通过明确界定产权或对各方利益的协调，使得外部成本内部化。同时，促成私人主体之间相互协商等有效解决模式的建立。

---

① 罗伯特·鲍德温，马丁·凯夫，马丁·洛奇．牛津规制手册[M]．宋华琳，李鸻，安永康，等译．上海：上海三联书店，2017：643.

私人模式也有两种细化思路。一种是科斯研究发现的所谓“谈判”与“科斯定理”。科斯提出：在产权明晰并且交易成本较低的前提下，私人主体之间的谈判与协商也可能造成有效率的结果。这也就是说，私人谈判可以减少外部性。另一种是依靠司法途径或通过责任的分配，将海洋资源资产的非市场化成本内部化。（2）非市场性经济手段。强调充分发挥政府的强制力量，排除市场自由交易，由政府利用税收、价格及信贷等手段，向开发利用海洋资源资产的主体征收费用，维护海洋资源资产国家所有权，达到外部性内部化的效果。例如，向排放污染物的企事业单位征收排污费，即为非市场经济手段中最具代表性的一种。再如，管理收费、产品收费、征收押金以及税收减免等。在理论上，大多是经济控制手段在资源环境经济政策领域的延伸。这些方法是目前海洋资源资产监管中应用最多且潜力最大的备选经济手段。

第三节 治理效能维度的海洋资源资产监管

目前，很多资源环境问题已跨越国界成为全球性问题，基于生态共存理念，任何国家、社会组织与个人在享有对海洋资源开发利用的权利的同时，也应履行保护自然资源、改善生态环境的义务，同时应承担相应的责任。海洋资源资产为公共物品，国家应在公共信托（public trust）理论的指导下，通过海洋资源资产确权与交易各阶段的规制治理，明确公共产品与服务的监管理念，提升国家治理效能与社会治理水平。

一、海洋资源资产的公共物品属性

萨缪尔森（Samuelson，1954）对纯粹公共物品（pure public goods）的定义为，对该物品或服务的消费不会影响其他人对其需求的减少。[①]在此基础上，奥尔森（2019）提出了“集体行动的困境”[②]。美国经济学家曼昆（2009）依据消费的竞争性与排他性，将产品分为四种类型：私人物品、自然垄断、公共资源以及公共产品，如下页图 2-1 所示。其中，公共资源和自然垄断又被合称为准公共产品。[③]

其他学者对产品或物品进行分类的思路大致相同。萨瓦斯（2017）在对公用事业的民营化问题进行研究时，依据消费的共同性，即非竞争性，加之产品的排他性，将产品分为个人产品、集体产品、可收费产品以及共享资源四种类型。[④]奥斯特罗姆夫妇对产品的分类标准亦习惯于使用

---

① Samuelson P. A. The Pure Theory of Public Expenditure[J]. The Review of Economic and Statistics，1954，36（4）: 387.

② 曼瑟尔 · 奥尔森. 集体行动的逻辑[M]. 陈郁，郭宇峰，李崇新译. 上海：格致出版社，上海三联书店，上海人民出版社，2019：1.

③ 曼昆. 经济学原理：微观经济学分册[M]. 第五版. 梁小民，梁砾译. 北京：北京大学出版社，2009：233-234.

④ E. S. 萨瓦斯. 民营化与公私部门的伙伴关系[M]. 周志忍，等译. 北京：中国人民大学出版社，2017：48-52.

"共同性"的表述而非"非竞争性"，只是某些产品的名称有所差异，如图2-2所示。[①]

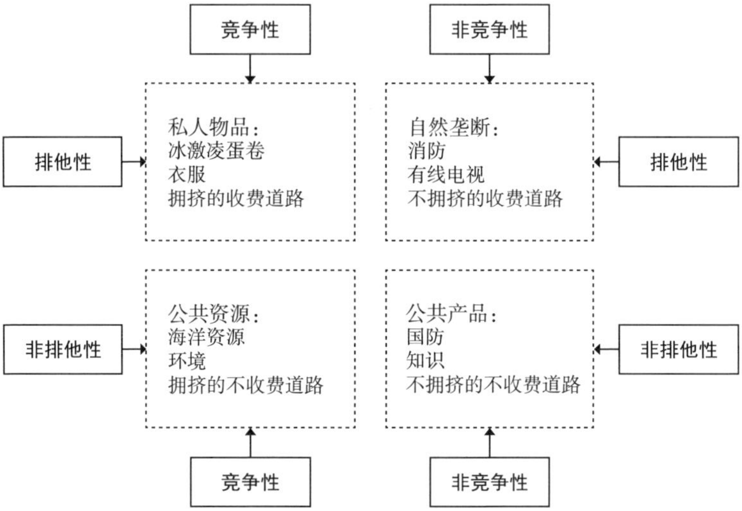

图2-1 曼昆对产品的分类

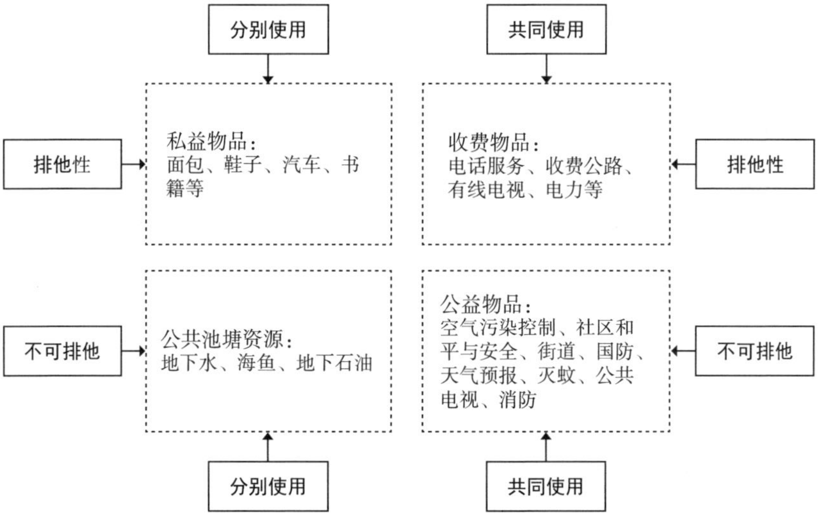

图2-2 奥斯特罗姆夫妇对产品的分类

① 埃莉诺·奥斯特罗姆.公共事物的治理之道：集体行动制度的演进[M].余逊达，陈旭东译.上海：上海译文出版社，2012：32.

海洋资源资产在特定情况下具有公共物品属性。[①]以海洋资源资产为例，一些人在特定海域进行垂钓的同时，并不会必然排斥他人在相同或相近的区域进行垂钓；一些人对特定海域地貌的精神赏悦，并不排斥他人同时对该特定海域地貌的精神赏悦；一些人对海洋资源进行旅游开发，通常不会直接影响到另一些人对海洋水生物资源或矿产资源资产的开发与利用。亦即，海洋资源在使用与消费上具有非竞争性与非排他性，这是典型的公共产品属性或公共物品属性。正因为这种公共属性，海洋资源资产在相当长的时期内都被作为行政法之公物来对待。

海洋资源资产监管法律制度的构建，很大程度上是基于海洋资源资产公共物品属性的。该经济属性昭示着对这一产品或者资源的产权配置与监督管理具有强烈的公共产权倾向。这也是海洋资源资产由政府来调配与控制的根源。海洋资源资产由国家所有，即全民所有，能够在维系海洋资源资产生态属性的前提下，强化资产保值功能，维护国家利益。然而，“公地悲剧”理论认为，为海洋资源资产配置以公共产权亦存在较大风险。由于海洋资源资产具有地域性与非排他性，权利的事实主体模糊，难以确定具体的权利人。因此，海洋资源资产产权界定须综合考虑海洋资源资产有效监管的逻辑前提以及海洋资源资产的公共产品属性或公共物品属性。海洋资源资产监管法律制度的建构，必须重视多元主体参与治理的方式，发挥海洋资源资产分配、控制与使用过程中，政府与市场在不同阶段所应扮演的决定性角色的作用。

二、我国海洋资源资产监管的公共信托理论

公共信托理论是政府受全体人民的委托，作为受托人为了维护诸如

---

① 罗施福. 海域资源市场化配置的法律机制研究[M]. 厦门：厦门大学出版社，2019：33-34.

海洋、湿地、湖泊、河流等脆弱资源的公共信托用途而对其进行保护与管理的义务。在公共信托理论指导下的法律制度，能够更好地规范政府对资源配置的决策行为，使得政府行为更加符合立法目标，以保护人民在海洋资源资产上的信托利益。换言之，公共信托理论是政府运行监管决策规范的重要组成部分，是政府制定行为准则、对海洋资源资产进行有效监管的基础。萨克斯（Sax，1970）认为，公共信托理论是界定当前社会是“公民的社会”还是“农奴的社会”的标准，应以环境权的名义对特定海洋资源资产进行保护，同时进行有效的监督，使其真正用于社会公众。萨克斯在对公共信托理论的合理性进行论证时提出，基于生态环境中海洋资源资产的公共利益属性，不应限制公众对资源资产的使用，但需限制私人的某些不合理使用行为。[①]

海洋资源资产监管涉及海洋资源资产的产权配置问题，即政府如何将其使用权配置给私人主体。海洋资源资产作为信托财产，若完全禁止私人使用，不利于有效发挥海洋资源资产的经济效益与生态效益；若对私人使用不加以限制，则不利于海洋资源资产所有权的保护。为实现多方利益的均衡，公共信托理论的普通法与衡平法双重所有权相互制约，共同在海洋资源资产产权配置进程中发挥作用。一方面，保障社会公众在海洋资源资产上的信托利益，即社会公众享有衡平法所有权；另一方面，要求政府根据信托规则施行监管行为，即社会公众享有普通法所有权下的监管权。

第一，公共信托中普通法所有权对海洋资源资产监管的要求。根据普通法所有权对应的责任与义务，受托人应对资源资产进行审慎分

① Sax J. L. The Public Trust Doctrine in Natural Resource Law : Effective Judicial Intervention[J]. Michigan Law Review，1970，68(3): 471-566.

配，具体表现为四个方面。（1）政府部门之间不应存有利益冲突。托雷斯（Torres，2001）提出，资源资产监管的潜在风险来自“政府腐败”，即利用国家权力配置公共财产以获取个人利益。[①]公共信托理论要求政府部门在对资源资产进行监管时，应防止利益冲突的出现，进而消除可能左右监管决策的不利因素。（2）政府应尽到“善良管理人的注意义务”，即恪尽职守、诚实信用、深思熟虑的人应具备的注意义务，受托人应谨慎、有效地管理信托资源资产。《中华人民共和国信托法》第二十五条有类似规定。（3）以实现海洋资源资产价值最大化为目标。政府对海洋资源资产实现“最高和最佳的优化配置”，是公共信托理论的要求。为此，就需要依据竞争需求和轻重缓急的不同，对海洋资源资产的配置进行排序。例如，将海洋资源从其本身存在的海域中剥离出来的使用方式为消耗性使用，而以维持水资源本身所处的溪流、湖泊或水道等环境为基础的使用方式为非消耗性使用，二者存在竞争冲突。以生态信托利益取代市场经济利益作为评判社会价值的准则，才能实现海洋资源资产价值的最大化。（4）对造成资源资产损害的任何一方，及时提起海洋资源资产损害赔偿。私法信托中，若因第三方的原因造成信托资产的损坏，受托人可向第三方提出赔偿，以保证受益人的财产不受侵害。公共信托之中，政府作为受托人，为确保生态平衡与海洋资源资产价值的实现，应及时向第三方提出赔偿请求，使海洋资源资产恢复原状。若确定应由致损方赔偿，则需及时进行损失评估。

第二，公共信托中衡平法所有权对海洋资源资产监管的要求。衡平法所有权作为一项可行使、可实现的具体法律权利，其主体是当代

---

① Torres G. Who Owns the Sky?[J]. Pace Environmental Law Review，2001（18）：227.

及后代全体人民。衡平法所有权对海洋资源资产监管的作用体现在两个方面:(1)保障海洋资源资产监管过程中社会公众的参与权(right to participate)。若社会公众明确表示对政府配置海洋资源资产和监管的决策持反对意见，则说明政府作为受托人，其监管行为与衡平法所有权人，即社会公众的意志背道而驰，其监管决策的实施将会侵害社会公众利益，该行为应立即停止。[①]此外，政府关于信托资源财产的监管决策应在社会公众中予以公开。广泛的公众参与使政府与社会公众之间形成有效的沟通渠道，促进社会公众对政府配置信托资源资产的理解与认同，督促加快与加大监管决策的制定进度与执行力度，使得海洋资源资产监管规范更加合乎公众意志。(2)保障海洋资源资产监管过程中社会公众的知情权(right to know)。社会公众作为公共信托财产的委托人和受益人，依法享有获取和知悉海洋资源资产配置与监管的相关信息的权利。一方面，于委托人和受益人而言，对信托财产的知情权是一项法定的权利种类，故社会公众有权知悉海洋资源资产是否被合理配置。另一方面，于受托人而言，根据衡平法所有权对应的普通法所有权的要求，关于信托资源资产的利用和配置情况，受托人负有向委托人和受益人进行信息披露的义务。根据海洋资源资产种类与性质的不同，信托资源资产监管过程中社会公众知情权的范围亦有所差异。鉴于此，要完成海洋资源资产的配置与监管决策，首先要对可能影响信托资源资产价值的信息作出评估，如河流流量、林木龄级以及生物物种数量等。

---

① 王克稳. 行政许可中特许权的物权属性与制度构建研究[M]. 北京：法律出版社，2015：279.

03 第三章

我国海洋资源资产监管法律制度现状

我国现行海洋资源资产监管相关法律主要有《中华人民共和国海洋环境保护法》《中华人民共和国海上交通安全法》《中华人民共和国领海及毗连区法》《中华人民共和国专属经济区和大陆架法》《中华人民共和国海域使用管理法》《中华人民共和国海岛保护法》等。我国海事立法兼具公法与私法的特征，在立法内容结构上实行内河立法与海上立法分立并行的做法，海事立法中的中央立法与地方立法互为补充，在立法内容上较多地吸收借鉴国际海事公约的内容。由于涉海部门规章与地方性法规的权限依据及效力范围不同，且所代表的利益存在差异，在湿地保护与海岛管理等方面均存在条文冲突，造成涉海法律体系融贯性阻滞。政府应及时出台有关近位法律冲突解决的法律解释性文件，从实质与形式两个方面保证涉海立法的融贯性。

第一节 我国海洋资源资产监管法律体系梳理

近些年，随着我国经济的健康快速发展，立法工作也在不断地适应经济基础并更好地为经济基础服务。为了进一步适应社会的发展趋势，补齐中央立法的一些短板，同时力争解决我国历史上立法粗放化所遗留的问题，实现良法善治这一目标，“立法精细化”的趋势随之而来。也就是说，我国目前正在从有法可依的状态趋向立法精细化。①社会对于立法工作也提出了更高的要求，不仅仅要求形成相应的法律体系，还要求提升立法技术、提高立法质量，使得立法更加科学化、民主化、精细化。

《中华人民共和国立法法》授予所有设区的市地方立法权，并规定由省级人大常委会确定设区的市开始制定地方性法规的具体步骤和时间，而之前只有“较大的市”才享有立法权，且限定了设区的市的立法权限范围。修改后，立法主体的范围进一步扩大，赋予各设区的市地方立法权。这使得设区的市得以精确解决自身经济发展中所遇到的各种社会问题和法律问题，客观上有助于立法精细化的实现。

一、我国海洋治理政策与海事立法特点

1996 年，原国家海洋局公布了《中国海洋 21 世纪议程》(以下简称《议程》)，阐明了海洋可持续发展的基本战略、战略目标、基本对策，以及主要行动领域。

《议程》共 11 章，分别是：战略和对策，海洋产业的可持续发展，海洋与沿海地区的可持续发展，海岛可持续发展，海洋生物资源保护和可持续利用，科学技术促进海洋可持续利用，沿海区、管辖海域的综合管理，海洋环境保护，海洋防灾、减灾，国际海洋事务及公众参与。各章

① 李朝晖. 从有法可依到立法精细化[J]. 特区实践与理论，2014 (6): 12-13.

均设导言和方案领域两部分。导言部分阐述各章的中心内容、主要依据、现状和问题、趋势展望等。方案领域部分包括三部分:(1)行动依据，说明该方案领域的国际、国内法律依据，要解决的主要问题及解决问题的时空可行性等;(2)目标，主要说明在该领域采取各种行动要达到的目标和目的;(3)行动，实现目标需要采取的各种措施和行动。其总体目标是:“建设良性循环的海洋生态系统，形成科学合理的海洋开发体系，促进海洋经济持续发展。”同时，采取各种有效措施，保证海洋资源的可持续开发利用。换言之，该《议程》的基本观念如下:(1)维护国际秩序和国家海洋权益;(2)合理利用海洋资源，推动海洋产业的协调开发;(3)保护海洋环境;(4)强化海洋科学与技术的研究发展;(5)建立整合性海洋管理系统;(6)积极参与海洋开发的国际合作。《议程》也强调“把海洋可持续利用和海洋事业协调发展作为21世纪中国海洋工作的指导思想”，并“坚持以发展海洋经济为中心、适度快速开发、海陆一体化开发、科教兴海和协调发展的原则”。在海洋环境的保护方面，我国已经制定了一系列的法律法规。例如，1982年公布的《中华人民共和国海洋环境保护法》。另针对海岸开发、海域石油探勘、航运、废弃物倾弃和陆源污染等也制定了相关法律法规。

海事法是调整海上或与海相通的可航水域发生的，与船舶或水上设施相关的特定社会管理关系的法律规范的总称。[①]我国海事立法体现了宪法对公共管理权利的约束，立法架构以海事管理为核心，所调整的法律关系中的主、客体之间在权利义务上具有不平等性。[②]我国海事立法兼具公法与私法的特征，在立法内容结构上，实行内河立法与海上立法分立并行的立法模式，海事立法中的中央立法与地方立法互为补充，在立法

① 胡正良. 海事法[M]. 北京：北京大学出版社，2009：4.

② 马晓路. 现代海事立法下我国海事立法协调问题研究[D]. 大连海事大学，2015.

内容上较多地吸收借鉴了国际海事公约的内容。

（一）立法兼具公法与私法的特征

海事立法虽然属于公法，但具有公法与私法的混合性。所谓“混合”，并不是混同，而是指不同属性的具体法律规范在具体一部海事立法中的共存。海事立法中可能同时包括强制性规范与任意性规范，虽然海事法大多为行政法，但是受到近代公法与私法相互融合发展趋势的影响，在以行政法为主导的海事立法中，出现了一种以私法因素为基础，以公法因素为主导的社会法立法趋势。立法中的强制性规范体现公法特征，任意性规范体现私法特征。[①]海事立法服务于海事管理与海事维权执法，立法中具有许多强制性规范，目的在于维护海上活动的秩序与安全。同时，一些海事立法中还存在任意性规范，体现了立法对于海事活动中当事人意思自治和自由处分的尊重。从海事立法中的强制性规范与任意性规范并存的现象可以看出，海事立法兼具公法与私法的特征。

此外，海事立法中的法律责任具有综合性的特征。违反相关海事立法的规定，行为人可能需承担多方面的责任——既要承担民事责任，也要承担行政责任或（和）刑事责任。通常而言，一部立法所规定的法律责任性质都是单一的，而海事立法中的法律责任则呈现出综合性的特征，由民事、行政、刑事责任等三种形式共同组成。这种现象出现的原因，主要是海事立法受公法私法化的影响，其所调整的社会关系并不都是公法关系。对私法义务的违反，不仅仅会导致公权力的介入，还会在当事人之间产生民事责任。可见，海事立法通过采取多种责任形式配置，在维护立法所确认的海事活动秩序的同时，兼顾适应所调整的社会关系的复杂性和主体违反法律义务情节的多样性。

①《防治船舶污染海洋环境管理条例》第五十五条规定：“对船舶污染事故损害赔偿的争议，当事人可以请求海事管理机构调解，也可以向仲裁机构申请仲裁或者向人民法院提起民事诉讼。”

（二）内河立法与海上立法分立并行

我国海事立法实行海上海事立法与内河海事立法分立并行的立法模式。《中华人民共和国海上交通安全法》与《中华人民共和国内河交通安全管理条例》分别是海上海事立法与内河海事立法的“龙头法”，《中华人民共和国海上交通安全法》仅适用于我国主权管辖的海域，内河交通安全管理则按照《中华人民共和国内河交通安全管理条例》进行调整。这种分立并行的立法模式始于20世纪90年代，出于吸引外资和促进国际贸易的考虑，国家在远洋运输立法上较内河航运法制建设投入了更多的人力物力，力求在对外开放和招商引资方面建立一个良好的法治环境。①海上海事立法形成了以法律、法规、规章和规范性文件为主要内容的多层次法律框架体系，涉及海上海事管理的各个方面。内河海事立法主要调整国家版图范围内，内河航道中与船舶航行、营运有关的法律关系。同时，海船吨位普遍大于内河船舶吨位，海上船舶航行要求较内河航行更严格，海上法律关系具有较强的涉外性，而发生在内河的航运关系，我国具有完全的司法管辖权，等等，这些因素都决定了内河海事立法和海上海事立法的区别。

（三）中央立法与地方立法互为补充

中央立法与地方立法共同组成了我国的海事立法。中央立法包括法律、行政法规和部门规章，地方立法包括地方政府规章和地方性法规。海事立法形成了以中央立法和地方立法为主要内容的多层次法律框架。自20世纪80年代我国海事立法系统化工作开始后，《中华人民共和国海上交通安全法》和《中华人民共和国内河交通安全管理条例》等法律、行政法规相继颁布，为相关的各类地方海事法规的出台奠定了基础。地方

① 潘绍忠，王建瑞，肖东升．内河海商法律实务[M]．北京：法律出版社，2010：28.

立法是中央立法的有益补充，是我国法律体系的重要组成部分。这些地方性海事立法起到了积极的作用，一方面，为了使法律适应本地的具体情况，保证法律法规的全面实施，地方立法根据地方实际，细化、补充、完善了国家法律的规定，与上位法相呼应、相配套，弥补了国家法律原则性强、修改程序繁杂的不足①；另一方面，在中央立法出现空白，或有许多不宜由中央立法解决的问题出现时，通过地方立法予以解决，可以在填补法律适用空白的同时，为中央立法积累地方经验。此外，随着航运经济的不断发展，海事中央立法与地方立法之间的互动不断增强，二者的关系也日趋紧密。正因为如此，海事中央立法与地方立法的交叉点也渐趋增多，涉及提高海事监管效能、协调国家与地方立法等的问题，受到越来越多的关注和讨论。

（四）对国际海事公约的借鉴吸收

我国海事法律法规中的各专门立法及各类规范性法律文件，主要是根据国际条约及其修正案的相关规定，并结合我国航运管理及航运状况和特点来制定的，具有较强的履约和行业管理特点。我国是国际海事组织A类理事国，在海事管理领域与世界其他国家的交流与合作日益密切，在国内立法中借鉴他国先进的海事立法经验和国际条约规定的情况也较为普遍。这种借鉴与吸收不仅仅表现在海事公法方面，例如海事行政法，在海事私法领域亦有不少实例。《中华人民共和国海上交通安全法》第二章对有关船舶吨位证书的要求、《中华人民共和国船舶和海上设施检验条例》中有关船舶总吨位、净吨位等问题的检验要求和规定以及《中华人民共和国船舶安全监督规则》中对包括船舶吨位在内的各项船舶技术状况实施监督的相关主管机关的职责、权限的界定等都参照了1969年《国际

① 李朝晖. 从有法可依到立法精细化[J]. 特区实践与理论，2014（6）：12-13.

船舶吨位丈量公约》的规定。《防治船舶污染海洋环境管理条例》在构建具体制度过程时不仅借鉴了我国加入的1973年《国际防止船舶造成污染公约》及其1978年议定书（简称MARPOL 73/78）、1969年《国际油污损害民事责任公约》及其1992年议定书、2001年《国际燃油污染损害民事责任公约》等国际公约的规定，而且在具体规定中，还直接将国际公约要求纳入国内立法中。比如，其第十条规定船舶的结构、设备、器材应当符合国家有关防治船舶污染海洋环境的技术规范以及中华人民共和国缔结或者参加的国际条约的要求。这些都体现出海事立法鲜明的国际性，需要与不断出台或修订的国际公约进行有效的转化和衔接。

二、我国海洋资源资产相关法律梳理

我国海洋立法包含海洋环境保护与海洋资源利用两个范畴，具体包括海洋立体空间范围内的人造基础设施、交通运输工具等人为构造物，海洋生态环境范围内的动植物资源、矿产资源、遗传材料等自然界资源，以及大陆架、海岸等与海洋直接或间接发生关联的其他客体对象。

我国是名副其实的海洋大国，海岸沿线长18000多千米，最北濒临近海渤海，最南至南海，约有200多万平方千米的大陆架，面积在500平方米以上的岛屿有近6500个。我国海洋资源极为丰富，但由于我国长期“重陆轻海”，使得海洋资源的开发程度远远低于陆地。同时，受到科学技术的限制，海洋开发利用的程度很低。随着海洋事务快速发展，各行各业相继发展海上经济，开展海上作业，人为因素导致的海难、海上石油开采泄漏均有发生。海洋维权面临着严峻的挑战，真正完全在我国掌控之中的只有渤海海域，其他三大海域均遭受着较为严重的主权侵犯，海洋权益也不断遭受侵犯。当前我国在海洋权益、海洋资源保护、海洋环境保护等诸多方面面临着严峻的考验。

中华人民共和国成立至今，虽未制定出台统领海洋事务的基本法律，但颁布了大量的海洋单行法，涉及我国海洋绝大部分领域，在维护我国海洋权益上发挥了重要作用，为海洋事业发展与海洋环境保护提供了基础法律保障。

（一）我国海洋基本法律制度

1958 年，在世界范围内海洋权益斗争越发激烈的形势下，为了更好地保护我国领海权益不受外国势力侵扰，以及出于政治、外交需要，我国政府于 1958 年 9 月 4 日首次发布了《中华人民共和国政府关于领海的声明》，但也仅是对我国领海海域宣示主权。国家并未采取国内立法，将我国领海基点、基线的相关规定以法律形式予以明确和固定。此后几十年间，我国管辖海域内，不断有他国势力企图占领我国海洋主权领土，掠夺资源和非法打捞等情况时常发生，海洋安全形势非常严峻。

直至 1992 年，全国人民代表大会常务委员会正式通过《中华人民共和国领海及毗连区法》，该法于当年 2 月 25 日正式生效。这是我国第一部关于领海制度的基本法律，重点规定了两方面内容：（1）关于我国领海的绝对主权与对毗连区的管制权的基本制度；（2）从空间范围内精确界定了我国领海和毗连区地理位置。该法总共十七条，明确了我国陆地领土包括中华人民共和国大陆及其沿海岛屿、台湾及其包括钓鱼岛在内的附属各岛、澎湖列岛、东沙群岛、西沙群岛、中沙群岛、南沙群岛及其他一切属于中华人民共和国的岛屿。关于领海基线的划定，该法规定以直线基线法为原则，结合我国 1958 年关于领海的声明与国际公约的相关规定，规定了我国领海的宽度从领海基线量起为十二海里，毗连区的外部界限为一条其每一点与领海基线的最近点距离等于二十四海里的线。对通过领海的外国船只，规定除了外国军用船舶，外国民用船舶正常航行，享有依法无害通过我国领海的权利。该法对我国主张领海岛屿的领土主权，维护我国海洋权益有着积极作用。

在第八届全国人大常委会批准了《联合国海洋法公约》（以下简称《海洋法公约》）[①]后，为了更好地享有《海洋法公约》赋予各国的海洋权利，履行相关义务，政府通过国内立法的形式于 1998 年 6 月 26 日正式颁布了《中华人民共和国专属经济区和大陆架法》，作为我国关于规定专属经济区和大陆架的基本法律。依据《海洋法公约》要求，该法第二条规定，“中华人民共和国的专属经济区，为中华人民共和国领海以外并邻接领海的区域，从测算领海宽度的基线量起延至二百海里。中华人民共和国的大陆架，为中华人民共和国领海以外依本国陆地领土的全部自然延伸，扩展到大陆边外缘的海底区域的海床和底土；如果从测算领海宽度的基线量起至大陆边外缘的距离不足二百海里，则扩展至二百海里。中华人民共和国与海岸相邻或者相向国家关于专属经济区和大陆架的主张重叠的，在国际法的基础上按照公平原则以协议划定界限。”

该法仅宣示了我国对专属经济区和大陆架的主权权利和管辖权，但未具体规定相关实施措施或建立海洋管理机构，导致该部法律的操作性不强。

（二）《中华人民共和国海洋环境保护法》（修正案）

《中华人民共和国海洋环境保护法》于 1982 年 8 月 23 日通过，1999 年 12 月 25 日修订，自 2000 年 4 月 1 日起施行。2013 年 12 月 28 日第十二届全国人民代表大会常务委员会第六次会议第一次修正，2016 年 11 月 7 日第十二届全国人民代表大会常务委员会第二十四次会议第二次修正，2017 年 11 月 4 日第十二届全国人民代表大会常务委员会第三十次

---

① 在中文语境中，《海洋法公约》一般是指联合国 1982 年第三次海洋法会议所决议的《海洋法公约》。此公约对内水、领海、临接海域、大陆架、专属经济区、公海等重要概念作了界定。对当前全球各处的领海主权争端、海上天然资源管理、污染处理等具有重要的指导和裁决作用。

会议第三次修正。该法的第二次修正，被认为是海洋生态环境保护领域的大事，对于推进我国生态文明建设、提升海洋法治水准、推进海洋强国战略具有下列重大意义。

首先，有助于推进生态文明建设。强调尊重自然、顺应自然、保护自然，建立系统完整的生态文明制度体系，用严格的法律制度保护生态环境，制定完善生态补偿制度，以及与土壤、水、大气污染防治及海洋生态环境保护等相关的法律法规，以促进生态文明建设。统筹兼顾发展和保护环境的双重任务，有助于体现生态文明建设新要求、落实依法治海新思路。

其次，有助于建立严格生态红线制度，依法治海。该法的修正旨在将生态文明体制改革的新部署固化到法律中，将“生态保护红线制度”确立为海洋生态环境保护的基本制度，并与新修正的《中华人民共和国环境保护法》相衔接、推进行政审批制度改革和加大违法处罚力度。

最后，2015 年以来，我国“十三五”发展规划提出“经济富海、依法治海、生态管海、维权护海和能力强海”五大体系，强调将生态观贯穿于海洋各项工作之中，使海洋生态文明建设居于更关键的地位。因此，《中华人民共和国海洋环境保护法》的修正，有助于实现“水清、岸绿、滩净、湾美、物丰”的海洋生态文明建设目标。

《中华人民共和国海洋环境保护法》之第二次修正，除删除部分条文外，增修者择要收录如下。

第一，划定生态保护红线。第三条增加一款，作为第一款：“国家在重点海洋生态功能区、生态环境敏感区和脆弱区等海域划定生态保护红线，实行严格保护。”

第二，公开相关信息。第一章增加一条，作为第六条：“环境保护行政主管部门、海洋行政主管部门和其他行使海洋环境监督管理权的部门，根据职责分工依法公开海洋环境相关信息；相关排污单位应当依法公开排污信息。”

第三，实施海洋功能区划。将第六条改为第七条，修正为：“国家海洋行政主管部门会同国务院有关部门和沿海省、自治区、直辖市人民政府根据全国海洋主体功能区规划，拟定全国海洋功能区划，报国务院批准。”“沿海地方各级人民政府应当根据全国和地方海洋功能区划，保护和科学合理地使用海域。”

第四，落实排海总量控制。将第十条改为第十一条，增加两款，作为第二款、第三款：“排污单位在执行国家和地方水污染物排放标准的同时，应当遵守分解落实到本单位的主要污染物排海总量控制指标。”“对超过主要污染物排海总量控制指标的重点海域和未完成海洋环境保护目标、任务的海域，省级以上人民政府环境保护行政主管部门、海洋行政主管部门，根据职责分工暂停审批新增相应种类污染物排放总量的建设项目环境影响报告书（表）。”

第五，污染者付费。将第十一条改为第十二条，将第一款修正为：“直接向海洋排放污染物的单位和个人，必须按照国家规定缴纳排污费。依照法律规定缴纳环境保护税的，不再缴纳排污费。”

第六，建立生态补偿制度。第二十四条修正为：“国家建立健全海洋生态保护补偿制度。”“开发利用海洋资源，应当根据海洋功能区划合理布局，严格遵守生态保护红线，不得造成海洋生态环境破坏。”

第七，强化海岸工程的调查审批。第四十三条修正为：“海岸工程建设项目单位，必须对海洋环境进行科学调查，根据自然条件和社会条件，合理选址，编制环境影响报告书（表）。在建设项目开工前，将环境影响报告书（表）报环境保护行政主管部门审查批准。”“环境保护行政主管部门在批准环境影响报告书（表）之前，必须征求海洋、海事、渔业行政主管部门和军队环境保护部门的意见。”

第八，建立海岸工程与环保合一制度。第四十四条修正为：“海岸工程建设项目的环境保护设施，必须与主体工程同时设计、同时施工、同时投产使用。环境保护设施应当符合经批准的环境影响评价报告书（表）的要求。”

第九，要求海洋工程符合我国海洋整体规划。第四十七条修正为：“海洋工程建设项目必须符合全国海洋主体功能区规划、海洋功能区划、海洋环境保护规划和国家有关环境保护标准。海洋工程建设项目单位应当对海洋环境进行科学调查，编制海洋环境影响报告书（表），并在建设项目开工前，报海洋行政主管部门审查批准。”“海洋行政主管部门在批准海洋环境影响报告书（表）之前，必须征求海事、渔业行政主管部门和军队环境保护部门的意见。”

第十，加强海洋工程施工管理。第四十八条第一款修正为：“海洋工程建设项目的环境保护设施，必须与主体工程同时设计、同时施工、同时投产使用。环境保护设施未经海洋行政主管部门验收，或者经验收不合格的，建设项目不得投入生产或者使用。”

第十一，防止船舶造成海洋环境污染。第七十条修正为：“船舶及有关作业活动应当遵守有关法律法规和标准，采取有效措施，防止造成海洋环境污染。海事行政主管部门等有关部门应当加强对船舶及有关作业活动的监督管理。”“船舶进行散装液体污染危害性货物的过驳作业，应当事先按照有关规定报经海事行政主管部门批准。”

第十二，针对严重违法行为连续罚款。第七十三条第一款修正为：

“违反本法有关规定，有下列行为之一的，由依照本法规定行使海洋环境监督管理权的部门责令停止违法行为、限期改正或者责令采取限制生产、停产整治等措施，并处以罚款；拒不改正的，依法作出处罚决定的部门可以自责令改正之日的次日起，按照原罚款数额按日连续处罚；情节严重的，报经有批准权的人民政府批准，责令停业、关闭：（一）向海域排放本法禁止排放的污染物或者其他物质的；（二）不按照本法规定向海洋排放污染物，或者超过标准、总量控制指标排放污染物的；（三）未取得海洋倾倒许可证，向海洋倾倒废弃物的；（四）因发生事故或者其他突发性事件，造成海洋环境污染事故，不立即采取处理措施的。有前款第（一）（三）项行为之一的，处三万元以上二十万元以下的罚款；有前款第（二）（四）项行为之一的，处二万元以上十万元以下的罚款。”

第十三，结合环境影响评价加重违法海岸工程的罚款。第七十九条修正为：“海岸工程建设项目未依法进行环境影响评价的，依照《中华人民共和国环境影响评价法》的规定处理。”第八十二条修正为：“违反本法第四十七条第一款的规定，进行海洋工程建设项目的，由海洋行政主管部门责令其停止施工，根据违法情节和危害后果，处建设项目总投资额百分之一以上百分之五以下的罚款，并可以责令恢复原状。”“违反本法第四十八条的规定，海洋工程建设项目未建成环境保护设施、环境保护设施未达到规定要求即投入生产、使用的，由海洋行政主管部门责令其停止生产、使用，并处五万元以上二十万元以下的罚款。”

第十四，加强打击海洋污染行为处罚力度。第九十条修正为：“对违反本法规定，造成海洋环境污染事故的单位，除依法承担赔偿责任外，由依照本法规定行使海洋环境监督管理权的部门依照本条第二款的规定处以罚款；对直接负责的主管人员和其他直接责任人员可以处上一年度从本单位取得收入百分之五十以下的罚款；直接负责的主管人员和其他直接责任人员属于国家工作人员的，依法给予处分。”“对造成一般或者较大海洋环境污染事故的，按照直接损失的百分之二十计算罚款；对造成重大或者特大海洋环境污染事故的，按照直接损失的百分之三十计算罚款。”“对严重污染海洋环境、破坏海洋生态，构成犯罪的，依法追究刑事责任。”

2016年《中华人民共和国海洋环境保护法》的第二次修正（以下简称该法为《修正案》），其策略总结如下：（1）在空间结构上，优化海洋开发格局。《修正案》增加了全国海洋主体功能区规划有关内容，赋予它作为各类涉海规划、政策在空间开发和布局方面基本依据的地位。通过规划的实施，引导海洋开发活动向发展条件好的区域聚集，并使开发程度与环境资源承载力相适应。（2）在开发方式上，宣导生态保护优先。《修正案》明确在重点海洋生态功能区、生态环境敏感区和脆弱区等海域划定生态保护红线，开发利用海洋资源应严格遵守生态红线；同时，确立了海洋生态保护补偿制度，推进受益者付费、保护者得到合理补偿的运行机制的形成；确立了“区域限批”制度，对超过主要污染物排海总量控制指标的重点海域，以及未完成海洋环境保护目标、任务的海域，政府将暂停审批新增相应种类污染物排放总量的建设项目。（3）在参与主体上，促进政府和企业良性互动。《修正案》取消五项行政许可，为企业松绑减负。与此同时，将污染物排海总量控制指标分解落实到各单位，从制度上倒逼企业提效减排、转型升级，从而推进涉海行业走科技含量高、经济效益好、资源消耗低、环境污染少的新型工业化道路。（4）在监管环节上，加大处罚力度。《修正案》对于违法排污行为，引入限制生产、停产整治、按日计罚等措施；对于未批先建等违法行为不再以五至二十万元为处罚标准，实行按投资额的一定比例处罚，并可责令恢复原状；对于海洋环境污染事故的罚款，取消三十万元上限，造成一般或者较大海洋环境污染事故的，按照直接损失的百分之二十计罚，造成重大或者特大海洋环境污染事故的，按照直接损失的百分之三十计罚，对严重污染海洋环境、破坏海洋生态，构成犯罪的，依法追究刑事责任。

《中华人民共和国海洋环境保护法》之第三次修正主要是基于《中华人民共和国立法法》。修正对立法主体进行了扩容，调整了立法权限，对部分监管主体进行细化完善。具体包括：第一，将第三十条第一款修改为："入海排污口位置的选择，应当根据海洋功能区划、海水动力条件和有关规定，经科学论证后，报设区的市级以上人民政府环境保护行政主管部门备案。"第二款修改为："环境保护行政主管部门应当在完成备案后十五个工作日内将入海排污口设置情况通报海洋、海事、渔业行政主管部门和军队环境保护部门。"第二，第七十七条增加一款，作为第二款："海洋、海事、渔业行政主管部门和军队环境保护部门发现入海排污口设置违反本法第三十条第一款、第三款规定的，应当通报环境保护行政主管部门依照前款规定予以处罚。"

（三）我国海洋资源资产其他相关法律法规

随着海洋事业的快速发展，我国曾制定、颁布过许多单行法以应对海洋问题。在海洋环境保护方面，《中华人民共和国海洋环境保护法》起到了重大作用。此外，在海洋资源资产开发利用的各个环节，我国先后制定了多部专门性法律法规。

第一，在海洋资源开采方面，出台了《中华人民共和国海域使用管理法》。主要规定了三部分内容：（1）海域权属管理制度。明确国家拥有海域的所有权，任何单位或者个人不得侵占、买卖或者以其他形式非法转让海域。（2）海洋功能区划分制度。加强国家对海岸的管控，处理各行业在海上事务的矛盾，充分发挥海洋功能区特色作用。（3）海域有偿使用制度。对于使用相关海域的单位和个人，需向国家缴纳必要的使用金。

第二，在海洋矿产资源管理方面，颁布了针对海洋石油资源开发与管理的法律法规，包括《中华人民共和国矿产资源法》《中华人民共和国对外合作开采海洋石油资源条例》《中华人民共和国海洋石油勘探开发环境保护管理条例》等。其中，《中华人民共和国对外合作开采海洋石油资源条例》专门对我国海洋石油资源国际合作开发与管理作出了明确规定。（1）中华人民共和国的内海、领海、大陆架以及其他属于中华人民共和国海洋资源管辖海域的石油资源，都属于中华人民共和国国家所有。在前款海域内，为开采石油而设置的建筑物、构筑物、作业船舶，以及相应的陆岸油（气）集输终端和基地，都受中华人民共和国管辖。（2）中国政府依法保护参与合作开采海洋石油资源的外国企业的投资、应得利润和其他合法权益，依法保护外国企业的合作开采活动。在本条例范围内，合作开采海洋石油资源的一切活动，都应当遵守中华人民共和国的法律、法令和国家的有关规定；参与实施石油作业的企业和个人，都应当受中国法律的约束，接受中国政府有关主管部门的检查、监督。（3）国务院指定的部门依据国家确定的合作海区、面积，决定合作方式，划分合作区块；依据国家规定制定同外国企业合作开采海洋石油资源的规划；制定对外合作开采海洋石油资源的业务政策和审批海上油（气）田的总体开发方案。（4）中华人民共和国对外合作开采海洋石油资源的业务，由中国海洋石油总公司全面负责。中国海洋石油总公司是具有法人资格的国家公司，享有在对外合作海区内进行石油勘探、开发、生产和销售的专营权。中国海洋石油总公司根据工作需要，可以设立地区公司、专业公司、驻外代表机构，执行总公司交付的任务。（5）中国海洋石油总公司就对外合作开采石油的海区、面积、区块，通过组织招标，确定合作开采海洋石油资源的外国企业，签订合作开采石油合同或者其他合作合同，并向中华人民共和国商务部报送合同有关情况。

第三，在海洋港口管理方面，主要体现在港口经营管理相关规定的出台上。我国交通部门不断加强对港口经营的宏观管理，其所依据的法律主要是2003年通过的《中华人民共和国港口法》（2018年第三次修正）。该法第六条第一款规定："国务院交通主管部门主管全国的港口工作。"第七条第二款规定："编制港口规划应当组织专家论证，并依法进行环境影响评价。"所依据的部门规章主要由交通运输部发布，包括：2009年《港口经营管理规定》（2020年修正）、2018年《港口工程建设管理规定》（2019年修正）、2019年《港口和船舶岸电管理办法》（2021年修正）、2021年《港口岸线使用审批管理办法》以及2022年《港口基础设施维护管理规定》等。鼓励港口经营性业务实行多家经营、公平竞争，规范港口经营行为，维护港口经营秩序。

第四，在海上航行安全方面，先后制定了1979年《中华人民共和国对外国籍船舶管理规则》、1983年《中华人民共和国海上交通安全法》（2021年修正）、1987年《中华人民共和国航道管理条例》（2008年修正）等。《中华人民共和国海上交通安全法》于2021年再次修订，其中第五十三条规定："国务院交通运输主管部门为维护海上交通安全、保护海洋环境，可以会同有关主管部门采取必要措施，防止和制止外国籍船舶在领海的非无害通过。"第九十二条规定："外国籍船舶可能威胁中华人民共和国内水、领海安全的，海事管理机构有权责令其离开。外国籍船舶违反中华人民共和国海上交通安全或者防治船舶污染的法律、行政法规的，海事管理机构可以依法行使紧追权。"

第五，在海盐资源管理方面，对海盐资源加强管理，海盐是人们日常生活的必需品，也是从事化工生产的重要原料。2016 年 4 月 22 日，国务院发布《盐业体制改革方案》，推进盐业体制改革，实现盐业资源有效配置，进一步释放市场活力，促进行业健康可持续发展。其中规定："工业和信息化部是国务院盐业主管机构，主管全国盐业工作，负责制定盐业发展规划和产业政策，管理全国食盐专营工作，保证盐行业发展稳定。"此外，该方案还要求强化食盐专业化监管，完善食盐专营制度；推进盐业管理综合改革，完善食盐储备制度；加强食盐管理制度建设，保障食盐供应安全。

第六，在海洋科学研究方面，1996 年，国务院颁布了《中华人民共和国涉外海洋科学研究管理规定》。该规定促进了我国海洋科学的发展，加强了对海洋的科学研究，提升了我国人民的海洋知识水平，有助于促进海洋科学研究的国际交流与合作，维护国家安全和海洋利益。

第二节 我国海洋资源资产的监管依据与监管机构

当前，我国海洋资源资产监管体制呈现出以监管机构为主导，针对不同种类的海洋资源资产分别进行单元分散监管(decentralized regulation)，并逐步向综合监管(comprehensive regulation)过渡的特点。具体表现在两个方面：一是依照各类海洋资源资产单行法相关规定，分别对不同类别的海洋资源资产进行监管。我国现行海洋资源资产监督相关的法律法规主要有《中华人民共和国海洋环境保护法》《中华人民共和国海上交通安全法》《中华人民共和国海洋石油勘探开发环境保护管理条例》及其实施办法、《中华人民共和国海洋倾废管理条例》及其实施办法、《中华人民共和国领海及毗连区法》《中华人民共和国专属经济区和大陆架法》《中华人民共和国海域使用管理法》《中华人民共和国海岛保护法》等。二是海洋资源资产的所有权由国务院代表国家行使。海洋资源资产所有者职责由海洋资源行政主管部门以及地方各级人民政府具体行使，依据海洋资源资产所属种类不同，分别对每一类别的海洋资源资产进行监管。

一、我国海洋资源资产监管相关法律梳理

我国海洋资源资产的监管处于由分散监管向综合监管过渡的进程中，表现出监管法律规定分散，且存在立法滞后、交叉监管、法律位阶较低等问题。分散监管的依据主要是按照海洋资源种类制定的单项法规，在部分经济类法律法规中亦有提及；综合监管仅存在于部分规范性文件中，尚未上升到法律或部门规章的高度。

首先，各类涉海自然资源资产单行法对海洋资源资产的开采、使用、

经营以及费用等内容均作了相应规定，详见表 3-1。

表 3-1 自然资源资产单行法中关于海洋资源资产监管的相关规定

名称（通过或修正/修订时间）	与海洋资源资产权属、开发利用、保护、法律责任等相关的内容
中华人民共和国海域使用管理法（2001 年 10 月 27 日通过）	第三到六条权属及海域使用制度；第七条主管部门；第十到十五条功能区划；第十六到十八条资源资产使用的申请与审批程序；第十九到三十二条海域使用权的取得与争议解决；第三十三到三十六条海域使用金的收缴；第三十七到四十一条海域使用管理的监督检查；第四十二到五十一条法律责任
中华人民共和国矿产资源法（2009 年 8 月 27 日修正）	第三到六条权属；第十一条主管部门；第十二到二十二条勘查登记与开采审批程序；第二十三到二十八条资源勘查要求；第二十九到三十四条资源开采条件规定；第三十五到三十八条集体矿山企业的规定以及个体采矿的要求；第三十九到四十九条法律责任
中华人民共和国海岛保护法（2009 年 12 月 26 日通过）	第二到五条权属；第八到十五条海岛保护规划；第十六到三十九条海岛的保护；第四十到四十三条监督检查；第四十四到五十五条法律责任
中华人民共和国可再生能源法（2009 年 12 月 26 日修正）	第五条主管部门；第六到九条发展规划；第十到十二条产业指导和技术支持；第十三到十八条推广应用；第十九到二十三条价格和费用管理；第二十四到二十七条激励措施和监督管理规定；第二十八到三十一条法律责任
中华人民共和国农业法（2012 年 12 月 28 日修正）	第五十七到六十六条农业资源与农业环境保护
中华人民共和国渔业法（2013 年 12 月 28 日修正）	第六到九条主管部门；第二十八到三十七条渔业资源的保护以及捕捞的具体规定；第三十八到四十九条法律责任
中华人民共和国水法（2016 年 7 月 2 日修正）	第三条权属；第十二到十三条主管部门；第十四到十九条整体统筹规划；第二十到二十九条资源资产的开发利用；第三十到四十三条资源资产的保护；第四十四到五十五条资源资产具体配置与节约使用的规定；第五十六到六十三条纠纷的处理和执法监督检查的规定；第六十四到七十七条法律责任

续表

名称（通过或修正/修订时间）	与海洋资源资产权属、开发利用、保护、法律责任等相关的内容
中华人民共和国煤炭法（2016年11月7日修正）	第三条权属；第十二条主管部门；第十四到十九条煤炭资源开发规划；第二十到三十八条生产要求和安全规定；第三十九到四十七条经营规定；第四十八到五十二条煤矿资源保护与管理；第五十三到五十六条监督检查；第五十七到六十六条法律责任
中华人民共和国海洋环境保护法（2017年11月4日修正）	第五条主管部门；第七到十九条海洋环境监督管理；第二十到二十八条海洋生态保护；第七十三到九十三条法律责任
中华人民共和国野生动物保护法（2022年12月30日修订）	第三条权属；第七条主管部门；第十到十九条野生动物及其栖息地保护；第二十到四十四条野生动物管理；第四十五到六十三条法律责任

其次，我国部分经济法律，对海洋资源资产的权利归属、开发利用等监督管理制度，以及监管目标、监管机构分工等方面亦作出了相关规定，详见表3-2。

表3-2 部分经济法律关于海洋资源资产监管的相关规定

名称（通过或修正时间）	与海洋资源资产权属、开发利用、保护、法律责任等相关的内容
中华人民共和国企业国有资产法（2008年10月28日通过）	关于自然资源国有资产的相关法律规定
中华人民共和国循环经济促进法（2018年10月26日修正）	关于促进循环经济发展，提高资源利用效率的相关法律规定
中华人民共和国清洁生产促进法（2012年2月29日修正）	关于促进清洁生产，提高资源利用效率的相关法律规定
中华人民共和国乡村振兴促进法（2021年4月29日通过）	关于统筹山水林田湖草沙系统治理，推进国有农（林、牧、渔）场现代农业发展的相关法律规定

最后，随着我国自然资源部与生态环境部的组建，自然资源资产监管正在大部制改革进程中，呈现出综合监管的发展趋向。目前，我国共

有4部专门针对农业（自然）资源综合管理的地方性法规（见表3-3）和5项涉及“自然资源综合管理”的其他规范性法律文件（见下页表3-4）。前者均对“农业（自然）资源”的范畴进行了明确，后者主要将“自然资源综合管理”作为科技创新和理论探索的重要领域。但是，除了《湖北省农业自然资源综合管理条例》分别定义了“农业自然资源”与“综合管理”外，其他文件均未给出“自然资源资产综合监管”的正式定义。

表3-3 地方性法规中关于农业（自然）资源综合管理的相关规定

名称（通过或修正时间）	与农业（自然）资源综合管理相关的内容
《湖北省农业自然资源综合管理条例》（2019年11月29日修正）	第二条第二款，本条例所称农业自然资源，是指与种植业、林业、畜牧业、渔业生产活动相关的土地、水、生物、气候等自然资源。 第三款，本条例所称综合管理，是指对农业自然资源进行综合性的调查、监测、评价、区划、规划，以及对农业自然资源的开发、利用与保护进行协调和监督
《浙江省农业自然资源综合管理条例》（2004年5月28日修正）	第二条第二款，本条例所称的农业自然资源，是指与种植业、林业、畜牧业、渔业生产活动相关的土地、水、森林、气候、生物等自然资源。 第四条第一款，对农业自然资源实行综合管理与专业管理相结合的原则。 第四条第二款，省人民政府计划行政主管部门是全省农业自然资源综合管理部门；市、县人民政府农业资源区划行政主管部门是本行政区域内的农业自然资源综合管理部门。 第四条第四款，乡镇人民政府应当配合农业自然资源综合管理部门和专业主管部门做好农业自然资源的开发、利用和保护工作
《辽宁省农业资源综合管理与保护条例》（2014年9月26日修正）	第二条，本条例所称农业资源是指种植业、林业、畜牧业、渔业生产等可以利用的土地、水、生物及气候等农业自然资源。 第七条第一款，县级以上人民政府农业资源区划行政主管部门，负责本辖区农业资源的综合管理与保护工作。 第七条第三款，乡、镇人民政府负责本辖区的农业资源综合管理与保护工作

续表

名称(通过或修正时间)	与农业(自然)资源综合管理相关的内容
《太原市农业资源综合管理条例》(2002年12月26日通过)	第二条第二款，本条例所称农业资源，是指与种植业、林业、畜牧业、渔业生产相关的土地、水、气候、生物等自然资源。 第五条第一款，市农业行政主管部门负责全市农业资源综合管理与保护工作。 第五条第二款，县(市、区)农业行政主管部门负责本行政区域内农业资源综合管理与保护工作

表 3-4 其他规范性文件中关于自然资源综合管理的相关规定

发布时间	文件名称和发布机构	与自然资源综合管理相关的内容
2016.07	原中华人民共和国国土资源部《关于促进国土资源大数据应用发展的实施意见》(国土资发〔2016〕72号)	推进国土资源数据共享开放，有利于促进自然资源的协调、统一管理，提升国家自然资源综合管理效能
2016.09	原中华人民共和国国土资源部《国土资源“十三五”科技创新发展规划》(国土资发〔2016〕100号)	第七章“提升自然资源综合管理水平”部分提出：“以解决国土开发、资源利用、生态保护中突出问题为重点，创新自然资源综合管理理论和方法……”“深化自然资源综合管理研究”
2016.10	原国家测绘地理信息局《测绘地理信息科技发展“十三五”规划》(国测科发〔2016〕5号)	开展矿产资源勘查与地质灾害监测、土地资源遥感监测、自然资源综合管理等国土资源领域的测绘技术与地理信息应用服务研究
2016.12	原中华人民共和国国土资源部办公厅《国土资源部深化标准化工作改革实施方案》(国土资厅发〔2016〕46号)	实施“国土资源标准化+自然资源综合管理”行动。按照自然资源综合管理的流程，研究建立自然资源综合管理标准综合体

续表

发布时间	文件名称和发布机构	与自然资源综合管理相关的内容
2017.12	原中华人民共和国国土资源部办公厅《关于开展国土资源高层次创新型科技人才培养工程第三批遴选工作的通知》（国土资厅函〔2017〕1787号）	坚持面向重要创新方向，以深地探测、深海探测、深空对地观测、土地科技为重点领域，聚集和培育土地资源调查与空间优化开发、耕地保护与土地工程、地球深部探测、重要矿产资源勘查与高效利用、非常规油气资源勘查评价、深海资源勘查评价、地质灾害防治与地质环境保护、自然资源综合管理、国土资源调查监测高新技术、国土资源大数据认知研究应用等重要创新方向高端急需紧缺人才

我国海洋资源资产监管法律体系虽已形成，但具体监管法律制度仍有待健全和完善。（1）现行监管法律体系缺乏海洋资源资产综合监管法律制度。关于海洋资源资产开发利用与监督管理的法律规范较为分散，各类海洋资源资产的监管标准不同，制度安排不一致，不利于大部制改革构想下海洋资源资产综合监管法律制度的实现。（2）现存的海洋资源资产单行法在立法初期，大多由相应的海洋资源资产行政管理部门负责起草，具有部门利益导向，缺乏对海洋资源资产开发利用与保护管理的统一系统协调。（3）基于立法的滞后性，我国现行海洋资源资产法律法规不可能涵盖海洋资源的全部范围。随着社会的进步与科技的发展，对海洋资源的认知能力逐步提高，现有的海洋资源资产相关立法无法适应未来可能会出现的所有新型资源，进而出现新的监管漏洞。例如，对滨海湿地进行专门立法的仅有2017年《连云港市滨海湿地保护条例》与2019年《盐城市黄海湿地保护条例》这两部地方性法规，而部门规章与地方性法规所代表的利益不同，对具体保护管理机构与执法监督检查主体的规定亦存在差异，未能达到全面综合监管滨海湿地资源资产的目的。

二、我国海洋资源资产监管机构演变历程

我国行政机构包括海洋资源资产监管机构的演变，贯穿于国家历史

发展的整个进程之中。随着经济社会的现代化发展与国家治理效能的提高，我国各类关乎国家发展命脉的涉海海洋资源资产，无论是其监管机构的演变，抑或是其监管体制的改革，均呈现出由“分而治之”到“合而为一”的趋势。

第一，我国水资源的监管工作异常关键，在历次机构改革中不断加强。1949 年以来，水利机构经历了成立—撤销—重建—再撤销—再重建的演变过程（见图 3–1）。当前，水资源的配置、利用与保护工作仍由水利部负责，而确权登记、调查规划以及环境保护等工作则被整合到自然资源部、生态环境部等机构，由它们统一负责。

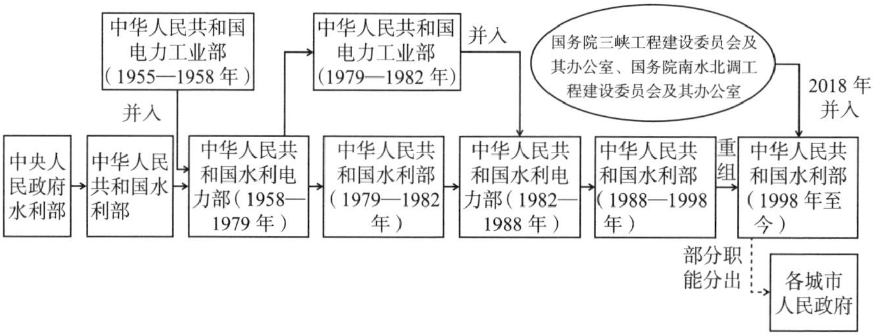

图3–1　我国水资源监管机构的历史沿革

第二，我国海洋资源的监管机构经历了由国家海洋局到自然资源部的演变（见下页图 3–2），国家海洋局的牌子仍予以保留。随着海洋资源资产监管体制改革的不断推进，海洋资源的监管亦呈现出综合、统一与集中的趋向。海洋资源资产的开发利用与保护管理职责，原先分散在公安边防部队、海关稽查、交通海事、农业渔政等政府部门。当前，上述职责已整合划归由自然资源部负责。同时，自然资源部还承担海域战略规划以及海洋经济发展政策的制定与监督实施等职责。

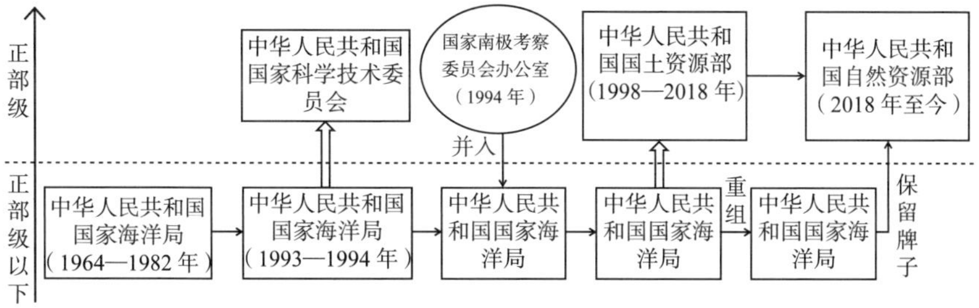

图3-2 我国海洋资源监管机构的历史沿革

第三节　我国海洋资源资产传统管理方式、问题及成因

我国自然资源资产分为国家所有（或全民所有）和集体所有，各级人民政府在海洋资源资产开发利用与监管中占据主导地位。随着改革的不断深入，我国海洋资源资产的所有权、使用权和监督权逐步分离，海洋资源资产市场逐步成形。

一、我国海洋资源的传统管理方式

（一）海洋资源管理部门的设置

历史上，人类对海洋的大规模开发利用晚于陆地。最近几个世纪，随着科学技术的发展以及人类对海洋及其价值认识的逐步深化，人类对其控制和利用的强度在不断增大。与此同时，海洋资源的使用、管理等方面的制度也在不断地改进。

在民国之前，由于技术设备条件的限制，我国对海洋资源的利用较少。到了民国时期，海洋资源的重要作用逐渐显现，但我国正处于战乱之中，不仅没有对海洋资源形成足够的重视，反而由于战争使得相关产业遭到破坏。1929 年，民国政府为了保护水产资源，加强对渔业的管理，颁布了《渔业法》和《渔会法》，这两部法律对当时的渔业发展起到了一定的作用，但是没有从根本上改变我国对海洋资源的开发利用发展缓慢这一状况。我国对海洋资源的开发和利用主要集中在中华人民共和国成立至今。在这期间，我国逐步建立了一套海域使用制度及管理制度。

为发展海洋事业，国务院于 1964 年设立国家海洋局，由其统一管理国家的海洋工作，并批准其在青岛、宁波、广州设立北海、东海、南海分局，管理辖区的海洋事务。当时我国的海洋行政管理体制以行业和部

门管理为主，这是一种分散型的管理体制，除了原国家海洋局代表政府行使管理海洋事务的职能外，其他涉海行业部门也具有管理本行业开发利用海洋的活动的职能。

在当前，我国拥有十多个涉海部门，如海洋预警监测司、海事局、渔业渔政管理局、缉私局，分别隶属于自然资源部、交通运输部、农业农村部和海关总署，这些部门机构单独或共同对海洋环境保护、海洋渔业生产、海洋权益维护等涉海活动进行监督与管理。从机构名称看，这些涉海管理机构由各部委下设并垂直领导。

各涉海部门及其主要职责如表 3-5 所示。

表 3-5 我国涉海部门及其主要职责

涉海部门		主要职责
自然资源部	海洋战略规划与经济司	拟订海洋发展、深海、极地等海洋强国建设重大战略并监督实施。拟订海洋经济发展、海岸带综合保护利用、海域海岛保护利用、海洋军民融合发展等规划并监督实施。承担推动海水淡化与综合利用、海洋可再生能源等海洋新兴产业发展工作。开展海洋经济运行综合监测、统计核算、调查评估、信息发布工作
	海域海岛管理司	拟订海域使用和海岛保护利用政策与技术规范，监督管理海域海岛开发利用活动。组织开展海域海岛监视监测和评估，管理无居民海岛、海域、海底地形地名及海底电缆管道铺设。承担报国务院审批的用海、用岛的审核、报批工作。组织拟订领海基点等特殊用途海岛保护管理政策并监督实施
	海洋预警监测司	拟订海洋观测预报和海洋科学调查政策和制度并监督实施。开展海洋生态预警监测、灾害预防、风险评估和隐患排查治理，发布警报和公报。建设和管理国家全球海洋立体观测网，组织开展海洋科学调查与勘测。参与重大海洋灾害应急处置
	国际合作司（海洋权益司）	拟订计划并组织实施自然资源领域国际合作战略。承担双多边对外交流合作和国际公约、条约及协定履约工作，指导涉外、援外项目实施。负责外事管理工作，开展相关海洋权益维护工作，参与资源勘探开发争议、岛屿争端、海域划界等谈判与磋商。指导极地、公海和国际海底相关事务。承担自然资源领域涉外行政许可审批事项

续表

涉海部门	主要职责
交通运输部海事局	1.拟订和组织实施国家水上交通安全监督管理、船舶及相关水上设施检验和登记、防治船舶污染和航海保障的方针、政策、法规和技术规范、标准。 2.统一管理水上交通安全和防治船舶污染。 3.负责船舶、海上设施检验行业管理以及船舶适航和船舶技术管理；管理船舶及海上设施法定检验、发证工作；审定船舶检验机构和验船师资质、负责对外国验船组织在华设立的代表机构进行监督管理；负责中国籍船舶登记、发证、检查和进出港（境）签证；负责外国籍船舶入出境及在我国港口、水域的监督管理；负责船舶保安和防抗海盗管理工作；负责船舶载运危险货物及其他货物的安全监督。 4.负责船员、引航员、磁罗经校正员适任资格培训、考试、发证管理。 5.管理通航秩序、通航环境。 6.负责航海保障工作。 7.组织实施国际海事条约；履行“船旗国”“港口国”及“沿岸国”监督管理义务，依法维护国家主权；负责有关海事业务国际组织事务和有关国际合作、交流事宜。 8.组织编制全国海事系统中长期发展规划和有关计划；管理所属单位基本建设、财务、教育、科技、人事、劳动工资、精神文明建设工作；负责船舶吨税、船舶油污损害赔偿基金等有关管理工作；负责全国海事系统统计和行风建设工作
农业农村部渔业渔政管理局	起草渔业发展政策、规划。保护和合理开发利用渔业资源，指导水产健康养殖和水产品加工流通，组织水生动植物病害防控。承担重大涉外渔事纠纷处理工作。按分工维护国家海洋和淡水管辖水域渔业权益。组织渔业水域生态环境及水生野生动植物保护。监督执行国际渔业条约，监督管理远洋渔业和渔政渔港。指导渔业安全生产
中国海警局	统一履行海上维权执法职责，包括执行打击海上违法犯罪活动、维护海上治安和安全保卫、海洋资源开发利用、海洋生态环境保护、海洋渔业管理、海上缉私等方面的执法任务，以及协调指导地方海上执法工作
海关总署缉私局	拟订反走私社会综合治理政策措施并组织实施，查处走私、违规案件，侦办走私罪案件，开展缉私情报工作。组织开展打击走私国际（地区间）合作，承担世界海关组织情报联络工作

（二）海洋资源资产管理办法

在计划经济体制下，我国公共资源的配置以行政审批的方式为主。

审批的实质是限制竞争，以行政权力代替市场机制，以政府选择代替市场选择，其结果是公共资源配置效率降低和社会成本增加，而且审批权限的集中还导致了腐败现象的滋生。

中华人民共和国成立以来，我国海域使用管理体制的发展大致可以分为四个阶段：

第一阶段是 1949—1978 年，也就是改革开放以前，独立的海域使用管理体制是不存在的。中华人民共和国成立后，我国的海洋资源管理表现为分散管理的态势，各部门间重复建设、力量分散的现象比较明显。原国家海洋局设立后，海洋管理工作由海军统一负责，集中了全国涉海活动的行政管理力量，但这只是局部的统一，海洋资源管理体制仍是分散式的。

第二阶段是 1978—1993 年，统一的海域使用管理体制尚未建立，我国的海洋管理体制以行业管理为基础，一些单行海洋法律法规规定了具有物权特征的海域的开发利用权，如 1986 年《中华人民共和国渔业法》第九条规定：“国家鼓励全民所有制单位、集体所有制单位和个人充分利用适于养殖的水面、滩涂，发展养殖业。”因此可以说此阶段的海域使用管理是条块分割、多头管理的。

1978 年后，原国家海洋局开始负责我国的海洋管理工作，除了具有对涉海活动的行政管理职能之外，还负有公益服务的责任。随着国务院机构的改革，原国家海洋局的职能范围及管理方式也在变革。20 世纪 80 年代以来，海岸带管理和海洋权益管理逐渐引起各沿海国家的广泛重视，被提上议事日程。随着管理内容的变化，虽然行业管理仍旧在海域管理体制中发挥着重要作用，但协调机构和专职海洋管理机构的地位已得到加强。具体而言，国务院海洋行政主管部门负责全国海域使用的监督管理，沿海县级以上地方人民政府海洋行政主管部门根据授权，负责本行政区毗连海域使用的监督管理，即在中央统一管理的前提下，国务院可以授权省、自治区、直辖市人民政府行使部分海域使用管理权。原国家海洋局即为上文所指的国务院海洋行政主管部门，它是国土资源部下监管海域使用、保护海洋环境、依法维护海洋权益、组织海洋科技研究的中央级海洋管理行政机构。在原国家海洋局下，设多个直属单位，其中有海洋管理权利的是北海、东海和南海3个分局。在沿海各地方，海洋行政管理机构不尽相同，大致分为三类：一是海洋管理与渔政管理结合的“海洋与渔业（或水产）厅、局”，如在辽宁、山东、江苏、福建、广东、海南等省，这种类型占大多数；二是海洋管理和国土资源管理结合的“国土海洋资源厅”，如在河北省、广西壮族自治区等省（自治区）；三是“专职海洋行政管理局（办）”，如在吉林、天津、浙江、上海等省（市）。

第三阶段是1994—2001年。1993年，《国家海域使用管理暂行规定》的颁布实施，标志着我国海域使用管理制度的初步确立，海域使用管理成为海洋管理的重要组成部分。这一阶段海域使用管理体制以相对集中管理为特征。

20世纪90年代初，外商投资企业开始参与我国的海域开发，海洋资源作为国有资源该如何进行管理的问题开始得到重视。经过国务院和国家海洋局的深入调查研究，于1993年5月颁布实施《国家海域使用管理暂行规定》。《国家海域使用管理暂行规定》是我国关于海洋资源使用管理的第一个制度性文件，标志着我国的海域使用管理开始进入规范化阶段。

《国家海域使用管理暂行规定》颁布以后，各地政府积极配合关于海域使用的相关规定，海域使用管理工作取得了很大的进步。到2010年，沿海11个省、自治区、直辖市和4个有立法权的较大城市，几乎全部颁布了海域使用管理的地方性法规或政府规章，明确各地对海域使用权审批、有偿使用等进行统一管理。《国家海域使用管理暂行规定》在解决海域使用管理过程中“无序、无度、无偿”的问题方面取得了明显的效果，国家的海域使用步入有偿使用阶段。为了深入推进海洋资源使用管理工作，财政部和国家海洋局开始按照“先示范，再推广”的思路划定海域使用管理示范区，于1997年将辽宁省葫芦岛市、河北省秦皇岛市、山东省烟台市和浙江省舟山市确定为首批海域使用管理示范区。国家级海域使用管理示范区在实施海域权统一管理、建立和完善海域使用管理方面具有促进作用，并且为海域使用管理的立法工作积累了大量的实践依据。为了巩固海域使用管理取得的成效，扩大海域使用管理示范区的建设成果，财政部和国家海洋局于2000年又划定了第二批海域使用管理示范区，自此海域使用管理示范区增加到了17个。2002年又继续增加到30个。到2010年，全国海域使用管理示范区已增加到120多个。

第四阶段是2002年以后，随着《中华人民共和国海域使用管理法》的实施，海域使用管理体制开始实行集中统一管理的模式。

为了进一步解决海洋资源使用中的深层次问题，第九届全国人大常委会第二十四次会议于2001年通过了《中华人民共和国海域使用管理法》，该法于2002年1月1日起实施。针对海岛的使用管理，2007年1月，时任总书记胡锦涛、总理温家宝在《发展改革委关于加强海岛管理开发建设与保护工作有关情况的报告》中批示，由原国土资源部（具体由原国家海洋局负责）牵头，对海岛的开发、建设、保护、管理工作进行调研、规划。自此，海岛的开发管理工作展开，海洋资源使用面积进一步扩大。海域有偿使用制度必然牵扯海域使用金的征收，为了进一步规范海域使用金的征收工作，财政部和原国家海洋局于2007年1月联合印发了《关于加强海域使用金征收管理的通知》，对海域使用金的征收和缴库方式、海域使用权的招标拍卖提出具体的要求，并将全国海域划分为6个等级，确定了不同海域等别、不同用海类型的海域使用金征收标准。同时，第十届全国人民代表大会第五次会议审议通过的原《中华人民共和国物权法》明确海域属于国家所有，依法取得的海域使用权受法律保护，海域使用权是用益物权。自此，以法律的形式进一步明确了海域的所有权属性质。针对无居民海岛的管理工作，2007年7月，浙江省人民政府印发了《关于进一步加强无居民海岛管理工作的通知》，制定了无居民海岛联席会议制度，由海洋行政部门对全省无居民海岛实施综合管理。2020年5月，第十三届全国人民代表大会第三次会议通过《中华人民共和国民法典》，其中第二百四十七条规定，“矿藏、水流、海域属于国家所有”；第二百四十八条规定，“无居民海岛属于国家所有，国务院代表国家行使无居民海岛所有权”。进一步明确了海域以及无居民海岛的权属。

二、我国海洋资源传统管理存在的主要问题

随着海洋经济的发展，海洋产业的战略地位日益提高，世界各国的海洋资源管理模式趋向统一、综合。与此同时，我国现行的海洋资源管理日益显露出其弊端，诸如涉海管理部门众多、职能交叉、重复建设、各自为政等，具体如下。

第一，管理部门众多，职能交叉，多头管理。我国的海洋管理体制一向被形容为“九龙治海”，是指海洋管理分散在海监、渔政、海关、边防海警等多个部门。据统计，我国海上执法队伍人员已达十几万人，与世界各国海上执法人员数量相比，队伍规模相当庞大。国家财政每年都向这些部门投入大量资金，以供采购装备、建设基础设施，但是平摊到

各部门后仍显不足。由于资金有限，而各部门又需履行相应职责，因此只能处于较低水平的重复建设状态。

同时，众多海洋管理部门间又存在机构重叠、职能交叉的问题，导致管理过程中职责不清、多头管理，而协调合作机制尚不完善，使得涉及的管理部门间、各地方间、中央和地方之间的矛盾时有发生。比如，某一海域管理工作同时涉及多个管理部门，这些部门或出于职责要求，或出于自身利益而对海洋资源管理工作或争抢，或推诿，造成海洋资源管理的低效运作。在海洋资源管理的职责分配方面，有的管理部门同时承担海洋开发和监管两个职能，使得在海上执法、监督中出现政企不分的状况，有的甚至集政策制定与执行于一身，这在实践中造成了海域管理的混乱。比如，自然资源部国家海洋局的职责中有制定法规政策、监督海域使用、颁发许可证、开展海洋环境保护、开展对外交流、组织海洋高技术研究等，而科学的行政职能要求管理与执法相分离。

第二，职能部门各自为政，管理效率不高。我国海域辽阔，进行有效海域管理活动的主体还是各职能部门，自然资源部国家海洋局只是整体把握各海域辖区的规划、监督下属部门的行政管理。但随着海洋资源开发利用的不断深入，涉海部门逐渐增多，例如，我国参与海岸带开发的涉海部门，仅在海岸带地区范围内的就有 20 个左右。而目前我国对海岸带仍然实施半集中的行业部门分散式管理，各涉海部门依据自己的部门职能，对同一对象的管理往往从不同的角度、采取不同的方法，难以形成合力，行政管理效率不高。如，为及时获取信息，各部门都应定期派出船艇在海上活动，渔政进行渔政检查，海事进行交通执勤，海警进行治安巡逻，海监进行海洋监察。对于一些违法活动，有的部门认为该行为超出其职责范围而放任不管。同时，由于与其他涉海部门缺乏沟通协调机制，信息不能有效共享，其他部门也不能有效行使其职权，导致政府监管缺失，难以形成治理合力。另外，由于各地经济发展水平的不平衡、管理理念的差异性和利益的不一致，沿海各地对目前国家海洋政策的认识不同，管理行为不同。此外，目前很大地带的海洋管理体制有地方性和区域性特征，尽管海洋资源属国家所有，但许多地方政府均把海洋行政区划内的资源视为己有，作为本地区国民生产总值的重要来源，经常造成跨省、跨海区间的冲突。

第三，海洋资源管理制度尚不健全。制度的规范化能够保证海洋资源的有效管理。而我国的海洋资源管理制度在多方面都存在着漏洞：（1）海域评估制度缺位。在海域评估标准、管理体制以及资格认证等方面没有统一的标准，导致海域评估程序不健全。（2）海洋资源交易机制不健全。缺乏完善的监管机制、交易规则、运行程序。（3）监督救济机制缺乏。在一些利用不正当手段进行串标、围标，规避招拍挂，谋取利益等扰乱市场秩序的行为以及用海权的损害救济等方面，存在制度的缺失，没有监管、补偿依据。

第四，海域监管缺乏规范性、协调性。首先，我国关于海洋资源管理的法律体系还不健全，海域使用权交易、审核方面的制度还有待完善，没有强有力的法律法规支撑相关职能机构，要有效进行海洋资源监管较为困难；其次，我国海域管理部门集“决策、管理、执行”于一身，使得对权力的监管存在失灵，容易出现“寻租”“设租”等现象；再次，在海洋资源用途方面的监管存在缺失，在海域使用权交易完成后，针对海域是否按照规定的功能区划使用、征收的海域使用金相关部门是否专项专用等的监管都存在缺失；最后，执法队伍分散，执法力量分散在各个部门，比如隶属于自然资源部国家海洋局的中国海监总队，由于受执法监察权限的限制，实际等同于部门的执法队伍，这样就大大削弱了海洋资源管理的力度。

三、我国海洋资源传统管理问题的成因

首先，政府失灵导致海域行政管理的低效率。公共资源的管理需要政府的行政力量加以干预，然而政府干预有时也会出现失灵：（1）政府决策的无效率。其一，利益集团的存在导致政府决策无效率。当政府决策涉及某些利益集团时，这些利益集团就会试图对公共政策施加影响。其二，政府各部门行为主体动机导致政府决策无效率。政府决策者追求其个人目标时，所得结果不一定会符合公众利益或社会目标。在我国的海洋资源管理中，由于涉海部门众多，职能交叉，一些涉海部门或利益集团出于维护自身利益的目的，在决策中施加压力或“寻租”“设租”，使决策结果与我国海洋整体战略目标不相符。（2）政府机构运转的无效率。由于各涉海部门各自为政，所行使的管理职责是特定的，各部门间、各部门内部缺乏竞争机制，无法评估管理行为效率。（3）政府干预的无效率。现存海洋资源制度下的部门设置方式，使得各部门间的管理没有统一的规划和利益目标，使得海洋资源管理部门并不能有效实现海域这种稀缺资源的优化配置，也为“寻租”行为的滋生留下隐患。

其次，多方利益相互博弈加剧监管难度。随着海洋产业的全方位发展，海洋资源价值日益提高，特别是海洋新兴产业的发展为海洋经济带来了另一条发展道路，使得各利益主体客观上相互竞争、相互博弈，出现矛盾。虽然各利益主体对于海洋资源所诉求的利益各不相同，但是多方力量间的博弈使得地方割据、部门割据的现象出现并加剧，使得海洋资源资产管理陷入困境。

再次，海洋资源相关法律、制度体系建设滞后。国家法律法规、行业制度体系是一个国家管理部门实施行政管理的依据。但是，目前我国缺乏一套统一的海洋资源资产监管立法规划，相关的法律制度总是滞后

于海洋资源开发、管理的进程；某些法律法规散见于各部门法或是各行业行政法规之中，鉴于海洋资源资产监管的专业性，这些部门在起草法律法规时多会倾向于自己的利益，从而造成法律法规的制定不是最优的现象；有时涉海的相关法律法规过于分散，同一项内容可能会出现重复立法，甚至导致几项内容间出现矛盾等。这些法律、制度上的分离状态，会进一步加剧各部门间的监管冲突。

最后，海洋资源资产、产权制度缺失。产权是指合法财产的所有权，它具有丰富的内涵。产权制度是对财产权利在经济活动中表现出来的各种权能加以分解和规范的法律制度，它是以产权为依托，对各种经济活动主体在产权关系中的权利、责任和义务进行合理有效地组合、调节的制度安排。产权制度的核心是通过对所有者和使用者的产权分割和权益界定，使产权明晰化，以实现资源的优化配置。由于人们分析产权的角度不同，因此所下的定义也存在一些差异。

产权作为人与人之间的经济权利义务关系，无论哪一种形态的产权，都不同程度地表现出排他性、自由性和有限性、可分解性、可交易性等基本属性。长期以来，我国对海洋资源缺乏“资产”意义上的逻辑架构，造成了海域使用管理过程中的低效率。而此种低效率的运行不仅关系到海洋资源资产的配置，更牵扯到沿海渔民的根本利益。同时，理论上，海洋资源资产归全体人民所有，并由国家代为进行海洋资源资产的开发与管理，但实际上是由各涉海管理部门控制、代行，使得管理权和使用权代替了所有权，三权混淆，造成产权结构混乱，出现主体分散、行业分割的局面。由于缺乏统一调配，各管理部门都只从本部门利益出发，在某个领域竞争管理，使得海洋资源资产监管中存在交叉管理的现象，各部门间的不协调因素增多。产权制度决定着人们在资源利用和保护之间选择的平衡点，因此产权制度的不完善也会妨碍监管体制的健全。

04 第四章

我国海洋资源资产监管阶段性问题厘定

2015 年《生态文明体制改革总体方案》出台后，形成了包括自然资源资产产权管理、空间规划体系等在内的“四梁八柱”生态文明制度体系（见图 4-1）。[①]海洋资源资产监管法律制度的基础是海洋资源资产产权制度。基于目前产权归属不明、价值评估方法不一和所有者权益难落实等现存问题，应根据资产转化的确权阶段、市场流转的交易阶段以及司法实践的诉讼阶段，构建归属清晰、权责明确、监管有效并且规则完善的海洋资源资产产权制度，形成多样化、多层次的海洋资源资产监管法律制度体系。

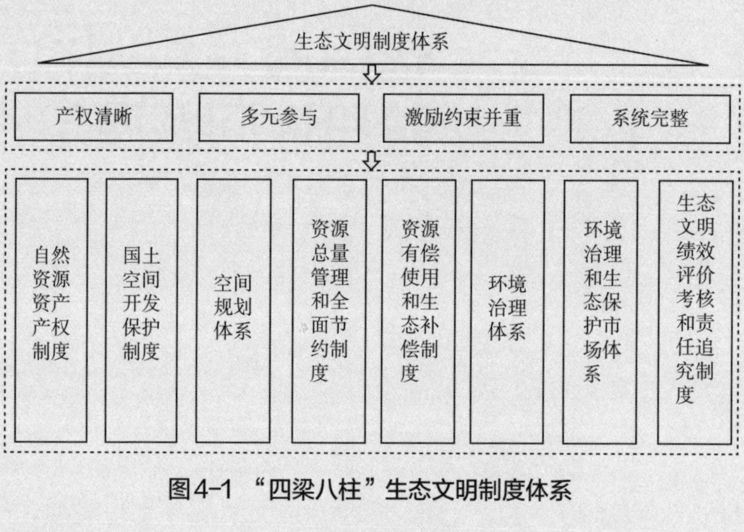

图4-1 “四梁八柱”生态文明制度体系

① 高世楫，王海芹，李维明．改革开放40年生态文明体制改革历程与取向观察[J]．改革，2018（8）：49-63.

第一节　确权阶段我国海洋资源资产的程序监管

一、我国海洋资源资产产权主体虚置与义务缺位

根据《中华人民共和国宪法》《中华人民共和国民法典》以及各类海洋资源资产单行法的规定，由国务院代为行使海洋资源资产所有权的职能。然而，对海洋资源资产产权的具体代表主体，尚缺乏明确法律规定，国家海洋资源资产产权主体的虚置、义务缺位、权责不明，是海洋资源资产监管主体方面存在的主要问题。

首先，海洋资源资产所有者的地位被削弱致模糊，主体地位被虚置。具体表现为两个方面：(1)权利行使代理人不够具体，全民意志体现不足。海洋资源资产属于国家所有是法律赋予的一项权利，在我国《中华人民共和国宪法》《中华人民共和国民法典》等现行法律中均有明确规定，由国务院代表国家行使国有海洋资源资产的所有权。目前，在大部制改革背景下，中央层面由自然资源部统一行使自然资源资产所有者职责。然而，在地方层面，尚未明确由地方哪级人民政府或哪个行政主管部门托管或代理，具体的产权人格化主体代表在法律上仍未细化。在实践中，国家作为所有者的地位已逐渐被削弱，产权主体在地方的权利"代理人"不够具体。基于事实层面的分级管理制与委托代理制，所有者的具体职能由各级人民政府的行政管理部门行使，经过权力的层层下放，地方、社团、部门甚至个人等既有利益方在无意或有意间，完成了对海洋资源资产的实际占有。此外，产权不明晰也使得地方政府地位"双重化"，既是政策规范的制定者，亦是资源资产的实际占有者或出资方，导致海洋资源资产出现"政资"不分的紊乱状态。"全民"作为海洋资源资产的共

有主体，其共同意志亦难以得到有效体现，在所有权行使中存在缺位或虚置现象。（2）监管机构职能范围重复。虽然我国海洋资源资产监管模式正在大部制改革，但在具体操作层面，依然以条块化的分类监管为主线，主要由自然资源部、国家发改委、水利部以及国家林业和草原局等机构负责。该分散监管模式易出现多头监管、交叉监管的现象，多个监管主体各自为政，导致政府部门的监管职能无法落到实处，产权监管亦无法成为政府治理效能的核心，不利于海洋资源资产监管效率的提高。鉴于此，应以政府机构改革为契机，进一步理顺海洋资源和生态环境行政管理部门之间的权责关系，加强部门统筹协调，形成监管合力。同时，综合决策、执行、监督等海洋资源资产保护与管理的各个环节，形成相互制约、相互协调的权力体系与监管法律制度，提高政府治理效能。

其次，海洋资源资产产权制度下的权利义务不对等，监管主体缺乏义务意识。海洋资源资产所有权与通常民法意义上的物权所有权在私法效力层面，十分相似。在公法效力层面，前者更具国家强制力，以国家在立法、司法以及行政上的权能为体现，权利（力）内涵更加广泛。由于“国家”概念的界定较为抽象，如何规范其权利（力）的行使需要作进一步细致的制度设计。从 2018 年国务院机构改革方案来看，国有自然资源资产的所有者职责由自然资源部统一行使，而关于该机构具体如何行使权利（力）、履行监管职责，尚无更明确的指导细则。此外，根据权责一致原则，海洋资源资产的产权不仅仅是一项权利（力），更关键的是体现宪法义务，要求权利（力）的行使应以保护社会公共利益为目标。在实践中，海洋资源资产的监管往往缺乏义务意识，以单纯享有收益为主要任务，未能把握好权利义务的对应关系，尤其是对生态义务与公共利益的忽视，致使监管机构生态职能缺失。

最后，中央与地方的关系处理不到位，财权事权不匹配，影响海洋资源资产保护。中央与地方关于资源资产监管在事权与财政责任上划分不合理，使得地方政府缺乏足够的保护海洋资源资产的积极性。主要体现在:（1）中央负责事权审批手续，但对后续支出的整个过程缺乏有力的监管。（2）各级政府关于海洋资源资产的利用收益无法达成合理分配，海洋资源资产所在地政府的责任与收益不均衡状况较为严重。在重要的资源资产监管过程中，相较于中央政府而言，地方政府需要承担更大的财政支出责任，事权与财权不对等。地方政府为了获取更多的海洋资源资产使用收益，往往会重经济发展而忽视生态环境义务，占用天然湿地、滩涂以及海域等资源空间开展经济生产活动。[①]受巨大经济利益驱使，一些海洋资源资产的直接占有者对海洋矿产资源的大肆开采、对海洋水产品的过度捕捞等，导致海洋资源资产价值失衡，社会价值与生态价值无法得到有效发挥，严重破坏海洋资源环境生态系统。因此，设计一个既能综合监管海洋资源资产，又能使国家所有权归位且促进央地关系协调的海洋资源资产监管法律制度至关重要。

二、我国海洋资源资产统一确权登记制度

自然资源部办公厅于2020年印发《自然资源确权登记操作指南（试行）》，在2019年《自然资源统一确权登记暂行办法》的基础上，进一步明确了确权登记的技术标准和操作要求等。开展海洋资源资产统一确权登记的基础是不动产登记，通过强化海洋资源资产所有权制度与不动产用益物权制度的互动联系，促进海洋资源资产登记簿和不动产登记簿的对接，实现资源资产和应用程序的共享，提高成果运用的有效性。在海

① 马永欢，吴初国，黄宝荣，等. 构建全民所有自然资源资产管理体制新格局[J]. 中国软科学，2018（11）: 10-16.

洋资源资产确权登记的基础上，基于海洋资源资产的生态性与经济性程度的不同，加之产权界定难度系数的差异，制定多层次结构的海洋资源资产监管法律制度，使其与社会经济发展相适应，促进宏观政策协调与微观经济发展的兼容。

（一）海洋资源资产统一确权登记的制度现状

海洋资源资产的种类繁多，在具体的实践中，一般由管理该海洋资源资产的行政管理部门进行登记。例如，探矿权由矿产资源资产行政管理部门负责登记。海洋资源资产的确权登记表现出碎片化、分散化与部门化问题，海洋资源资产相关资料未详述，负责登记的政府部门重“量”而轻“质”，存在仅限于对数量、质量等自然状况，权属状况以及特殊保护要求等限制情况进行监管，而并未考虑实务中资产价值的评估等问题。由于不同种类海洋资源资产的计量单位、评估方法以及数据计量方式的不同，仅对资源资产自然状况、权属状况及限制情况进行简单统计，将影响登记数据的合理性与科学性，不能从全局上展现出海洋资源资产经济价值与社会价值的变化趋势和开发运营效率等。从长远发展趋势看，自然资源部在大部制改革背景下，应围绕精细化核心目标，健全海洋资源资产统一确权登记制度。

（二）海洋资源资产统一确权登记的必要性

统一确权登记制度通过完善海洋资源资产产权配置结构，明确产权相关主体的权利义务与责任担当。同时，为实现民事主体间海洋资源资产开发利用权利的有效流转，亦需完备的海洋资源资产确权登记制度作支撑。从当前的法律规定看，大部分情况下仍然是采取行政许可或行政审批的方式来赋予开发利用海洋资源资产的权利。行政审批的方式大多见于不同类型海洋资源资产的地方立法，行政许可有捕捞许可、取水许可及采矿许可等多种形式。由于在某些海洋资源资产开发利用活动开始之前，有必要先对其开采资质实施审查，如矿产资源。若多个主体均已具备开发资质，则应采用权属登记而非行政许可或行政审批的方式，这能使海洋资源资产的开发利用行为更有效率，权利流转更加便捷。鉴于此，应针对不同的情况采用不同的方式，以提高资源资产利用效率，避免国家行政资源的浪费，同时更有效地节约资源开发利用权利的流转成本。海洋资源资产开发利用行为的权利流转采用权属登记的方式，而对海洋资源资产开发利用行为某一主体进行资质认定时则采用行政许可的方式。

（三）海洋资源资产统一确权登记制度的精细化

主要通过“代理人”主体的精细化与评估报告责任的精细化来实现。其一，根据公共信托理论，海洋资源资产作为信托财产，“代理人问题”是在统一确权登记工作中普遍存在的问题。资产产权的分级代理是解决该问题的关键途径。应在海洋资源资产统一确权登记的进程中，逐步整合各类自然资源资产行政主管部门的产权核定职能，保证产权确权登记的统一性与综合性以及不动产登记部门的独立性。目前，涉及不动产登记工作的政府职能部门过多，彼此之间权限范围与登记规则各不相同，不同部门之间普遍存在利益冲突。鉴于此，应健全海洋资源资产产权中央与地方分级代理制度，对各级政府部门产权代理权限与受托的资源资产范围进行明确划分，打破监管部门的利益壁垒，由专门的海洋资源资产登记机关来履行登记的职责，避免职责冲突与重复登记现象的出现，保证海洋资源资产确权登记的确定性与权威性。其二，海洋资源资产统一确权登记中主体责任的精细化，即通过制定各类海洋资源资产确权登记的指导细则，将价值评估登记准则进行统一，发挥各级政府统计报告的系统性作用。在实践中，财政部于2017年已逐步开展政府机构资源资产报告系统的试点工作。福建省作为试点省份之一，根据科学分类与评估报告，建立海洋资源资产监管信息系统，并取得了显著成效。通过对地方沿海省域内海洋资源资产底数的摸查，重点开展海洋矿产以及无居民海岛等重要海洋资源资产的总价值基数与填报主体的评估，为地方政府海洋资源资产的监管提供了数据基础。在大数据技术的支持下，及时发现并填补监管漏洞，有利于地方海洋资源资产信息数据的建立以及相关信息的共享，有效防止海洋资源资产的流失。

第二节 市场流转阶段我国海洋资源资产的交易监管

海洋资源在转化为海洋资源资产之前，对其的监管一般侧重于维系生态系统的稳定，是一种客观的、静态的监管。海洋资源在转化为海洋资源资产之后，进入市场流转过程，参与市场交易，此时对其的监管则侧重于资产保值增值与交易公平的实现，是一种主观的、动态的监管。而在权力转换的过程中，由于利益冲突与利益博弈的存在，不同利益代表主体的价值评估标准不一，海洋资源资产所有者权益保障机制尚不完善，易造成国有资产及其收益的流失。

一、我国海洋资源资产流失现状及其原因

随着海洋资源资产财产属性与收入分配属性的不断增强，其在社会经济发展与国民收入分配中的影响愈加显著。然而，由于受到地方利益与部门利益的影响，对海洋资源资产使用权的保护与管理尚不到位。部门规章的发布主体系国务院各部委，更侧重于全局视角，体现部门利益；而地方性法规的发布主体系地方各级人大及其常委会，地方政府规章的发布主体为地方各级人民政府，均更侧重于地方利益。不同层级立法主体之间的利益博弈易出现对海洋资源资产监管的交叉或漏洞，使得部分利益集团或个人加以利用，造成海洋资源性资产的大量流失。

首先，海洋资源资产被廉价出售导致国有资产流失。以海洋矿产资源资产为例，根据《中华人民共和国矿产资源法》等相关法律法规规定的采矿许可证转让条件，获得采矿许可证的权利人应向国家缴纳采矿权使用费、采矿权价款、资源税与增值税、矿产资源补偿费等多种税收及费用。其中，采矿权使用费在本质上即海洋矿产资源所属土地的使用费，

按照矿区的面积进行征收。采矿权价款作为采矿权的对价，系权利人对海洋矿产资源资产实施开采行为，而给付国家的海洋资源资产使用收益。资源税和增值税则由国家基于政治权力和法定职权收取。海洋矿产资源补偿费的实质是矿产资源资产使用权人对所有权人的经济补偿，是国家财产权益的体现，反映使用权人即采矿权人与所有权人即国家之间财产的平等置换。[①]上述海洋矿产资源资产采矿权出让应缴纳的税费中，矿产资源补偿费和采矿权价款作为资产使用收益的重要组成部分，在矿产品营业收入中却占比不高。国家作为海洋矿产资源资产所有权人，以市场主体的身份参与海洋矿产资源资产的开采活动，却未获得与海洋矿产资源所有权相对应的资产收益。海洋资源资产开采的低成本，造成海洋资源开发产品的廉价出售与消费，亦导致海洋资源资产的流失。[②]

其次，海洋资源资产被不法分子盗采或滥采导致国有资产流失。商品经济的迅速发展刺激了海洋资源产品及其制品需求的上涨，并使其价格暴增。不法分子为了牟取巨额暴利，在全国范围内大肆盗采或滥采各类海洋资源资产，违法违规无证开采、以探代采、越界开采等行为屡禁不止，不仅造成严重的生态破坏，而且严重侵害海洋资源资产利益。

最后，海洋资源资产被腐败利益集团攫取导致海洋资源资产流失。在海洋资源资产配置与监管的进程中，采用行政许可的方式进行资源资产分配，以行政权力为主导。然而，行政审批流程涵盖的部门众多、程序繁杂、持续时间过长，影响海洋资源资产配置效率，导致资源分配不均。在海洋资源资产监管过程中，部分地方行政权未受到有效制约与监

① 房绍坤．矿业权法律制度研究[M]．北京：中国法制出版社，2013：228.

② 蒲方合．国有矿产资源资产的流失及其法律保护[J]．北京航空航天大学学报（社会科学版），2016，29（6）：19-26.

督，易滋生腐败，产生设租行为；海洋资源资产使用权人作为理性经济人，为最大程度地实现自身获利，亦会产生寻租行为，与权力设租主体组成腐败利益集团，并主要通过两种方式阻碍海洋资源资产的配置。（1）在直接层面，通过权钱交易获利而导致海洋资源资产流失。（2）在间接层面，少数政府官员通过不当招投标、利用内幕信息等进行投资或让其家属参与海洋资源资产开发经营等行为获利而导致资产流失。在部分海洋资源资产富集地区，这一问题更值得关注。

二、我国海洋资源资产价值评估制度

为规范海洋资源的开发利用，维护国家在海洋资源资产开发中的合法权益，根据我国各类海洋资源单行法律法规，实行海洋资源资产有偿开采，并陆续颁布资源补偿费等管理办法与实施细则，在规范海洋资源资产的市场交易秩序、遏制海洋资源资产的流失等方面发挥了重要作用。但在海洋资源资产参与市场流转阶段，由于对“经济理性”与“生态理性”的平衡意识有待进一步提高，在市场交易监管方面，我国海洋资源资产价值评估制度仍存在一些问题。

以海洋资源资产流失较为明显的海洋矿产资源为例，由于市场交易阶段采矿权价值评估制度存在的一些问题，国家作为海洋资源资产的所有者，却不时存在未能享有矿产资源资产的应有经营利润或使用收益的现象。采矿权价值评估机构在对矿产资源资产进行评估时，往往只考虑该资源资产用于交易的用益物权及其价值，而未兼顾该资源资产源头上的所有权及其价值。此外，在采矿权的权利行使期限届满后，对于该矿区内已探明但尚未进行开采的矿产资源资产，采矿单位或企业通常会加急将其开发出来。然而，由于时间精力与技术条件的限制，这些临时开发的矿产资源资产，其开发成本往往大于或等于使用收益，因此会对该矿产资源资产的价值及其评估造成影响，降低了其使用收益的可持续性，亦会导致该矿区内矿产资源资产枯竭与环境恶化。从总体上看，上述做法的最终结果是，国家在丧失矿产资源资产所有权的同时，并未取得与所有权相对应的收益，即权利让渡与权利对价不对等，进而导致国有资产流失。

若将资产产权看作一束权利的组合，则其资产的交换价值应由该束权利的价值所决定。[①]海洋资源资产只是一个抽象概念，目前尚未明确其总储量和所属特性，且无法预估其具备的总体价值，无法作为交易标的直接进行交易。然而，海洋资源资产的总储量与资源禀赋是已知的，其交换价值与经济价值均可计量化，亦可作为标的参与市场交易。在出让采矿权的过程中，须既要保障国家作为所有权主体对国有资产享有收益，又要保证相应权利人即矿产主有合理盈利，寻求所有权人与使用权人利益的均衡。鉴于此，应设计矿产资源所有权出让金的通用计算方式，通过明确出让金的具体数额，完善市场交易阶段采矿权的价值评估制度，以预防海洋资源资产被廉价抛售。

假定某一矿区内矿产资源资产的储量是m，矿产资源资产的回采率是r，则该矿产资源资产的可采储量m_1为

$$m_1=m\cdot r \tag{4-1}$$

根据该矿区所处的地理位置及其地质、水文、空间以及技术等条件，确定采矿主体每一单位资源资产的开采成本为c_1，销售成本为c_2，每一单位资源资产的税费成本为c_3，则销售每一单位资源资产的总成本c为

$$c=c_1+c_2+c_3 \tag{4-2}$$

① Demsetz H. Toward a Theory of Property Rights[J]. The American Economic Review，1967，57（2）：347-359.

与可采储量的矿产等量的资源资产总成本 C_0 为

$$C_0 = m \cdot r \cdot c = m \cdot r \cdot (c_1 + c_2 + c_3) \tag{4-3}$$

假定该矿区的开采主体并非特殊纳税主体，且其开采所得的矿产资源资产均用于销售，而增值税的税率为 t。

根据资源资产禀赋、开采难度、技术指标以及行业标准等因素，确定每一单位资源资产的销售价（含增值税）为 p，则销售与可采储量的矿产等量的资源资产应缴纳的增值税 T 为

$$T = m \cdot r \cdot p \cdot \frac{t}{1+t} \tag{4-4}$$

矿区开采主体将可采储量为 m_1 的矿产资源资产全部进行开采，并全部销售后，可获得的资源资产销售总收入 E 为

$$E = m_1 \cdot p = m \cdot r \cdot p \tag{4-5}$$

假定矿产所有权出让金为 f。矿区开采主体缴纳相应增值税 T 以及所有权出让金 f 后所取得的利润 L 为

$$L = E – C_0 – T – f = m \cdot r \cdot p - m \cdot r \cdot c - m \cdot r \cdot p \cdot \frac{t}{1+t} – f \tag{4-6}$$

利润率 R 为

$$R = \frac{L}{C_0 + T + f} = \frac{E - C_0 - T - f}{C_0 + T + f} = \frac{m \cdot r \cdot p – m \cdot r \cdot c – m \cdot r \cdot p \cdot \frac{t}{1+t} – f}{m \cdot r \cdot c + m \cdot r \cdot p \cdot \frac{t}{1+t} + f} \tag{4-7}$$

则矿产所有权出让金 f 为

$$f = \frac{r}{1+R} \cdot m \cdot p – m \cdot r \cdot \left(c + p \cdot \frac{t}{1+t} \right) \tag{4-8}$$

在实践中，将矿产资源资产的储量、开采成本、税率等数据套入式（4–8），即可得出矿产所有权出让金的具体数额。

经评审、备案的海洋资源资产储量报告是对海洋资源资产产权进行价值评估的重要依据，而价值评估的结果又是确定海洋资源资产使用权招标标的、权利拍卖、挂牌底价的主要依据。防止国有资产流失的主要

环节，一是海洋资源资产储量报告的评审与备案，二是开发利用权利的价值评估与权利出让。上述任一环节若存有违法违规行为，均会提高国有资产大幅流失的可能性。海洋资源资产监管在市场流转阶段所涉及的相关政府部门及其工作人员，如自然资源行政主管部门、价值评估机构、储量评审机构等，其自由裁量的范围与权力的行使均应受到制约。如何对上述权力进行制约与限制？监督是最好的净化剂，“阳光”是最好的防腐剂。由于市场流转阶段海洋资源资产价值评估方法不一、监管程序存有漏洞、社会公众参与监督力度不足，在防范利益集体攫取国有资产方面，未能发挥监督应有的作用。因此，为防止海洋资源资产市场交易中存在暗箱操作，应进一步健全海洋资源资产价值评估等具体监管法律制度，保障社会公众参与监督的权利。

第三节　司法实践阶段我国海洋资源资产的公益诉讼

规范治理所需要讨论的是如何对企业当事人之间的权利义务进行合理设置，使得各当事人之间形成微妙的默契与平衡，从而解决市场结构中的代理成本问题。遏制代理人机会主义行为的外部干预机制主要包括两方面，一是公共层面的法律执行，即政府监管；二是私人层面的法律执行，即采用诉讼的方式，获取强制执行力以直接影响代理人的行为。

一、海洋资源类公益诉讼的功能与实践

在海洋资源资产开发利用的司法实践阶段，检察机关公益诉讼（public interest litigation）是对海洋资源资产进行有效监督，实现规范治理的强有力手段。检察机关公益诉讼的施行，对海洋资源资产监管法律制度的健全、监管合力的形成具有以下作用与功能：

其一，通过加强监管力度，促进生态系统恢复。行政机关、检察机关与法院在海洋资源资产交易市场监管上相互配合，各自发挥行政执法、检察监督与司法审判对于维护资源资产交易市场繁荣稳定与持续发展的作用。从法律理论上看，公益诉讼可弥补行政责任追究机制本身的不足，具有更广泛的适用性。从司法实践上看，检察机关公益诉讼因其社会影响力高，案件规模大，涉案主体众多，更容易引发社会媒体的广泛关注，督促海洋资源资产行政主管部门或刑事侦查机构及时介入。为海洋资源资产监管部门提供调查线索，甚至为刑事侦查部门提供涉及环境资源保护类犯罪的侦查线索，从而形成对海洋资源资产交易市场的民事、行政乃至刑事的协同监管。

其二，及时填补投资者的损失，维护资源资产市场交易秩序。于普

通投资者而言，对于开发使用海洋资源资产造成资源损耗与环境破坏的违法行为，其更关心的并非是违法者被给予何种处罚，而是违法者的开采行为使其遭受的直接或间接损失可否获得赔偿。检察公益诉讼作为一种有效的外部干预制度，其天然功能之一，即检察机关介入进行监督和调查，保证权益受损投资者的合法求偿权，及时填补投资损失，有利于实现市场交易的公平公正，维护受害者合法权益。一方面，督促破坏生态者及时修复生态环境，提交损害赔偿金，为企业投资者提供有效救济；另一方面，在强力的外部干预制度下，遏制代理人机会主义，严格追究经理层的不当行为，促使国有资源资产开发利用全过程中数据信息的及时公开，协助“市场之手”对海洋资源资产进行合理配置，从而维护海洋资源资产市场交易的稳定性与有效性。

其三，震慑与预防违法行为。“任何人都不得通过自己的违法行为获利。”公益诉讼是执行公共法律的一种特殊方式，涉及众多诉求，往往不以获取赔偿为优先，而是以惩罚性与社会福利性为第一要务，主要目标是威慑和预防违法行为。受巨额经济利益驱使，一些资源开采单位或企业选择铤而走险，违反自然规律而过度开发利用海洋资源资产。因此，使违法者更为恐惧与心痛的并非行政或刑事责任，而是上缴其非法获利，赔偿投资者的损失。同时，对其他试图或意图违法者造成巨大的心理阻吓作用，发挥其矫治并预防后续侵害行为的功能。公益诉讼的威慑作用还在于，检察公益诉讼本身利益相关人众多，其诉讼请求是众多受害者意愿的集合，与行政罚款或刑事责任相比，更能引发社会的广泛关注，使海洋资源资产开发利用过程中的违法行为曝光于“阳光之下”。

根据中国裁判文书网的统计，在 2020 年全国（不含港澳台，下同）基层人民法院一审判决书中，以刑事案由为检索条件，共有 820844 篇裁判文书。其中，公益诉讼类案件共有3983起，主要涉案事由根据对象不同，可以分为三个种类。一是居民个人信息与产品类，如侵犯公民个人信息的行为、生产或销售有毒有害食品的行为、非法行医行为、非法经营行为以及假冒注册商标的违法行为等。二是公共环境类，如污染环境的违法行为等。三是自然资源资产类，如非法捕捞水产品的行为、非法狩猎行为、滥伐林木或盗伐林木的行为、非法采矿行为、非法占用农用地的行为以及非法转让或倒卖土地使用权的行为等。其中，涉及自然资源资产的公益诉讼类案件共798起，约占检察公益诉讼案件总数的20.04%。

2019年5月至7月，祁昌恒、方丽、徐广啸、李静等十二人在明知是禁渔期的情况下，使用禁用渔具拖曳泵吸耙刺在连云港市赣榆区海头镇、石桥镇、柘汪镇海域非法捕捞775134斤货物，涉花蛤苗净含量为568473斤，严重破坏了海洋生态环境和渔业资源。江苏省连云港市赣榆区人民检察院将上述被告人诉至江苏省灌南县人民法院。法院认为，海洋不仅生物资源丰富，更对生态环境起到重要的调节作用，其功能是立体的、交叉的、多方位的和互相影响的，海洋生物资源亦是生态环境保护不可分割的有机组成部分。为养护海洋生物资源，促进海洋渔业资源资产的可持续发展，我国实行严格的禁渔期制度。本案被告在捕捞过程中，使用捕捞渔具拖曳泵吸耙刺将所经过海域海底淤泥冲翻，引发海底环境的改变，造成了生物资源、海底及临近水体生境受损。[①]

二、海洋资源类公益诉讼地域特征明显

根据中国裁判文书网的统计分析，在2020年全国基层人民法院一审

① 江苏省灌南县人民法院（2020）苏0724刑初226号刑事附带民事判决书。资料来源：中国裁判文书网．祁昌恒、方丽等非法捕捞水产品罪一审刑事判决书[EB/OL].（2021-01-21）[2022-05-05]. https://wenshu.court.gov.cn/website/wenshu/181107ANFZ0BXSK4/index.html?docId=fbff1cc554234540b4dcacb700bb4b5f.

判决书中，以刑事案由为检索条件，涉及自然资源资产的公益诉讼类案件共 798 起。其中，涉案事由最多的是非法捕捞水产品罪，共有 194 篇裁判文书，如安徽省（81 篇）、上海市（41 篇）、江苏省（33 篇）以及黑龙江省（21 篇）等，以沿海省份居多。其次是非法狩猎罪、非法采矿罪与滥伐林木罪，分别有 172.5、119.5 和 104.5 篇裁判文书（见图 4–2）。

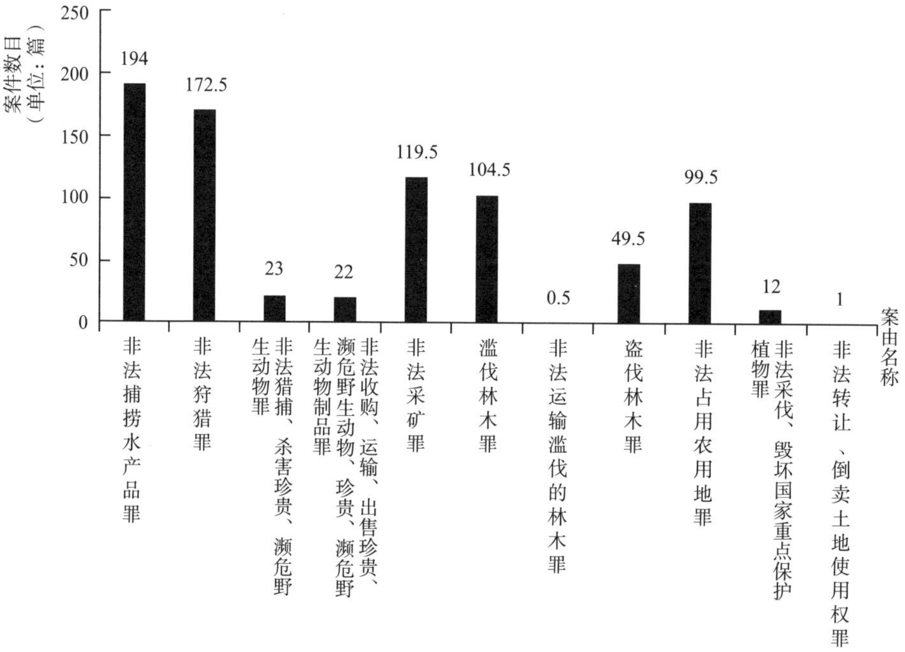

图4–2　2020 年全国自然资源类公益诉讼一审判决书案由分布

按照地域及法院划分，可以得出，2020 年自然资源类公益诉讼案件发生最多的省份是安徽省，共有 213 起，占案件总数的 27%。其次是黑龙江省、辽宁省与江苏省，分别有 131 起、102 起、辽宁省起（见下页图 4–3）。

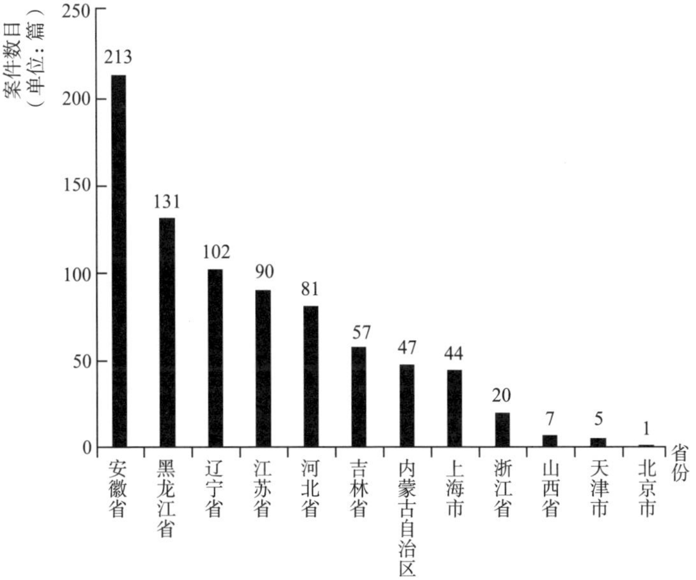

图4-3　2020年全国自然资源类公益诉讼一审判决书省份分布

自然资源类公益诉讼具有明显的地域特征，涉案事由与当地的自然资源资产分布以及经济发展水平有着密切的联系。

以我国沿海省份中裁判文书较多的江苏省为例，在自然资源类公益诉讼案由中，涉案较多的主要关系到水资源、渔业资源、矿产资源以及野生动植物资源等。其中，非法狩猎罪的判决书共37份，非法捕捞水产品罪的判决书共33份，非法采矿罪的判决书共5份，非法猎捕、杀害珍贵、濒危野生动物罪的判决书有2份（见下页图4-4）。这与江苏省省域内国有自然资源资产的分布状况与地域特点有关，江苏省位于中国大陆东部沿海中心，地跨长江、淮河南北，京杭大运河从中穿过，各类海洋资源资产储量丰富，水生动物资源种类尤为多样。东部沿海各大渔场盛产黄鱼、带鱼、鲳鱼、虾类、蟹类及贝藻类等水产品。与省内资源分布及地域特征相适应，江苏省内自然资源类公益诉讼案件的涉案事由主要与海洋资源及资源类产品有关，具有明显的沿海省份特征。

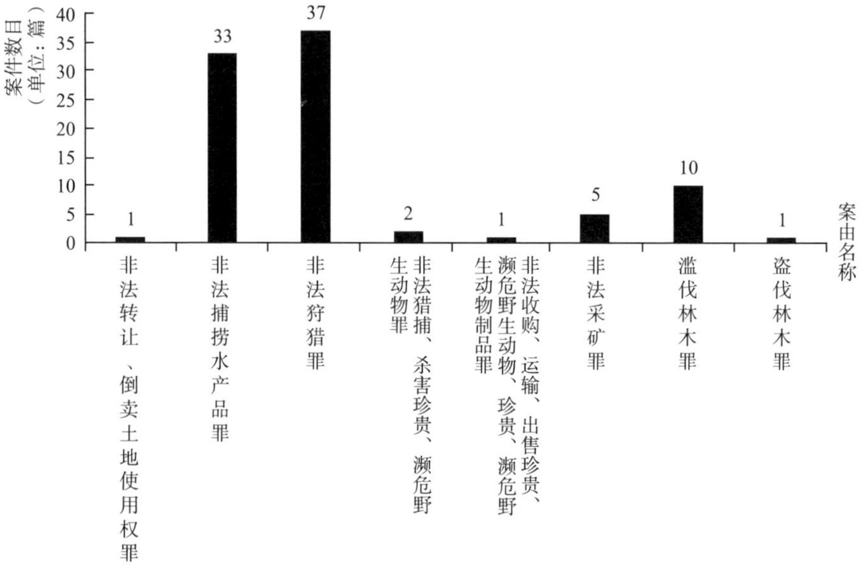

图4-4 江苏省2020年自然资源类公益诉讼一审判决书案由分布

以我国非沿海省份中裁判文书较多的内蒙古自治区为例，在自然资源类公益诉讼案件中，主要涉及野生动植物资源、矿产资源、土地资源以及森林资源等。其中，非法占用农用地罪共22起，非法狩猎罪共17起，非法采矿罪与滥伐林木罪均为3起，另分别有1起非法猎捕、杀害珍贵、濒危野生动物罪和非法捕捞水产品罪（见下页图4-5）。上述自然资源类公益诉讼案件的构成情况，亦具有内蒙古自治区的地域特点。内蒙古自治区地处欧亚大陆内部，自然资源资产储量十分丰富，森林、草原以及人均耕地面积均为全国第一，是我国最大的草原牧区，稀土资源资产的储量更居世界首位。加之内蒙古自治区面积辽阔而人员稀少，甚至还有“无人区”的存在，因此自然资源资产监管效力发挥难度较大。与自治区内自然资源资产的种类及地域分布相适应，其自然资源类公益诉讼案件的涉案事由主要与土地资源、草场资源、森林资源和野生动植物资源相关，具有明显的内陆特征。

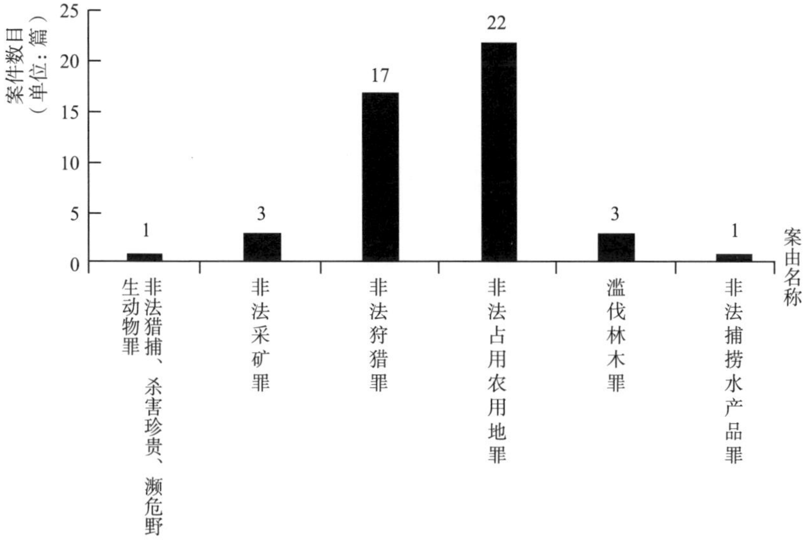

图4-5 内蒙古自治区2020年自然资源类公益诉讼一审判决书案由分布

05 第五章

海洋资源资产监管模式的供给与比较

海洋资源资产监管模式即国家对海洋资源资产的开发、利用以及保护活动进行监督与管理所采取的措施的表现形式。由于各类海洋资源资产本身的特质差异、各国监督管理制度与发展水平的不同，各国在海洋资源资产监管模式上亦各不相同。以监管主体参与数量为依据，可分为单元监管与多元监管模式；以各类海洋资源资产整体的监管方式为依据，可分为中央政府一个部门统一协调的综合监管模式与分属多个部门的分散监管模式。不同监管模式的供给对于监管法律制度需求的满足程度有所不同，须兼顾各类海洋资源资产之间特性的差异与监管的协调。对海洋资源资产监管模式进行供需吻合度与成本效益衡量，有助于实现海洋资源资产监管法律制度效用的最大化。

第一节　单元监管与多元监管模式的供需吻合度分析

经济学家道格拉斯·C.诺思（2014）提出，一项制度的实施本身即需高昂的运行成本，加之相关配套制度的不完善，更体现出正式规约与非正式规约相互配合、互相协调的关键作用。[①]供需吻合度分析是制度经济学中一种检验制度运行规范性与有效性的重要方法，该方法力图寻求一个制度供给与制度需求最为合适的均衡点。监管模式的供需均衡（supply-demand equilibrium），系通过监管主体有效决策的达成与监管行为的实施，使得监管的目标与效益均可顺利实现。监管模式的供给适应监管模式的规范性需求，既不存在行为冲突与重复，也不存在监管漏洞。监管模式的规范性需求，包括该监管模式的施行能否保证法律体系的融贯性，以及该监管模式下制定的法律规范是否具有可行性。

一、法律体系的融贯性需求

以《中华人民共和国宪法》为根本，以《中华人民共和国民法典》为引领，以各类海洋资源资产单行法律法规为主体，以构建“四梁八柱”的生态文明制度体系为目标，以2019年中共中央办公厅、国务院办公厅《关于统筹推进自然资源资产产权制度改革的指导意见》（下文简称《意见》）的颁布为标志，我国逐步健全国有海洋资源资产监管法律体系。单元监管与多元监管模式和海洋资源资产监管法律体系的融贯性需求考量，需要从规范耦合性与规范整合性的视角加以审视。

第一，海洋资源资产监管模式与海洋资源资产监管法律体系的“耦

① 道格拉斯·C. 诺思. 制度、制度变迁与经济绩效[M]. 杭行译. 韦森译审. 上海：格致出版社，上海三联书店，上海人民出版社，2014：50.

合”程度。虽然“耦合”本是通信工程、软件工程等专业的用语，但法学界早已将此概念引入并用于对法律现象及法学研究的关联性分析。[①]笔者将海洋资源资产监管法律体系分为由海洋资源资产开发利用全程动态有效监管、海洋资源资产产权信息公开与海洋资源资产管理考核评价等多项监管法律制度构成的不同“模块”，将“耦合”作为对“模块”之间联系紧密程度的度量。“耦合”程度的分析具体包括“内容耦合”与“公共耦合”。[②]海洋资源资产监管模式与海洋资源资产监管体系各模块的耦合度高，说明海洋资源资产监管模式不会对海洋资源资产监管体系造成融贯性阻滞，需求吻合度较高；耦合度低，则海洋资源资产监管模式将对海洋资源资产监管体系的融贯性、立法的科学性或实践的可操作性产生负面影响。

具体而言，（1）从“内容耦合”来看，结合海洋资源法律体系的规范构造，以及监管法律法规的效力来源，海洋资源资产监管法律制度与海洋资源法律体系各“模块”的“内容耦合”程度较高，资源资产监管具体制度规范的改变均会对海洋资源其他各项制度“模块”造成影响。（2）从“公共耦合”来看，结合立法技术的考量，海洋资源资产监管模式与海洋资源资产监管体系中各项监管法律制度“公共耦合”的程度高低，是判断海洋资源资产监管模式与海洋资源资产监管体系规范耦合性需求强弱的重要依据。海洋资源资产监管模式与海洋资源资产监管体系“公共耦合”度的分析，主要基于对海洋资源资产监管模式与各监管法律制度之间体系逻辑关系的考察。按照法律体系的规范逻辑，海洋资源资产监管体系的规范性被视为海洋资源资产各项监管法律制度所具有的基本属性，如

① 徐孟洲. 论市场机制与宏观调控的经济法耦合[J]. 法学家，1996（2）：45-48.

② 李晓安，张文斐. 耦合性视域下保理合同“入典”辨思[J]. 山东社会科学，2020（2）：30-35.

参与主体的多样性、监管方式的创新性、社会影响的广泛性等，是海洋资源资产各项监管法律制度共同引用的“全局数据项”。相较于单元监管，多元监管模式更易形成监管合力。虽然各监管法律制度之间具有差异，但其与海洋资源资产监管体系各模块都具有较高的“公共耦合”性，也因此具有体系相似性。

第二，就规范内容的整合性而言，海洋资源资产的产权归属、开发利用、责任追究机制等均具有较高的需求，加之海洋资源资产的多样性，于监管时需要全面探讨、思考监管的各个领域以及各个类型的海洋资源资产可能涉及的议题。(1)就规范目标的整合性而言，海洋资源资产监管各个机制之间要求功能目标具有一致性，即经济社会的可持续发展。单元监管模式供给中各领域制度规范效力相同而适用范围各异，单个部门监管更侧重于部门自身的目标与内容，往往忽略整个社会全局规范，对规范目标整合性需求的满足程度较低。相较于单元监管而言，多元监管模式能够发挥人大、行政、司法、审计等部门和社会的监督作用，更具系统性、整体性、结构性，更加符合大部制改革进程中海洋资源资产的产权归属、开发利用、责任追究机制的整合性需求，统一对海洋资源资产各监管领域提供完整清楚的组织权责划分，在规范目标整合性方面能够把握全局。(2)就规范内容的整合性而言，多元监管模式更加符合海洋资源资产监管体系以及生态文明制度体系的要求。从地方实践来看，为落实《意见》精神，2020 年 6 月，福建省建立了海洋资源资产行政执法与行政检察工作的衔接机制，并出台了相关指导性意见，规范协作执法行为，成立联合专家库，加强信息共享和社会监督力度。广东省于 2019 年 12 月推出过类似举措。这种多元监管模式下地方立法先行的尝试，也对国有海洋资源资产监管规范内容的整合与法律体系的健全发挥着重要作用。

二、法律规范的可行性需求

随着生态文明建设的不断推进，市场主体尤其是社会公众对海洋资源资产监管的认识愈加清晰，参与海洋资源资产监督管理的积极性和主动性越来越高。以自然资源部的组建为标志，我国海洋资源资产监管体系的构建与完善逐步推进，综合监管力度不断提高。基于大部制的改革背景，与单元监管模式相比，多元监管模式在海洋资源资产监管制度规范立法层面、行政层面以及司法层面可行性需求的吻合度均更高。

（一）立法层面的可行性需求

该需求主要体现在法律规范的开放性方面，与新型海洋资源资产及其开发利用方式、综合监管数据平台的使用等相关。随着科学技术的不断创新与与时俱进的经验累积，海洋资源资产监管法律制度易产生立法滞后或欠缺调整弹性的问题。加之海洋资源资产自身的可变性，要求海洋资源资产监管模式呈现开放状态，根据数字经济时代数字技术的广泛应用而不断改进，为监管方法的技术支撑预留改进空间。多元监管模式更具全面性、开放性，各监管领域的专业性等特点，属于“并列式”结构。其中，多元主体不同的监管方式正随着科学技术的发展，在理论与实务上获得更多支撑基础，并在具备适用的充分及必要条件后不断创新，最能回应法律规范开放性的需求。而单元监管模式则较为封闭，管制与措施主要以单一监管部门规章为依据，即使后续制定或联结其他相关法律或政策，也仅为辅助性质，对开放性需求的满足程度较低。

（二）行政层面的可行性需求

该需求主要体现在决策目标与治理效能方面。从决策目标来看，多元监管模式的社会功能与我国健全海洋资源资产监管体系的目标一致。多元监管模式的核心价值与功能，即鼓励多元主体共同参与对海洋资源资产的开发利用活动的监管，保障全民作为海洋资源资产所有者共享收益。各国海洋资源资产监管的经验亦表明，单元监管模式的可行性较低，大多数国家均已实行或准备实行多元监管模式。从治理效能来看，海洋资源资产监管各个领域的相关问题仍在不断探究中，若仍实行政府部门单元监管、单独设计制度规范所有事项的制度，则可能使监管法律制度失去弹性，使其难以随着实践经验的积累与科学技术的进步不断更新。同时，单元监管模式中的监管依据大多由政府行政部门起草，易受自身部门利益限制，缺少与其他配套法律制度的联结思考，往往忽略单位或企业、社会公众等其他市场主体的利益，导致公信力降低而对国家治理效能造成不利影响。

（三）司法层面的可行性需求

该需求主要体现在环境公益诉讼方面。随着经济体制改革的不断深入，生产力和生产水平的提高，海洋资源资产行业亦在加快优化升级。物质财富的增加不仅能够促进人类生活水平与生活质量的提高，还能增强人类参与社会劳动、投资开发海洋资源资产的主动性和积极性。同时，亦导致因过度开采而造成海洋资源枯竭与生态环境污染等问题。受到国家政策、经济发展状况及法律体系差异等客观因素的制约，以及制度规范产生的特殊背景与历史文化基础的影响，不同国家和地区环境公益诉讼制度的发展与特点均有差异。当前，我国自然资源环境领域公益诉讼的特点是，受害群体人数众多且分散、诉讼双方经济地位不平等、社会影响力大以及信息获取渠道单一等。结合我国具体国情和经济发展现状，在多元监管模式下，推动构建自然资源行政管理部门和检察机关自然资源资产领域公益诉讼协作机制，是形成保护海洋资源领域国家利益和公众利益的监管合力的重要路径。切实履行检察机关公益诉讼职权，加强检察机关与政府部门的沟通协作，为检察机关公益诉讼工作顺利开展创造良好的条件，促进检察机关依法行使检察权和政府部门依法行政，共同保护海洋资源资产和社会公众利益，形成海洋资源资产监管体系各路径之间的相互补充与良性竞争，是我国司法实践中完善海洋资源资产监管法律制度的应然选择。

第二节　分散监管与综合监管模式的成本与收益分析

成本收益分析（cost-benefit analysis）是法经济学中常用的研究方法，该方法将可选择的制度方案所获收益与付出的成本作为重要参考因素加以分析，并根据利益博弈结果做出最优的制度选择。①该研究方法具有重要的再分配含义及代际公平含义，通常用于分析一项法律制度实施所付成本与所获收益能否成正比，若该制度效益大于成本，则该制度能够实现效用最大化，其制定与实施是合理的，亦即该制度是有效的，反之则无效。基于本部分论证对象为分散监管与综合监管两种模式的选择，笔者在对两种监管模式成本收益分析的基础上进一步变通，将海洋资源资产监管模式的所有成本与该模式将带来的总体收益进行横向比较，对比何种监管模式能以更少的投入获得更大的收益。

一、所付成本：分散监管大于综合监管

市场主体是考虑成本与收益的。若成本过高、收益太小，市场主体将放弃这种选择，转而寻求成本更小、收益更高的选择。根据科斯定理，在交易成本为零的情况下，无论法律如何规定，无论产权如何配置，均能通过“市场之手”使资源资产配置实现最优化。②因而，如果在海洋资源资产监管结构中，交易成本为零，那么，选择何种海洋资源资产监管模式以及该监管模式如何实现，都无关紧要。因为只要交易自由，总会产生较高的收益。然而，零成本的高收益仅仅是一种理想。在现实的世界中“交易成本大于零”是普遍现象。这也就意味着，追求收益将不得不

① 张文斐. 职务科技成果混合所有制的经济分析[J]. 软科学，2019，33（5）：51-54，64.

② 冯玉军. 法经济学范式[M]. 北京：清华大学出版社，2009：216.

考虑成本因素。“成本记录的是竞争的吸引力。”[①]有鉴于此，海洋资源资产监管模式的选择必须考虑这一制度中所隐含的成本因素以及获得收益的可能性。

第一，综合监管模式对应的综合立法模式更具经济性。简资修（2006）提出，“法律之经济分析，比较应着重者，是交易成本”。[②]交易成本具有重要的再分配含义及代间公平含义。[③]分散监管模式基于海洋资源资产监管的分散立法，大多以各类海洋资源资产单行法或各个政府机构的部门规章为依据；综合监管模式基于海洋资源资产监管的综合立法，以一部系统完整的海洋资源资产监管专门法为依据。有鉴于此，海洋资源资产监管模式的选择，可以制定法律运行程序阶段为脉络，以所消耗的立法成本为测量数据，以监管模式的经济性为变量，建立经济性评估模型。若测量数据与变量为负相关，则所需立法成本之和愈大，该监管模式的经济性便愈弱。海洋资源资产监管法律制度的立法成本，就构成而言，包括时间成本、经济成本、体制成本、程序成本、机会成本、监督成本等诸多方面。

综合监管模式的经济性具体体现在如下三个阶段：（1）立法预备阶段。法律的制定需具备理论与实践基础，搜寻国内外资料，开展社会调研，论证立法的必要性，以适应社会现实基础。综合立法与分散立法在该阶段均存在时间成本与经济成本。（2）法律制定阶段。综合立法中总领性的基本法与分散立法中的多部专门法的制定，均须严格遵循立法程序，通过开展专家论证会、立法听证会等完善相关内容，并向社会公开

---

① 保罗·萨缪尔森，威廉·诺德豪斯．经济学[M]．第十七版．萧琛，等译．北京：人民邮电出版社，2004：99.

② 简资修．经济推理与法律[M]．北京：北京大学出版社，2006：3.

③ 朱迪·丽丝．自然资源：分配、经济学与政策[M]．蔡运龙，杨友孝，秦建新，等译．北京：商务印书馆，2002：428.

征求意见，综合社会各阶层的修改建议，存在程序成本。（3）法律实施阶段。首先，为使法律得以正确实施，充分保障其作用的发挥，需从多方面加强对法律实施的监督，综合立法与分散立法在该阶段均存在监督成本。其次，由于综合立法模式受政策规划指导，其立法进程更具体系性，固定成本较高；而分散立法易出现“杂乱渐增”现象，可变因素较多，必然带来法律实施阶段体制成本的攀升。最后，因分散立法模式缺乏立法规划指引，其立法过程通常是因时制宜的，规范内容与技术工具有限，欠缺长远考虑，对未来可能出现的现实问题缺乏预见性，尚需制定更多的应对性分散立法或条款，来弥补法律漏洞或通过司法解释加以明确，存在机会成本。综上，分散监管模式的立法成本远高于综合监管模式，其经济性亦弱于综合监管模式。

第二，综合监管模式能够节约社会成本，避免“公地悲剧”。法律除反映国家统治阶级意志与利益外，更重要的是凭借法律制度规范，对行为人活动的权利、义务与责任作出合理分配，以促使人们自觉选择能够实现最佳效果的行为规则。监管法律制度的规范创新本质上都关涉海洋资源资产的有效配置问题，将制度创新视为一种积极的资源资产配置行为是经济分析的前提。

海洋资源资产具有公共物品属性，系国家即全民的共有财产。在海洋资源资产开发利用的过程中，个体的使用行为互相牵制，无法孤立，并将在整体上对社会集体造成积极或消极影响。海洋资源资产在使用过程中存在外部效应[①]，进而产生外部边际成本或边际收益，仅依靠“市场之手”无法实现海洋资源资产配置的帕累托最优，易出现市场失灵。从成本收益分

---

① 外部效应是指一个生产者或消费者的行为对其他生产者或消费者福利的影响，但没有激励机制使产生这种影响的生产者或消费者在决策时考虑这种对别人的影响。如部分围海工程所导致的生态破坏和环境污染，又如对近海渔业资源的过度捕捞导致一些鱼类濒临灭绝等，均是海洋开发活动中产生的外部效应。

析来看，个体使用共有资源资产的收益总是大于个体分担的社会成本。具体而言，海洋资源资产产权主体中有n个成员（$n\geqslant 2$），将个体在海洋资源资产的使用过程中可获得的收益设为1，且假设该收益完全由个体享有。因海洋资源资产的开发利用导致的消极影响，诸如生态环境恶化或海洋资源枯竭等，则由全体社会成员共同承担，其中任一个体须分担的影响均为$1/n$，不仅包括污染者自身，亦包括未参与资源开发利用的其他个体。由于$n\geqslant 2$，因此，总存在$1/n<1$。[①]若产权共同体内每一个体均遵循上述逻辑法则，则将造成海洋资源资产滥用与环境破坏，进而发生“公地悲剧”。[②]海洋资源资产综合监管模式能从全局视角出发，使各投资者因分担而减少成本，因分享而倍增收益，有效发挥“公地”的规模效应。

二、预期收益：综合监管大于分散监管

理论上，法律制度运行可获得的收益通常包括具体法律规范冲突的解决、法律体系的健全、社会公众的信任与认可以及司法实践的审判指导等。基于海洋资源资产的多样性与公共性、监管模式涉及主体的多元性、利益冲突的复杂性以及囊括领域的广泛性，海洋资源资产监管模式选择之预期收益，应包括法律体系整体融贯、法律规范系统全面、各个领域整合协调、社会公众广泛关注等。

第一，以监管模式对应的立法模式进行分析。分散监管模式对应的分散立法模式虽可收获回应现实需求的即时性和规范内容的全面性与专业性等收益，但各类海洋资源资产领域监管法律规范不易集合统一，无法实现法律体系整体融贯性或社会公众广泛认同等效果。且分散立法易

---

① 韩立民，陈艳．共有财产资源的产权特点与海域资源产权制度的构建[J]．中国海洋大学学报（社会科学版），2004（6）：138-143.

② 丁栋虹，贾砚林，丁梅芳．共有财产资源产权结构的特点与利用行为[J]．中国环境科学，1999（5）：477-480.

出现责任主体规定不明、不同主管部门交叉执法等现象，引发监管者与行为人之间的博弈，使得预期收益下降。[①]而综合监管模式对应的综合立法模式能够整合不同部门之间的意见与资源，稳定推动海洋资源资产监管政策的具体实施，在维护法律体系完整性的同时，协调海洋资源资产监管多方主体的利益。

基于节约资源与生态保护的现实需要，地方层面已经双轨展开海洋资源资产监管的综合立法活动。一是以地方某一自然生态圈为主体，开展针对地方保护区、国家公园等的专项立法，对其中各类海洋资源资产进行统一保护与管理。例如，近年来，湖北省陆续出台了湿地公园管理办法、生态公益林管理办法以及风景名胜区条例等。二是地方海洋资源资产监管的综合性立法。目前，湖北省与浙江省均已发布农业自然资源资产综合监管的专门性地方立法。这些地方性法规或政府规章体现了我国各地方统一应对环境变化的利益诉求，但法律位阶较低，仍需系统完整的海洋资源监督管理法予以指导。这种地方先行立法作为海洋资源资产综合监管立法与综合监管模式的实践基础，将在一定程度上倒逼中央层面推动海洋资源资产及其综合监管的专门性立法进程，并为中央立法提供基层群众的代表性意见，以及法律法规适用的实践数据，能够节约中央综合性立法成本，同时实现预期收益最大化。

第二，以监管模式选择能够实现的社会目标进行分析。海洋资源资产综合监管模式，是经济生产量最大化与社会可持续发展等目标功能整合的产物，也是资源经济学视角下提高海洋资源资产配置效率的最优选择。然而，我国海洋资源资产作为一个内部相互联结的复杂生态系统，考虑到各类资源资产领域应用目的、权利要求与行业供给进度的差异，

① 杨博文. 跨区域大气环境治理的法律经济分析[J]. 制度经济学研究，2017（4）: 180-193.

若海洋资源资产的产权权属不明抑或配置不当，将造成不同海洋资源资产之间各行业的价值分歧与利益冲突，不利于海洋资源资产的可持续发展。奥托·基尔克认为，人类生活包括个体生活与族群生活双重内容，基于这一点，法律作为规范人类生活的制度，其目标亦具有双重性，一面建构与保障社会共同生活，一面界定与保护个人生活范围。①以关注社会全局为重心的公法亦应考量个人正义，而以关注个体权益为重心的私法亦应维护社会福祉，二者社会功能目标一致。海洋资源资产综合监管的社会功能目标，即通过明确界定海洋资源资产产权，合理协调不同种类海洋资源资产开发主体与监管主体之间的不同利益需求，规制过度开发海洋资源资产的违法违规行为，在实现经济生产利润最大化与促进生态系统可持续发展之间寻求平衡。

综上，海洋资源资产监管模式选择的经济收益可分为三类：降低协调成本、降低交易成本（包括搜寻成本、法律成本、行政成本和冲突成本）、改善投资环境。②根据上述成本收益分析结果，海洋资源资产综合监管模式较之分散立法模式而言，立法成本较低且预期效益更高，综合监管模式的应用更为有效。我国目前海洋资源资产监管以政府部门单元监管为主，依据各类海洋资源资产单行法，采取分散监管模式。基于多元综合监管模式为法经济学分析下的最佳选择，加之海洋资源资产监管跨领域、复杂多样且主体多元的特性，在海洋资源资产监管法律制度的构建上，我国应以自然资源部大部制改革为契机，高度整合协调，尽快制定统摄海洋资源资产监管的专门性法律，在分散监管模式实施的经验基础上，向多元综合监管模式转变。

---

① 奥托·基尔克．私法的社会任务[M]．刘志阳，张小丹译．北京：中国法制出版社，2017：26.

② 经济合作与发展组织（OECD）．海洋经济2030[M]．林香红，宋维玲，等译．北京：海洋出版社，2019：241.

第三节 国内外自然资源资产综合监管的制度供给

制度供给与制度需求决定制度变迁与创新。供给与需求往往相互依存、相互制约，经济学强调供给与需求的均衡，以达成最优的制度结构。其他国家和地区自然资源资产综合管理制度供给的研究较为丰富，并形成了特有的一致性概念框架，是一个持续的、循序渐进的、具有渗透性的过程，同时强调新理念、新技术、新方法、新工具的创新性应用。我国海洋资源资产的综合监管法律制度建设刚刚起步，尚存在诸多局限性，通过借鉴国外自然资源资产综合管理的先进经验，可以有针对性地指导我国海洋资源资产综合监管战略和规划的编制及实践。

一、国外自然资源资产综合管理制度供给及其特点

国际上，“自然资源综合管理”（integrated natural resource management，简称INRM）在少数情况下被称为“资源综合管理”（integrated resource management，简称IRM）。其中“综合管理”（integrated management）也可译为“一体化管理”“集成管理”“整合管理”等，意指将组织的所有系统和流程整合到一个完整的框架中，使组织可作为具有统一目标的单个单元来工作。与之相关的“一体化管理体系”（integrated management system）是国际标准委员会关注的领域，指将业务的所有相关组件组合到一个系统中，以简化管理和运营。“一体化管理体系”关于“将相关组件组合到一个系统中”等元素也应是“自然资源综合管理”体系建设的特征。“自然资源综合管理”作为专业术语最早出现在1992年联合国可持续发展会议后，多数国家接受了环境、经济、社会协调发展的可持续发展观，并普遍认为自然资源资产监管不当是影响可持续发展的重要因素

之一。“自然资源综合管理”是作为纠正自然资源资产管理不当、落实可持续发展观的管理方法、理念或战略提出的，具有区别于传统自然资源资产监管的四个特点。

第一，遵循由十个共性要素表述的一致性概念框架。自然资源综合管理可通过由十个基本要素组成的概念框架来表述（见表 5-1），其内容随着全球实践的增加而得以丰富和细化，可以概括反映自然资源综合管理与传统自然资源管理的不同之处。尽管各类自然资源综合管理的定义不一定全部包括这十个要素，但这十个要素作为整体可兼容各类自然资源综合管理的概念框架。自然资源综合管理行为和管理方法与工具之间存在密切关系。例如，生态系统综合评价是一种管理（研究）行为，生态系统综合评价模型是一种管理工具。随着自然资源综合管理的逐渐深入，每个要素逐渐从抽象发展到具体化、结构化乃至标准化和清单化。

表 5-1　国际自然资源综合管理概念框架中的十个要素及内容全域[①]

十个要素	主要内容
性质	哲学思想；逻辑和呼吁性理念；系统过程；概念框架；研究方法；管理方法；有意识过程；思维方法；自然资源管理战略
目标及目标权衡	政治目标（提高人类福祉；资源安全、减贫、减灾、减少突发事件风险）；经济社会目标（经济社会财富最大化、生计和收入安全、粮食安全、价值增值；改善生活质量、改善社区状况）；生态目标（生态系统服务功能最大化、地球生态系统健康、生态系统完整性或连通性、生态系统复原力、生态系统抵抗力、生态系统适应性、生物多样性、保护自然资源、修复和恢复自然、产生多重景观效益、维持生命质量等）；文化目标（增加娱乐和休闲机会）；权衡取舍多元化目标；解决不确定性问题；防范风险；等等

① 资料来源：自然资源部海洋发展战略研究所.

续表

十个要素	主要内容
原则理念	通用原则理念（公平、公正、效率）；可持续发展；适应性；弹性；灵活性；响应性；迭代；学习；基于自然的解决方案；过程导向；恰当时空尺度；时空尺度随意缩放；参与式管理；系统方法；谨慎和预防原则；考虑累积影响；新技术、新方法、新工具的创新性应用；基于最佳现有科学；重视当地和传统知识；生态成本效益内部化；经济框架下管理；自下而上；认识到滞后效应；保护和利用之间获得平衡；承认广泛联系性
主体或对象以及关系模式	多部门：政府机构；自然资源部门；水资源部门；环境部门；城乡管理部门等；非政府机构；研究机构；消费群体；社区等利益攸关方。多学科主题：科学；经济学；法学；生物学；生态学；社会学；地理学；自然资源。多种关系介入模式：共同责任；联合委员会；跨机构合作协议；谅解备忘录；互联网协同；参与式技术；联合行动；合作协调
客体及客体关系	用生态标准定义的各种地理区域；海岸带；水资源；水源地；流域；农业自然资源；干旱地区；景观；生态区；保护区或保护地；栖息地（生境）；地球科学系统；自然生态社区；生物多样性；生物群落；地球生命支持系统；自然生态社会经济系统及各类子系统；生态系统结构；生态系统功能；生态系统过程；生态系统服务；生态系统特征；自然资本；绿色基础设施；生物物理、生物地球化学和社会经济等过程；人类活动；数据信息知识；生命优等质量；时空尺度；压力源；驱动力；自然资源存量；流量；等等
管理或研究行为	自然资源综合管理战略规划编制实施；整合各类计划、政策、项目、目标、工具、数据信息知识等并融入上级规划；识别、定义和分类生态系统；识别当地问题；地球或生态系统结构、功能、过程、关系等认知和描述；识别利益攸关方；识别利益类型；协调竞争利益；设定兼容性目标；确定生态系统等综合评价（包括累积影响评价）指标；生态系统综合评价；报告自然生态状态；检测自然生态状态；社会经济评价；政府各项措施情景分析和预测；能力建设；风险评估和应对；政策调整；等等
管理方法、技术、工具等	地理信息系统（geographic information system，以下简称GIS）；众筹；代理模型；数据信息知识整合技术；模拟技术；建模技术；开发概念框架；互联网；物联网；实验科学；试点；交互决策；协调技术；冲突解决和仲裁工具；遥感；数据分析技术；规划编制技术；情景分析；生态系统核算；自然资本核算；列示清单；编制模板；编制最佳实践指南；等等
管理流程	规划计划—实施—监测—评价—回馈—调整—持续学习—迭代
资源或资本及配置机制	自然资本；人力资本；社会资本；物质资本；知识资本等；按照恢复修复、保值增值、最大福利、最大投入产出、风险防范、危机处理等规则配置
绩效评价	例如处于可持续景观管理的土地面积；价值增加指数；在景观规划和监测中利用创新技术的社区百分比；等等

正因为自然资源综合管理拥有相对统一的框架，才使得不同地理单元（生态单元）的自然资源综合管理可以对接；同时，由于这个框架具有中性、复用性和兼容性等特点，又使得自然资源综合管理作为自然资源管理的最高形态，得以纳入国家乃至国际治理体系，更可以与环境等其他与之密切相关的系统对话和对接。

第二，体现为跨部门、跨机构的共同责任及自下而上的管理。具体表现如下：（1）建立在跨部门的共同责任基础上，涉及如自然资源、生态环境、水资源、农业农村、海洋、森林、旅游等各类部门，强调在这些机构之间的共同但有区别的责任。（2）建立在跨机构的协调合作基础上，包括政府、企业、社区、非政府组织、消费者群体、社会组织等各类利益攸关方，涉及利益攸关方的识别和介入以及决策机制等复杂问题。（3）代表不同学科领域的学者的参与，涉及自然资源、生态学、社会学、经济学、传统文化、数学、信息学等学科。（4）多种多样的关系模式。根据所面对的主题和问题、机构类型、国家机构运作方式等的不同，自然资源综合管理各部门、各机构等之间的合作机制与责任机制亦存在差异。例如，政府机构主要通过信息备忘录、共同签订协议等方式进行合作；非政府机构则主要采取研讨会等协商、合作或共享的决策程序进行合作；在流域综合管理和景观综合管理中，由所涉及的地方政府派代表组成委员会，共同编制区域内自然资源综合管理实施方案。

第三，遵循适应性管理、迭代学习、累积影响评价等动态原则。自然资源综合管理作为自然资源管理的高级形态，尽管根据综合管理目的对客体进行了人为的抽象和升级，但其与分散管理所面对的客观世界是同一个，具有自然资源的天然属性，包括多门类、多用途、多功能、多尺度、多关系类型、动态性、差异性、不确定性、有限认知性、利害双重性等。就社会经济系统而言，又存在着多主体、多目标、多利益类型、多重理性交织等特点。自然资源综合管理直面的恰恰是这些交织地带，所以更应体现其适应性、灵活性、弹性、响应性、迭代能力、累积性以及根据变化不断学习调整的一面。这意味着：(1)自然资源综合管理不能故步自封、墨守成规，需对新知识作出响应，持续学习和改进，不断做出校正。(2)自然资源综合管理需在决策流程上进行变革。将最新的自然和生态科学知识、最新技术、社会经济评价结果、监测结果、现有最佳可获得信息的应用等审查作为决策的环节纳入管理决策过程中。(3)通过建立全球和区域尺度的、基于互联网的各类自然资源数据、信息、知识共享、交互和众筹类的网络，在技术上保证基于国际规范的适应性管理。(4)各项管理决策的监测、评估、反馈等是自然资源综合管理流程的重要组成部分，需要考虑累积影响。

第四，是一个持续的、循序渐进的和具有渗透性的过程。从表面看，各机构对自然资源综合管理的定性有很大的不同，如自然资源综合管理可以是一种理念或思维方式、一种战略、一个发展方向、一种研究方法，还可以是一种哲学等。从自然资源综合管理的全球图景可知，它是一个持续的、循序渐进的过程。其在发展轨迹或者发展方向上有以下特点：(1)优先在海岸带、农业自然资源带、流域、景观、保护地等生态敏感脆弱区或拥有更高(更具有)差异性生态价值的区域实施。目前，一些国家和地区已经把城市自然资源综合管理提上议事日程，如澳大利亚南澳大利亚州建立了大都市景观区——绿色阿德莱德景观区。(2)发达国家和发展中国家处于不同的综合阶段。目前，美国、加拿大、澳大利亚、英国等发达国家自然生态方面的数据在GIS技术的运用以及数据本身的数量、质量等方面领先于其他国家和地区，其自然资源综合管理目前已进入综合核算和利益调和的阶段。而发展中国家则还处于挖掘利用现有信息系统数据，亦即仍处于数据信息知识整合的阶段。（3）自然资源综合管理也是一种理念，需渗透到单门类自然资源管理和一些专项工作中，相互促进。自然资源综合管理是一种战略和思维方式，只有在每一门类和每一专题中融入自然资源综合管理理念，才有可能更好地促进自然资源的综合管理。（4）自然资源综合管理具有相对性。任何“综合”都可能存在幅度上的边际效益递减问题，因此，自然资源的综合管理只是自然资源管理制度不断发展过程中的一个阶段。

二、我国国有自然资源资产综合监管法律制度的困境与行动建议

自然资源部成立后，我国国有自然资源资产综合监管似乎已成为题中应有之义。若将上述国际自然资源综合管理研究的全景和所显示的特征作为我国国有自然资源资产综合监管的目标模式和标准，从某种程度上说，我国国有自然资源资产的综合监管法律制度尚存在一些现实困境。

第一，我国国有自然资源资产综合监管的一些特有问题尚有待专门立法。国有自然资源资产综合监管作为生态文明建设的重要问题，已得到政府部门的高度重视。例如，自然资源部专门设置“自然资源综合管理和法治建设”一级项目和“自然资源综合管理重大问题研究”二级项目。但大多数研究者在潜意识里仍将“自然资源资产综合监管”作为一般概念而非专有概念来理解。自然资源资产综合监管特有的跨部门跨机构、权衡取舍功能、生态系统客体、自然资源资产综合监管战略和规划编制、生态系统建模以及遥感人工智能等新技术新方法的创新应用、总体目标框架建设和自下而上决策、弹性适应性灵活性监管、围绕自然资源资产保值增值和提升生态系统服务配置及优化机制等问题，均有待重视，必

要情况下，需专门设置课题深入研究。

第二，我国国有自然资源资产综合监管的研究学科配置和专业训练有待加强，组织方式有待完善。一方面，我国自然资源部门内部的研究者主要以地质、矿产、土地、海洋、法律、经济、测绘以及信息技术等单门类学科背景为主，缺乏生态、数学、统计等学科背景。高校相关专业的研究生教育亦缺乏自然资源资产综合监管方面的专业训练，难以满足自然资源资产综合监管所涉及的多学科融合方面的要求。另一方面，国有自然资源资产综合监管本身即为一个整合的、一体化的问题，然而目前与此相关的研究分散在各个部门，缺乏层次和精细化分工，缺乏起点、过程和终点上的综合，导致各项研究基本属于相互鼓励的“筒仓式”研究。同时，许多大学和科研机构虽具有研究力量和相关成果，但缺乏一种组织体系融合这些科研成果。

第三，我国国有自然资源资产综合监管以软科学研究为主，缺少规范分析方法和工具技能的开发应用。例如，在涉及大量人力、财力、物力、信息、权力等资源配置的政策分析时，缺乏必要的可选替代方案分析、成本收益分析、优先性分析，以及实现自然资源资产终极使命（即自然资源资产保值增值和提供可持续的生态系统服务等）的路径分析等。有时甚至把国有自然资源资产监管中的一些“黑箱”“灰箱”问题按照“白箱”逻辑来处理，导致自然资源资产不能得到有效合理配置。此外，无论是自然资源资产监管还是自然资源资产综合监管均属于复杂管理，不能仅依赖传统经验，更需要管理方法的创新和管理工具的开发。国际上有很多较为通用的自然资源资产综合监管方法和工具，如社会经济评价、累计影响评价、生态系统综合评价、各类生态系统模型、生态状况核算、利益攸关方介入工具、数据信息知识整合平台等。这些方法和工具专门解决人类与自然生态系统的互动问题，跨部门、跨机构的协调问题，或者多元化利益冲突权衡问题，各种监管方案的比较和选择问题等。目前虽然国内学者亦开发了一些自然资源定量化工具，但由于工具开发过程中监管者、社会科学研究人员、经济学家、法学家等参与不足，导致这些工具所考虑的维与度均不够全面，无法近似地反映国有自然资源资产综合监管的复杂性，尚不能有效地应用到综合监管中。

综合国内外自然资源资产综合监管实践，通过借鉴能够全面反映自然资源资产综合监管概念框架的十个要素，可以针对我国国有自然资源资产综合监管的路径和具有指导作用的相关研究工作，提出启动我国国有自然资源资产综合监管战略和规划编制的行动建议，开展国有自然资源资产的相关立法工作。

第一，在国家层面，启动国有自然资源资产综合监管战略框架的试编制工作。在文献研究的基础上，吸收国内外自然资源资产综合监管最佳实践经验，细化和清单化国有自然资源资产综合监管的性质、概念、目标、内容、原则理念、流程、主体和内容以及关系模式、客体、监管手段、绩效评价等要素，试编制国有自然资源资产综合监管战略规划，形成在全国范围内具有指导作用的国有自然资源资产综合监管战略框架和指导手册。同时，选择资料相对丰富的现有生态保护红线区、国家公园或自然保护地等作为生态单元试点，形成国有自然资源资产综合监管规划编制模板。

第二，加快国有自然资源资产综合监管的方法工具箱建设，优化综合监管决策流程。通过整合有一定研究经验和成果的组织机构，集中快速采集和解剖国际上自然资源资产综合监管的各类工具，并将其转换成适合我国国情的工具。通过建立科学、数据信息知识、技术等方面的首席专家或咨询委员会制度，将其纳入监管决策环节并明确责任的方式，确保国有自然资源资产综合监管采用最佳的科学、技术和信息标准。

第三，从国外自然资源信息研究入手，建立各类生态系统概念模型，加强我国国有自然资源资产综合监管研究体系与能力建设。建立生态系统概念模型是进行生态系统综合评估的基础，有助于识别和可视化构成社会生态系统的各种生态系统组件，帮助定义各个组件之间的联系，将环境驱动因素、人类活动、生态相互作用和社会效益联系起来，最终为支持国有自然资源资产综合监管决策提供生态系统环境。同时，按照国有自然资源资产综合监管研究的要求补充相关学科人员，以体系内研究机构为核心，通过合作机制和互联网平台等，融合高校科研机构、国际科研机构等力量，有针对性地进行国有自然资源资产综合监管专业技能培训。此外，总结自然资源资产综合监管的国内外最佳实践经验、方法、工具、流程、公共数据信息清单等，统一国有自然资源资产综合监管标准与制度规范，编制国有自然资源资产综合监管操作指南。

三、我国海洋资源资产综合监管法律制度的发展方向与建议

自 1978 年以来，我国海洋资源监管的条块分割问题虽在一定程度上有所改善，但海洋资源资产综合监管协调体系仍需不断完善。2018 年，中共中央印发的《深化党和国家机构改革方案》强调要以推进“机构职能优化协同高效为着力点，改革机构设置，优化职能配置”。

（一）我国海洋资源资产综合监管法律制度的发展方向

我国海洋资源资产综合监管法律制度的发展方向是把职能相近与业务趋同的部门相对集中起来，以避免因职能交叉而出现重复与多头管理问题，即继续整合优化海洋管理机构及其职能配置，进一步增强跨部门、跨层级、跨行业与跨地区的统筹协调能力。

首先，强化海洋社会治理职能。目前，海洋事务公共性日益突出，社会公众对海洋公共服务的需求也日益增加，但我国海洋公共服务却存在供给方式单一、数量不足与水平较低等诸多问题。尽快构建海洋公共服务供给体系，加强海洋社会治理便成为当务之急。

一方面，政府部门应根据简政放权原则，退出部分管理领域，减少海洋行政审批事项，为海洋社会治理留下足够的发展空间。主要突出以下措施：其一，打破海洋行政性体制安排与行业垄断，如目前中国海事管理机构仍承担着船舶检验与船员培训等职能，这两项职能在性质上并不具有公共产品非排他性与非竞争性这两个显著特征，因此应将这类与海运市场发展不相适应的管理职能尽快剥离出去，通过市场机制来安排运作。其二，政府可将原来由政府承担的一些公共服务职能转移给有关企业与社会组织，如一般性的海损事故搜救与溢油清理可交由有关企事业单位与志愿者来承担，这样既可降低管理成本，又可让广大企业及其从业者享受到改革发展的红利。其三，逐步构建海洋资源管理与资产管理相对分开的体制，因为后者是基于所有者身份所行使的财产权，应侧重通过市场机制发挥其管理作用，以便实现国有资产权益最大化。

另一方面，政府应加强社会引导，提高多方主体参与海洋社会治理的广度与深度。主要突出以下几个方面：其一，政府应依托有关研究机构和高校成立专家咨询委员会，将其作为海洋管理与执法服务的智库，就重大事务决策及应急行动等给予咨询与指导。其二，政府应通过举行听证会等多种形式，让各类社会组织与公众积极参与海洋事务规划与决策，提高海洋公共服务的供给效率。

其次，综合统筹海域与陆域管理，构建陆海协调、人海和谐的海洋空间开发格局。在海陆连接与重叠区域，海洋与陆地的监管分界线一直模糊不清，如海岸带是典型的海洋与陆地重叠区域，该区域既具有国土性质又属于海域范围，既有渔业养殖与捕捞行为，又有港口建设与物流活动以及临港经济与旅游活动，更有生态保护与修复需要，涉及众多海、陆管理主体，但由于各部门法律授权依据与管理目标不尽相同，难免会出现矛盾。因此，要对上述地区及其从业人员实施管理，就要有针对性地加强陆海有关部门的职能协调，构建海陆联动、海河同步的一体化决策和治理体系。[①] 如近海渔民转产转业问题，既是海洋渔业管理部门的重要工作内容，又是人力资源与社会保障部门的职责，需要这两大部门共同合作解决。特别是要完善海岸带一体化管理体制，建立滩涂综合开发试验区，推进海域使用与工程建设管理对接机制建设，合理把握沿海港口与临港经济建设节奏。

（二）关于我国海洋资源资产综合监管法律制度构建的具体建议

下面提出一些关于我国海洋资源资产综合监管法律制度构建的 行动建议，具体以海岸带综合监管与无居民海岛资源综合监管为例。

首先，海岸带综合监管与持续利用。海岸带地区作为融合陆海两类经济模式、生产力内外双向发展的区域，是社会经济地域中的“黄金地带”；但同时，海岸带区域也具有强烈的环境敏感性和生态脆弱性。[②] 如果在开发过程中缺乏合理有效的规划和指导，不注意生态的保护和资源的有序利用，势必会对沿海地区社会经济发展造成负面影响。[③]

第一，将海岸带空间管制分区纳入国土空间规划体系。规划体系改

① 李家彪，杨志峰. 陆海统筹海洋生态环境治理实践与对策[M]. 上海：上海科学技术文献出版社，2021：186.

② 刘大海，管松，邢文秀. 基于陆海统筹的海岸带综合管理：从规划到立法[J]. 中国土地，2019（2）：8-11.

③ 李欣，叶果. 海岸带规划的相关政策保障[J]. 中国土地，2020（3）：25-28.

革后，国土空间规划的分区与用途分类已进行了统一，将包括海域、海岛在内的国土空间纳入统一的框架体系之下，由此实现了设立海岸带空间管制分区政策的初衷。在此情况下，海岸带地区已无必要再单独设立空间管制分区体系。建议以国土空间“双评价”为基础，将原有海岸带空间管制分区纳入国土空间规划的成果中，落实国土空间规划关于三条控制线以及规划分区的有关政策要求。①

第二，建立海岸带生态补偿制度。单纯从空间管制的角度着手，难以从根本上解决海岸带地区长期存在的资源过度开发、环境破坏等问题。建议有关部门制定相关政 策，逐步完善海岸带利益相关方参与制度、多样化的环境保证金制度，建立海岸带生态补偿制度，从而调节资源开发利用过程中的利益关系，改变海岸带地区生态环境公共物品使用及破坏成本较低的现状，促进海岸带地区经济环境协调发展。

其次，无居民海岛资源的保护与有序开发。无居民海岛，是指在我国管辖海域内不作为常住户口居住地的岛屿、岩礁和低潮高地等，无居民海岛不得作为公民户籍登记的地址和企业登记注册的地址。②2018 年 3 月印发的关于《调整海域无居民海岛使用金征收标准》的通知，其附件 2《无居民海岛使用金征收标准》中，根据无居民海岛开发利用项目主导功能定位，把无居民海岛用岛类型分为旅游娱乐用岛、交通运输用岛、工业仓储用岛、渔业用岛、农林牧业用岛、可再生能源用岛、城乡建设用岛、公共服务用岛和国防用岛等 9 类。这些无居民海岛多远离大陆，地貌结构单一，生物多样性较差，与周围海域形成独立且脆弱的海域体系，

① 张云峰，张振克，张静，等. 欧美国家海洋空间规划研究进展[J]. 海洋通报，2013，32（3）：352-360.

② 刘春燕，唐俐. 论无居民海岛使用权的性质[J]. 海南广播电视大学学报，2017，18（4）：105-109.

内部各要素之间相互依存、相互作用、相互制约，共同构成一个不可分割和替代的整体。

第一，健全无居民海岛资源资产相关法律法规。海岛的保护与使用都要在一定的法规指导下才能顺利进行。我国无居民海岛的立法主要有三类：A类是宏观调控的专门立法；B类是特定海岛的单行立法；C类是各法规文件中的分散性立法。A类主要是给出宏观性的指导，指出海岛开发与保护的大方向，需要根据社会的发展态势对法规及时进行调整，明确对无居民海岛开发与保护的细则划分，加大对违法用岛的惩处力度。B类从各地区角度考虑，在总规则下根据区域现状制定而成，是最需要完善的部分。各级人民政府主管部门应立足于辖区内海岛具体情况，在《中华人民共和国海岛保护法》的指导下，制定精细化的具体岛屿开发与保护条例。同时，加强与各基层组织的沟通与合作，避免出现权责交叉与职能冲突。C类法规散布性较广，可以将其收集采纳，整合为一。

第二，遵循“开发中保护，保护中开发”原则，严格限制违法用岛行为[①]。主要突出以下举措：一是规划用岛。对无居民海岛进行区域性划分，政府要对每个区域内的海岛进行资源、价值体系评估，根据评估结果对海岛进行规划，使每个海岛都有清晰的定位，包括什么时候开发、适合什么产业、应该如何保护等内容。二是分而治之。在购岛者提交可开发的无居民海岛使用申请时，政府要根据其申请岛屿的属性对申请材料进行详细研究，或邀请专家进行开发预估，以判断开发措施在促进经济发展的同时对无居民海岛的影响指数，或在众多申请中找出最优方案，政府的审批要遵循主体优势、方案优化、使用科学、生态优先的原则。

① 李方，于姬，付元宾，等．“十三五”期间我国无居民海岛综合管理对策研究[J]. 海洋开发与管理，2016，33（S2）：7-12.

06 第六章

国外海洋治理战略与海洋资源监管法律制度考量

受政治背景、经济发展水平、海洋实践传统、社会历史文化等多重因素影响，世界上不同国家海洋治理战略的选择，以及海洋资源监管的依据、机构或部门、具体内容等，各具特色、不尽相同。20 世纪 80 年代到 20 世纪末，联合国等国际组织和各沿海国家，相继确立并推进实施海洋可持续发展和海洋资源资产综合监管政策。[①]本章将从海洋治理战略、海洋资源监管法律依据、海洋资源监管主体三个层面，分别介绍美、加、英等典型国家的海洋资源监管法律制度，总结其海洋治理实践经验，以供比较参考。

---

① 周剑. 海洋经济发达国家和地区海洋管理体制的比较及经验借鉴[J]. 世界农业，2015（5）：96-100.

第一节　国外海洋治理战略比较

法律是政策的定型化、条文化、规范化，国家战略对于法律制度的选择发挥着指导性作用。海洋治理可被理解为公权力机关透过海洋立法、海洋行政及海域执法等手段来处理海洋事务，并在法律上、组织上、政治上、经济上、社会上以及最终在文化层面上达到海洋环境资源永续利用的目标。

一、美国海洋治理战略

美国是世界上最早提出海洋综合管理概念的国家之一，也是最先尝试建立统一的海洋管理职能部门的国家。美国海洋治理战略的演变，经历了四个阶段。其阶段性特点总结详见表 6-1。

表 6-1　美国海洋治理战略演变及特点[①]

时间	战略	特点
1776—1918 年	以海军建设为主导的“海洋强国”战略	建设强大海军夺取海上霸权，海洋船舰制造业及海洋运输业快速发展，开始注重海洋权益保护，展开近岸海洋探测与海洋生物研究
1918—1945 年	以全球性海洋强国建设为主导的“统治海洋”战略	建设全球性海军，开展与建设海洋海岛产业，开始沿海油气田商业性开采，在世界范围内扩张海洋权益，发展滨海旅游业
1945—1991 年	由海上霸主地位确立的“远洋/遏制战略”	发展海洋经济与现代海洋渔业，提高船舶制造的自动化、现代化程度，大力扩张海洋权益，大力开展海洋科教与海洋环保建设
1991 年至今	以海上安全秩序为主导的可持续发展战略	以强大海军为基础维护海上安全秩序，建设海洋测绘网络，海洋油气业向深海领域发展，提出“巧实力外交”，提升海洋科技水平，以环保建设为核心发展海洋经济

① 范厚明. 国外海洋强国建设经验与中国面临的问题分析[M]. 北京：中国社会科学出版社，2014：51-114.

从美国海洋治理战略的演变来看，其始终注重以强大的海军建设作为海洋强国的保障，同时，科学规划和管理海岛资源的开发，注重保护本国海洋油气资源，以海洋权益的维护作为海洋强国的目标，以海洋环境的保护与海洋科教的发展作为海洋强国的保障。自 1983 年确立两百海里专属经济区以来，美国不断强化海洋治理工作。2000 年，美国国会通过《海洋法》，要求成立完全独立的“美国海洋政策委员会”（the U.S. Commission on Ocean Policy，简称USCOP），其任务是协调美国各部门的海洋治理活动，全面负责美国新世纪海洋政策的制定和实施，作为国家发展海洋的依据。2004 年 9 月 20 日，该委员会完成了《21 世纪海洋蓝图》最终报告，每章附有详细的预算经费。其重点内容及要求总结见表 6-2。

表 6-2　美国《21 世纪海洋蓝图》的重点内容及要求

重点内容	具体要求
政策原则	以生态系统为基础的管理、滚动式管理、多目标使用的管理、海陆与气圈关联性、海洋生物多样性的保存、最佳可行科学与信息、简明易懂的法律与决策、为行动负责、国际责任、永续性、参与式治理、全民守护等
整合管理	建立国家海洋政策架构，设置“海洋委员会”，改善联邦对于各州、领地、部落和地方的协调状况，提高协调效率；强化区域合作、外海治理、联邦海洋及大气总署等事务的整合等
特定议题	保育与复育海岸栖地、降低船舶污染与改进船舶安全、预防外侵物种蔓延、减少海洋漂流垃圾、促进永续渔业、保护海洋哺乳动物及濒危海洋生物、保存珊瑚礁及其群落、设定永续海洋养殖方案、管理海洋能源与矿产资源、防范自然灾害等
经费基金	第一年所需费用预计 15 亿美元，执行后每年需要 39 亿美元经费；设立“海洋政策信托基金”等
科学信息	加强科学研究预算，启动海洋监测与信息搜集，将原始资料梳理转换为有用信息等
知识教育	强化关于海洋的正规与非正规教育，设立“国家级海洋教育办公室”，提升国民的科学与环境知识水平，打造强力而多元的工作团队等

2004 年 12 月，美国总统布什公布《美国海洋行动计划》，对落实美国《21 世纪海洋蓝图》提出整体思路与具体措施。2010 年 7 月，美国总统奥巴马发布《关于海洋、我们的海岸与大湖区管理的行政令》，成立国家海洋委员会。2013 年 4 月 16 日，美国国家海洋委员会发布《国家海洋政策实施计划》。后两份关于海洋治理的行政文件的政策主张总结见表 6-3。

表 6-3　21 世纪美国海洋治理主要行政文件的政策主张

文件名称	政策主张
关于海洋、我们的海岸与大湖区管理的行政令	1.保持、保护和恢复海洋、海岸与大湖区的生物多样性； 2.支持对海洋、海岸与大湖区进行安全、可持续的开发与利用； 3.以科学知识作为海洋、海岸与大湖区事务决策的基础，提高应对环境变化的能力，强调生态系统保护的重要性； 4.制定更完善的近海与海洋空间计划； 5.珍惜和保护美国海洋的社会、文化、娱乐和历史价值
国家海洋政策实施计划	1.鼓励州政府、地方政府参与美国联邦政府的海洋决策，强化涉海部门间的协调，促进联邦政府与各州、部落、地区和地方政府的合作； 2.在促进经济增长的主要任务框架下，提出提高测绘与制图能力，支持众多经济活动发展的具体行动，将促进就业与保护和恢复自然生态系统相关联； 3.强调科学知识与信息的重要性，增强获取并提供资料与信息的能力； 4.针对高素质海洋人才的培养提出详尽可行的实施计划，确保计划涵盖各类学生团体，培养更多高素质人才

二、加拿大海洋治理战略

加拿大是世界上最先实行海洋综合管理的国家之一。为统筹协调海洋资源管理，1997 年加拿大出台新的《海洋法》，规定了全国性海洋管理战略的两个基本原则：其一，永续发展原则，即追求当代人满足其需求但不影响后续世代满足其需求的发展方式；其二，综合管理原则，即河口、海岸及海洋等水体的相关活动应予以综合管理。

加拿大《海洋法》还明确了加拿大的海洋职能机构和海洋战略目标。首先，规定加拿大渔业与海洋部是联邦政府的海洋主管部门。其次，讨论了海洋资源管理前景（a vision for ocean management），指出了海洋资源管理战略（oceans management strategy）的目标。包括但不限于，建立明确的联邦专责机关负责海洋资源管理事务，保护海洋环境、生态系统及其资源，制定一套在经济上可持续及环境上可接受基础上管理海洋资源的纲领，制定一套支撑海洋资源管理的法制架构，强调海洋资源相关的科学与管理的信息，以及主张加拿大对其海洋资源的主权和责任等。

依据目标，加拿大制定了一系列涉海政策和战略性文件，其主要内容总结见表 6-4。

表 6-4　加拿大涉海政策和战略性文件及其主要内容

制定时间	文件名称	主要内容
2002 年	加拿大海洋战略	1. 总体目标是保护当代及后续世世代代加拿大人民的利益，确保健康、安全和繁荣的海洋资源； 2. 政策目标包括了解与保护海洋环境、促进经济可持续发展、确保加拿大在海洋事务中的国际领导力； 3. 重视现代科学知识与传统生态知识； 4. 坚持可持续发展、综合管理、谨慎和预防三项原则； 5. 加强政府各部门间、各级政府间、政府与产业界、与社会公众之间的合作与协调
2005 年	加拿大海洋行动计划	1. 维护加拿大主权与安全，打击过度捕捞，保护公海生物多样性，确保加拿大在海洋事务中的国际领导力； 2. 制定具体的海洋综合管理规划，建立一套推进海洋综合管理的框架； 3. 提出在保护海洋生态系统同时，可持续开发利用、有效保护海洋资源的行动措施，实现经济发展与海洋资源保护的平衡； 4. 发展海洋科学技术，推动科学知识与信息运用，开展生态系统目标选择、经济评估分析等，加强各级地方机构的协调与合作

续表

制定时间	文件名称	主要内容
2005 年	联邦海洋保护区策略	加强自然和社会科学研究、特定海洋保护区的管理，以及为公众提供咨询服务等，以维护加拿大海洋生态系统的健康
2007 年	海洋健康计划	1. 宗旨是了解并保护海洋中最脆弱、最易遭受影响的区域，以实现代际利益、确保海洋健康与繁荣可持续； 2. 总结加拿大海洋环境的现存问题与挑战； 3. 提出从源头上加强预防、加强国际合作、推动综合管理等措施
2009 年	我们的海洋、我们的未来、联邦计划与活动	1. 加深对加拿大与海洋关系的认识与了解； 2. 拟定新时期加拿大海洋治理战略； 3. 促进加拿大海洋经济可持续发展

除上述综合性海洋治理战略外，加拿大政府还在具体领域出台了专门性战略规划，如《加拿大海岸警卫队振兴计划》《加拿大北方战略：我们的北方，我们的遗产，我们的未来》等。为实现国家的海洋战略目标，加拿大政府和相关各方制定了具体措施，包括加强对海洋的研究、加强对海洋环境的保护、保护海洋生物多样性、制定综合管理计划、确保海事和海运安全、振兴海洋产业、增进国际合作、增强公共教育等。①

三、英国海洋治理战略

2009 年以来，英国先后颁布了《海洋和海岸带使用法案》《英国关于海洋政策的声明》和《英格兰综合海岸带管理战略》，建立了海洋空间规划体系并形成了海洋保护区网，表明了英国的海洋与海岸带政策自 1999 年以来有了相当大的发展。自 1999 年以来，英格兰海洋和海岸带管理框架的最显著变化体现在《海洋和海岸带使用法案》（2009）的制定上。英国还成立了海事管理机构，并且对本国的海洋规划框架的发展、海洋许

① 李景光. 国外海洋管理与执法体制[M]. 北京：海洋出版社，2014：26-29.

可制度的创新、海洋保护区网络的构建、由关注更多环境问题的近海渔业与保护局来取代海洋渔业委员会、海岸带使用标准的加强、更好地提供和使用海洋环境数据和信息、海岸带和河口的管理等诸多方面进行了改革。

在海洋管理方面，英国海洋管理组织履行海洋管理职能和开展海洋管理工作的政策依据主要是《英国海洋政策》。2011 年 3 月，英国政府和三个地方政府（北爱尔兰自治政府、苏格兰和威尔士地方协会政府）发表了《英国海洋政策》，为宪章式的政府目标提供了政策统合形式上的补充和加强。《英国海洋政策》共分为四个部分：海洋规划、海洋愿景与规划、海洋保护区等具体领域以及结束语，具体要点见表 6–5。

表 6–5 《英国海洋政策》的内容要点

内容领域	具体要点
海洋规划	1. 目的是使各种海洋活动按计划、有序进行； 2. 负责制定海洋计划的机构是海洋规划管理部门； 3. 英格兰、苏格兰、威尔士、北爱尔兰政府有协调跨边界范围的海洋规划工作的责任
海洋愿景	各种不同和相互冲突的涉海活动得到有效管理，各用海部门和谐用海，实现可持续发展
规划决策原则	合法并与国际承诺相一致、可持续、简便合理和高效、谨慎和预防、前瞻性与灵活性
海洋保护区	2012 年完成具有生态意义的海洋保护区网络建设，包括欧盟制定的特别保护区以及具有国际意义的区域
国家安全	海上活动不应妨碍国家安全利益
海砂	开采应符合可持续发展原则，遵循相关法规和指南
旅游与娱乐	重视与旅游业相关的经济、社会和环境因素，鼓励在不破坏环境的情况下发展旅游业，提高旅游产业的竞争力

第二节 国外海洋资源监管法律依据比较

一、加拿大海洋资源监管法律依据

为适应新的社会和经济发展需要，推进海洋资源可持续发展，加拿大积极推进海洋综合管理，实施新的海洋发展战略，加强海洋生态环境保护。鉴于此，加拿大于 1997 年通过《海洋法》。该法的目的在于，重申海洋对于加拿大的重要意义，赋予该国渔业与海洋部部长法定职权，依据永续发展、整合管理及预防原则，落实整合海洋管理计划。

加拿大《海洋法》共一百零九条，主要包括三个部分：第一部分为“海洋区域”（Maritime Zones），第二部分为“海洋管理战略”（Oceans Management Strategy），第三部分为“渔业与海洋部部长的权力、责任和作用”（Powers, Duties and Functions of the Minister）。

依据加拿大《海洋法》的规定，加拿大渔业与海洋部应建立海洋保护区，以保护和保育重要的水产及海洋哺乳动物栖息地、濒危物种，以及保持具有地方特色的生物多样性。并承诺在其海域建立保护区网络，以与保护环境与文化的目的相符。加拿大依据《海洋法》的规定，建立和管理海洋保护区的步骤如图 6-1。

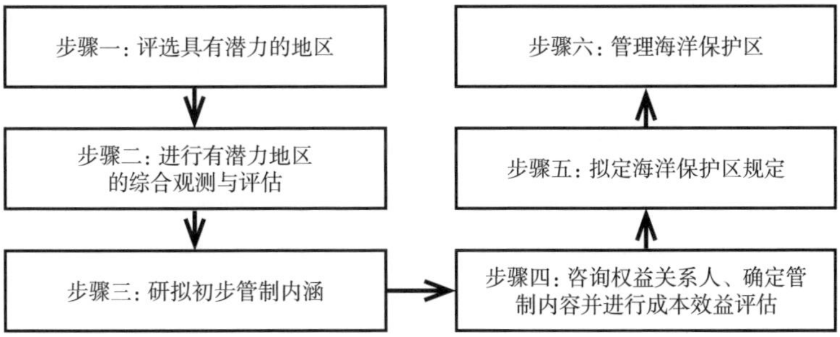

图6-1 加拿大建立和管理海洋保护区步骤图

《海洋法》为加拿大建立了整合性海洋与海岸管理的现代法律架构，由于该法的法律地位高于其他海洋相关的单项法律，被视为加拿大的“海洋宪章”。该法不但确立渔业与海洋部为管理协调全国海洋事务的专责主管部门，统一负责全国的海洋管理工作，而且授予该部部长执行管理海洋渔业的权力，因此，渔业与海洋部长批准的条例与法案均具有法律效力。

目前，加拿大与海洋资源监管相关的规范性法律文件主要包括:《海洋法》《渔业法》《渔业与海洋部法》《国家公园法》《航海法(2001)》《通航水域保护法》《船舶运输法》《环境保护法》《石油与天然气生产及保育法》《国家海洋保护区法》以及《濒危物种法》等。与此同时，加拿大议会协同渔业与海洋部通过了十几部相关法案，包括《沿海渔业保护法》《领海和渔区法》《大西洋渔业管理区规定》《太平洋渔业规定》《沿海渔业管理规定》《200海里专属渔业法》《北冰洋管理法》《大陆架法》《海洋倾废法》《防止油类污染法》等。①此外，加拿大还签署了与海洋资源及产业有关的国际公约和协定，加上各沿海省市自行制定的涉海法律法规，加拿大构建了完整统一的海洋事务法律体系。②

二、澳大利亚海洋资源监管法律依据

澳大利亚历来非常重视海洋资源的开发与管理。从海岸环境管理和渔业资源保护，到海岸综合管理，覆盖整个澳大利亚海域的海洋区域规划，均取得了明显的成就。澳大利亚是世界上几个最先通过区域性海洋规划实施海洋政策的国家之一，并建立了专职的海洋管理职能机构和全

---

① 倪国江，刘洪滨，马吉山. 加拿大海洋创新系统建设及对我国的启示[J]. 科技进步与对策，2012，29(8): 39-42.

② 姚朋. 当代加拿大海洋经济管理、海洋治理及其挑战[J]. 晋阳学刊，2021，249(6): 88-92，101.

国海洋工作协调机制，负责全国海洋管理工作，实行统一海上执法，具体由海岸警备队负责。[①]1989 年，澳大利亚启动《大陆边缘水深制图计划》，编制近海资源图集和大陆边缘的水深地形图，以加速大陆架资源的勘探，满足开发需要。1990 年，澳大利亚制定了《海洋工业发展战略（1990—1994）》，该战略的主要目标之一是为当前和未来海洋资源管理提供构架，并维护其领海和管辖区海洋资源的主权。1992 年 12 月，澳大利亚政府委员会正式批准《国家生态可持续发展战略》。

1998 年，出台《澳大利亚海洋政策》，开始实行海洋综合管理；2006 年，公布《海岸带综合管理国家合作办法框架实施计划》；2007 年，实施《海洋生物区域规划》。其主要目标在于：确保海洋生态系统健康持久发展，保护海洋生物多样性，促进海洋产业的可持续发展，为所有海洋用户提供稳定和长期的安全保障，建设海洋保护区典型系统等。2015 年，澳大利亚海洋产业和科学理事会发布了《澳大利亚海洋研究所 2015—2025 年战略规划》，其核心内容是：加强对亚热带海洋资源的研究，拓展海洋资源利用空间，增强海洋生态系统管理的有效性，加强在区域蓝色经济中的影响力。[②]

澳大利亚在海洋资源的监管方面注重海洋产业发展、海洋环境保护以及海岛保护等。

首先，在海洋产业发展方面，遵循可持续发展原则。[③]澳大利亚于 1997 年和 1998 年分别制定了《海洋产业发展战略》和《海洋科学技术发展规划》，提出了 21 世纪初澳大利亚发展海洋产业的具体措施。《海洋产业

---

① 魏婷，李双建，于保华．世界主要海洋国家海洋资源管理及对我国的借鉴[J]．海洋开发与管理，2012，29（9）：1-5.

② 游锡火．澳大利亚海洋产业发展战略及对中国的启示[J]．未来与发展，2020，44（4）：80-83.

③ 周乐萍．澳大利亚海洋经济发展特性及启示[J]．海洋开发与管理，2021，38（9）：3-8.

发展战略》提出了海洋产业的可持续发展要以保护海洋环境为前提，旨在指导澳大利亚海洋产业调整和改革，使该国海洋产业的许多方面具有世界竞争力。[①]《海洋科学技术发展规划》分析了政府、产业部门、资源管理人员等海洋资源用户的科学技术需求，并将其纳入未来海洋科技发展中。

其次，在海洋环境保护方面，澳大利亚建立了健全完善的生态环境保护体系。自20世纪60年代起，已逐步建立起联邦、州、市三级法律法规体系。1970年出台《环境保护法》。目前，联邦政府出台的与环境保护相关的法律超过50部，包括《国家环境保护委员会法》《环境保护和生物多样性保持法》等综合性立法，《濒危物种保护法》《海洋石油污染法》等专门性立法，《辐射控制法规》《清洁空气法规》等行政法规。地方层面的立法更是多达上百部，如维多利亚州《环境保护法》、南澳大利亚州《海岸保护法》、新南威尔士州《海岸保护法》等，各州涉及海洋环境保护与建设的法规条款细致且可操作性较强。同时，依据社会民众的利益诉求，不断完善法律法规并建立有效的管理机构，设置“环保警察”。[②]

再次，在海岛保护方面，澳大利亚采取海岛专门立法、优先立法的方式，颁布了《劳德哈伍岛法》《诺福克岛保护计划方案》等。1975年，联邦政府颁布了《大堡礁海洋公园法》，首次提出“分区计划”，海洋公园的分区管理对地区的海岸带生态环境、生物多样性的保护起到重要作用。2004年7月1日，《大堡礁海洋公园分区计划》生效，该计划对分区作了详细的描述，规划上采用陆地生态圈的方法，将大堡礁海洋公园分为八个管理区域，其管理目标详见下页表6-6。

---

① 文艳，倪国江. 澳大利亚海洋产业发展战略及对中国的启示[J]. 中国渔业经济，2008，26（1）: 79-82.

② 张亚峰，史会剑，时唯伟，等. 澳大利亚生态环境保护的经验与启示[J]. 环境与可持续发展，2018，43（5）: 23-26.

表 6-6　大堡礁海洋公园分区管理目标[①]

区域名称	管理目标
一般使用区	在为海洋公园提供保护区域的同时也提供合理利用的机会
栖息地保护区	通过保护和管理敏感栖息地，使海洋保护区免于遭受潜在的破坏性活动
河口保护区	为海洋公园在低水位以上的水域提供保护；为联邦政府提供该区域的使用权利；提供与区域的价值一致的设施和利用条件
公园保护区	在为海洋公园提供保护区域的同时也提供合理使用和享受的机会，包括有限的采掘活动
缓冲区	为保护区域的自然完整性和价值提供保障，一般不进行采掘活动；在相对不受干扰的区域允许进行体现海洋公园价值的活动和远洋物种捕捞
科学研究区	为保护海洋公园的自然完整性和价值，一般不进行采掘活动；在未受干扰区域为研究人员提供科学研究的机会
国家海洋公园区	为保护海洋公园的自然完整性和价值，一般不进行采掘活动；在相对未受干扰的区域提供某些活动的机会，包括体现海洋公园价值的活动
保存区	为保护海洋公园的自然完整性和价值，一般不开展人类活动

三、韩国海洋资源监管法律依据

韩国是一个三面环海的半岛国家，其发展离不开海洋。1998 年，韩国启动“海洋牧场计划”。1999 年，韩国发布《21 世纪海洋发展战略》，作为韩国海洋领域的最高综合计划，提出和制定了推进中央政府和地方自治团体各项海洋计划的基本方向，汇总了海洋开发、海洋环境保护、海运、港口、水产等不同的部门计划，制定了有关合理开发、利用和保护海洋的基本方针。《21 世纪海洋发展战略》由一百个具体计划组成，形

① 黄惠冰，胡业翠，张宇龙，等. 澳大利亚海岸带综合管理及其对中国的借鉴[J]. 海洋开发与管理，2021，38（1）: 28-35.

成了七个特定目标，包括创造有生命力的海洋国土、发展以高科技为基础的海洋产业、可持续开发海洋资源等。

韩国高度重视海洋资源管理，目前韩国的涉海法律多达百余部。总体上可以分为：领海和毗连区相关立法，专属经济区相关立法，大陆架相关立法，机构设立相关立法以及涉及海洋、水产、海运物流、海事安全、环境保护、港口等多个领域的其他相关立法。如《渔业法》确立了韩国渔业的基本体制，旨在保护渔业资源。1987 年，韩国制定了《海洋环境保护法》和《防止海洋污染法》，旨在消除海洋污染，保护海洋环境。韩国《海岸带管理法》于 1999 年 9 月正式生效，主要规定了海岸带管理的国家政策、管理边界、国家海岸带管理策略、地方海岸带管理策略与程序、海岸带保护与治理项目、国家与地方海岸带管理委员会以及定期检查与评估海岸带的保护与治理情况等。

进入 21 世纪以来，2002 年 5 月 13 日，韩国制定了《海洋与水产发展基本法》，同年 11 月 20 日制定了《海洋与水产发展基本法施行令》。在制定或修订有关海洋水产的其他法律时，均应符合上述基本法的立法目的与基本理念。韩国《海洋与渔业发展法》于 2009 年 11 月 28 日正式生效，共分为三个章节，其内容要点见表 6-7。

表 6-7　韩国《海洋与渔业发展法》内容要点

章节	名称	内容要点
第一章	一般条款	立法目的：通过制定合理管理、保护、开发与利用海洋及其资源的政策并提供指导，通过强化海洋产业，促进国家经济的发展，为民众创造更多的福祉
第二章	制定海洋与渔业政策和建设促进海洋发展的体系	设立海洋与渔业发展委员会。制定海洋发展基本计划，内容包括：政府的海洋发展基本概念及其推进目标、海洋管理和保护、海洋资源的合理开发与利用、海洋产业的发展、发展渔业与促进海洋环境保护、海洋发展视野的全面与系统推进

续表

章节	名称	内容要点
第三章	海洋发展相关事项等	海洋管理与保护；海洋资源的开发与利用；发展海洋产业；建设海洋与渔业发展的基础与创造所需环境

2018年，韩国政府制定了《海洋空间规划与管理法》，将《沿岸管理法》中海洋功能区划（海洋用途功能）部分纳入《海洋空间规划与管理法》，海洋用途区划分见表6-8。于2019年4月正式实施《海洋空间基本规划》，各沿海城市按照《海洋空间基本规划》与海洋空间管理规划编制指南进行编制并实施海洋空间管理规划。

表6-8 韩国《海洋空间规划与管理法》中海洋用途区的划分①

海洋用途区	含义
渔业活动保护区	适用于开展免许渔业、许可渔业等渔业活动，实现水产品的可持续开发和供给的海域
海砂、矿产资源开发区	供海砂和矿产资源的开发，保障海砂和矿产资源有效、安全供给的海域
能源开发区	进行海洋能源开发及生产的海域
海洋旅游区	开发及维护海洋旅游观光功能的海域
生态环境管理区	开展海洋环境、生态、景观保护与管理的海域
科研教育区	开展海洋水产研究及教育活动的海域
港口与航行区	维护港口功能及船舶安全航行的海域
军事活动区	供国防及军事活动使用的海域
安全管理区	适用于海上基础设施建设、保障海上安全的海域

① 王晶，张志卫，金银焕，等. 韩国《海洋空间规划与管理法》概况及对我国的启示[J]. 海洋开发与管理，2019，36（3）：10-16.

第三节 国外海洋资源监管主体比较

一、美国海洋资源监管主体

美国目前设有高层次海洋事务统筹协调机构、海洋综合管理部门、涉海行业管理部门和海上统一执法部门，统分结合，职责明确。2000年，美国国会成立海洋政策委员会。该委员会设在总统行政办公厅环境质量委员会之下，负责向总统和政府部门领导提供海洋事务相关政策制定和执行方面的咨询和建议，协调联邦各涉海部门的海洋活动，维护政府部门、非政府部门、私营机构、科研机构和公众之间的伙伴关系。为更好地开展工作，海洋政策委员会成立了海洋科学和资源综合管理跨部门委员会、海洋资源综合管理小组委员会两个附属机构 。新海洋政策委员会的成立，充分发挥了美国政府高层的领导和协调作用，并通过其下属机构，指导各级地方政府的海洋管理工作。[①]

2010年7月，美国总统奥巴马签署行政命令，颁布了《关于海洋、我们的海岸与大湖区管理的行政令》。根据该行政命令，美国成立了国家海洋委员会，以提高国家海洋协调机构的权威性和代表性，增强联邦政府统筹协调涉海事务的工作成效。与上届布什政府成立的海洋政策委员会相比，奥巴马政府成立的国家海洋委员会的构成有了较大改变，其成员单位新增了国家海洋和大气管理局、能源和气候变化委员会；国家海洋委员会新设指导委员会，加强科学与管理之间的联系；新设治理协调委员会，协调州、部族和地方政府之间处理相关问题；明确国家海洋委员会及其下设机构负责人各自的职责，强化决策和争端解决程序。此外，原海洋政策委员会的“海洋科学和资源综合管理跨部门委员会”更名

① 石莉. 美国的新海洋管理体制[J]. 海洋信息，2006（3）: 24-26.

为“海洋资源管理跨部门政策委员会”，原海洋政策委员会的“海洋资源综合管理小组委员会”更名为“海洋科技跨部门政策委员会”。[①]

美国联邦政府海洋资源监管主体的主要职责涉及海洋管理统筹协调、海洋综合管理、涉海行业管理、海上统一执法等四个方面，具体涉海部门及其主要职责见表 6-9。

表 6-9 美国涉海部门及其主要职责

种类	部门	主要职责
海洋管理统筹协调	国家海洋委员会	负责制定和执行国家海洋政策等，下设指导委员会作为确保内部重点工作整合与协调的重要平台；下设海洋资源管理跨部门政策委员会与海洋科技跨部门政策委员会，确保国家海洋政策、国家重点目标和其他重点目标的跨部门执行
海洋综合管理	国家海洋和大气管理局	负责海洋、海岸带和大气环境的评价和预报，海洋资源及海域的管理，海图测绘、渔业统计、极地海冰预报、海上溢油应急响应等服务业务，海洋科学研究和教育等。下设国家海洋局、国家海洋渔业局、国家环境卫星数据与信息局、国家气象局、海洋和大气研究办公室、海洋和航空业务办公室等直属机构
涉海行业管理	运输部	负责建立安全的海洋运输系统，确保在战争时期或紧急时期运输货物的能力，推动美国造船和修船能力的发展，管理海上劳务和培训工作，监管船舶海上废物和压舱水处理等
	内政部	负责联邦政府管辖海域油气资源、滨海砂矿等矿产资源的勘探、评价和环境研究，海洋地质调查及海图测绘等
	国务院	负责协调制定与国际海洋问题相关的政策
	国防部	负责监视海洋法和政策的发展趋势等
	能源部	负责支持其职责范围内的海洋研究等
	国家科学基金会	负责支持海洋基础科学研究和教育，支持开展海洋研究所必需的基础设施和装备建设等
	司法部	负责与海洋有关的案件的起诉等

① 钱春泰，裴沛. 美国海洋管理体制及对中国的启示[J]. 美国问题研究，2015（2）：1-21，198.

续表

种类	部门	主要职责
海上统一执法	海岸警卫队	负责搜索与救援等海事安全工作，毒品拦截、移民拦截、防御准备、保障港口和沿海安全等海上治安工作，渔业执法、海洋环境保护、协助导航、海冰事务处理等海洋管理工作

二、俄罗斯海洋资源监管主体

俄罗斯十分重视海洋综合管理与协调机制的建设。其在海洋资源监管方面采用的是政府高层决策和协调、各部门分工负责相结合的综合管理模式，涉及的监管主体包括：联邦总统、联邦议会、联邦政府各相关部门和地方各级政府机构、安全委员会、海洋委员会等，其主要职责见表 6-10。

表 6-10　俄罗斯海洋资源监管主体及其主要职责①

主体名称	主要职责
联邦总统	确定宏观的、优先发展的海洋政策，制定海洋发展规划
联邦议会	根据宪法负责海洋立法，保障国家海洋政策落实
联邦政府	领导涉海部门和海洋委员会落实海洋政策
安全委员会	研究、发现和指出海洋领域潜在的危险，制定联邦在世界海洋的安全战略方针
海洋委员会	协调联邦政府机构、行政主体等之间的活动；分析其他海洋国家对海洋的利用与未来发展；解决本国海洋活动相关问题；完善国际合作立法；维护海洋利益；执行海洋规划；建设军舰和船舶；开发矿物生物资源；发展海洋科技；完善港口设施；扩大船队规模等

俄罗斯联邦政府内部，通过海洋委员会和各相关联邦机构，负责指导和落实国家海洋政策，各相关政府部门根据职责分工承担相关具体任务，详见下页表 6-11。

① 范厚明. 国外海洋强国建设经验与中国面临的问题分析[M]. 北京：中国社会科学出版社，2014：173.

表 6-11 俄罗斯联邦政府相关部门及其主要职责

部门名称	主要职责
自然资源与生态部	负责制定国家有关自然资源与生态管理、保护、开发和利用的政策和法律法规，制定与实施环境保护政策，包括自然保护区与生态评估方面的国家政策和法律法规
农业部	负责制定农业领域的公共政策和法律法规，拟定渔业政策，包括捕捞和水产养殖政策，管理和保护水生生物资源，加工、生产和销售鱼类产品，捕捞船舶管理，研究和保护海洋野生生物资源及其生态环境，预防和降低渔业捕捞区的风险
运输部	负责制定航海、内河领域的国家政策和法律法规，包括海上贸易、渔港等
能源部	负责制定和实施燃料和能源综合领域的国家政策和法律法规，管理该领域的国有资产，包括石油、天然气等
教育与科学部	负责组织海洋科学与技术研究和培养海洋专业技术人才，为海洋与海岸带管理、海洋资源与环境保护、海洋资源开发与利用等提供科技支撑

三、韩国海洋资源监管主体

长期以来，韩国在海洋资源监管方面采用的是行业分割式管理模式。20 世纪 80 年代，韩国开始海洋管理体制改革，设立海洋开发委员会。1996 年，韩国成立海洋与水产部，对全国海洋事务进行综合管理，其部门职责包括制定韩国的海洋战略、负责海洋资源的开发、对海洋事务进行监督和管理等。另外，海洋缉私部分仍由关税厅进行管辖。同年，韩国组建了海洋事务与渔业部，综合协调管理渔业、海上交通运输、船舶安全、海湾和渔港建设等领域，制定宏观的海洋政策，并领导海洋警察厅实施统一海上执法。2008 年，韩国合并海洋水产部和交通部，成立国土海洋部，功能承接了交通部的交通运输规划和政策制定等职能，也包括原海洋水产部的职责。①

① 王江涛，李双建．韩国海洋机构与战略变化及对我国影响浅析[J]. 海洋信息，2012，211(1): 61-64.

2009年7月，韩国修改《海洋与水产发展基本法》，成立海洋与水产发展委员会，替代原来的海洋开发委员会，并由国土海洋部部长担任委员长。2012年12月，韩国再次修改《海洋与水产发展基本法》，对海洋与水产发展委员会的组成与具体职责进行明确规定。根据《海洋与水产发展基本法》规定，委员会主要负责审议：与基本计划有关的事项，与海洋开发等国家目标的设定及制度发展有关的事项，与海洋开发等重要政策的调整有关的事项，与海洋产业的培养和支持有关的事项，与重要海洋环境政策和计划的制定有关的事项，其他法律要求委员会审议的事项和委员长要求审议的事项。①

目前，韩国的海洋资源监管采用的是集中管理与分工负责相结合的模式，政府主管海洋实务的部门是海洋与水产部，其他涉海部门分工合作，具体职责分工见表6-12。

表6-12 韩国海洋资源监管部门及其主要职责

部门名称	主要职责
海洋与水产部	负责拟定和实施国家海洋政策，维护海洋权益与海上安全，推进海洋与海岸带综合管理，发展海运与港口基础设施，保护海洋环境，保护和可持续开发利用海洋资源，发展海洋科学技术等
贸易、产业与能源部	负责海洋能源管理与开发以及涉海产业的发展等
环境部	负责海洋气象观测、陆源污染控制、自然保护等
农业、食品与乡村事务部	负责参与渔业事务管理
土地、基础设施与运输部	负责海上交通安全管理，与船舶运输有关的海洋环境保护，海上治安及海上事故调查等
战略与财政部	负责打击海上走私等

① 李景光. 国外海洋管理与执法体制[M]. 北京：海洋出版社，2014：183.

续表

部门名称	主要职责
法务部	负责海上出入境管理和打击海上偷渡等
科学、信息和通信技术及未来规划部	负责涉及海洋科技的规划与发展
文化、体育与观光部	负责海上旅游管理和海洋文化研究等
外交部	负责涉海对外事务，包括海洋领土与海域划界等

四、印度尼西亚海洋资源监管主体

印度尼西亚海洋资源丰富，20世纪80年代，印度尼西亚开始重视海洋事务，不断强化海洋工作。1999年，印度尼西亚成立海洋勘探部，后改为海洋勘探与渔业部。2000年11月，印度尼西亚成立统一管理海洋事务的海洋与渔业部，其任务是“协助总统管理海洋与渔业”。其职责包括：制定海洋与渔业计划，并督促检查落实；负责管理和实施海洋资源保护计划；制定海洋许可证标准，负责审批和管理海洋许可证；协助解决各省之间的涉海纠纷；开发、保护和管理12海里外的海洋环境与资源；制定海洋边界政策和管理海洋边界；制定岸线和海岛管理标准与法规等。[①]

2007年9月，印度尼西亚成立海洋事务高层协调机构，即国家海洋委员会，它是制定国家海洋政策的磋商机构，负责国家海洋政策与战略的制定和政府涉海事务的协调。主要职责包括：对海洋政策方面的建议与意见进行评估，并向总统提交报告；为统一整合海洋政策和处理涉海事务，与政府和非政府组织等保持密切磋商；督促检查和评价海洋政策

① 周江，刘畅，黄昀. 菲律宾、印度尼西亚、新加坡海洋法律体系研究[M]. 北京：知识产权出版社，2020：167.

与战略的实施情况等。为协调各涉海部门的海洋安全事务，印度尼西亚设立了由国防部、海军和海洋与渔业部等 12 个部门组成的海洋安全协调委员会。

此外，印度尼西亚行政机构中与海洋资源监管有关的主体还有海事统筹部、交通部、能源与矿产资源部等，涉海部门及其主要职责见表 6–13。

表 6–13 印度尼西亚涉海部门及其主要职责

部门名称	主要职责
海事统筹部	负责规划、协调和统筹印度尼西亚的海事政策
能源与矿产资源部	负责制定和实施关乎能源和矿产资源的政策，监督国家级能源与矿产资源相关的技术活动领域的事务等
环境与林业部	负责管理自然资源，保护生态系统，改善环境质量，控制环境污染，减少环境破坏
气象、气候和地球物理局	负责制定气象学、气候学和地球物理学领域的国家政策和一般政策
交通部	负责制定和实施海运政策并实现标准化运作等
国家搜救局	负责协助总统组织搜救领域的政府事务，包括海上航行相关的海上搜救活动等
科技部	负责统筹领导有关海洋科学研究的活动，对自然资源进行分类和建档，协调有关评价和科学技术研究工作等
旅游部	负责海洋旅游资源的管理与旅游业发展等

第四节　国外海洋治理与海洋资源监管经验借鉴

法律效应具有普遍性，对国外海洋治理战略与海洋资源监管依据、监管主体及其职能分工的经验总结，可为我国海洋资源资产监管法律制度提供参考借鉴。

一、制定综合性海洋治理政策

海洋综合治理日益成为各国海洋开发管理的发展趋势，美国、日本等世界海洋强国都建立了较为完善的海洋资源资产综合监管的政策支撑体系。相比之下，目前我国还缺乏统一、完整、清晰的可指导海洋事业各方面协调发展的国家海洋综合治理政策。实施海洋资源资产综合监管，必须制定综合性的海洋治理政策，这既是海洋资源资产综合监管的主要内容之一，也是海洋资源资产综合监管实施的前提和基础。综合性国家海洋治理政策应该是指导海洋事业综合协调发展的国家政策，是综合考虑各种海洋资源资产利用活动的政策，是平衡各种涉海法律的政策，是协调各资源部门行动的政策，是区别于涉海行业政策的海洋治理政策。只有实施综合性海洋治理政策，才能打破我国现存的各自为政的行政体系，站在统筹管理的角度上，国家的海洋事业才可以全面健康发展。因此，从综合、协调的和谐社会发展的理念出发，制定综合性的海洋治理政策，才能更好地提升其效力层次，保障我国海洋资源资产综合监管的顺利开展。

随着现代化治理的提升和海洋经济的发展，世界各国海洋管理体制逐渐发生变化，综合治理成为海洋资源资产监管的主要方式。从管理机构上看，综合性管理机构在行政管理体系中的比重日益提高，被誉为韩国“小国务院”的海洋水产部，设置了负责海洋规划、海洋资源开发、海洋生态保护等的行政机构。从事权划分上看，世界各国海洋综合治理基本上实施中央和地方共同管理的一体化体制，两者事权划分较为明确。例如，美国州政府管理3海里以内的海洋事务，联邦政府则只管理3海里之外的海洋事务。另外，在推进海洋综合治理政策中，日本等国制定了相关的海洋基本计划、规划，突出国家海洋战略目标，并且制定了区域或地方海洋事业发展计划、规划，提出了区域特色、自主发展带动全局整体发展的任务。在对外海洋事务管理中，沿海各国均加强了与周边国家的合作，一方面为共同开发利用海洋油气资源、渔业资源等创造有利的条件，另一方面也为和平解决双方有关海洋权益的争议打下基础。

二、完善海洋资源资产综合监管法律体系

海洋资源资产法律法规是海洋资源管理中最具权威的政策依据。加强海洋资源法治建设是促进海洋资源资产综合监管法律制度形成与完善的重要条件。在《联合国海洋法公约》颁布后，世界各国在不断完善本国海洋基本法的同时，制定了一系列海洋资源资产监管的法律法规，用以规范专属经济区等海洋的开发利用、规制破坏海洋生态环境和打击侵害国家海洋权益的行为。因此，尽早制定海洋基本法一方面可以规范海洋资源监管行为、赋予海洋资源资产综合监管机构合法的法律地位，另一方面也为海洋集中执法打下立法基础、为海洋集中执法有法可依创造先决条件。

要加强海洋资源资产开发的协调与监管，首先，要加强海洋资源资产监管的立法工作，逐步建立国家海洋资源资产的法律体系。即在现有单项涉海法规的基础上，不断完善和充实这一法规系统，制定一部海洋资源资产综合监管根本法，理顺海洋各行业主管部门与国家海洋资源监

管部门之间的关系，协调各部门的管理工作。其次，还要注重加强地方相关法律的修订，不少新的中央立法是需要地方立法相配套的，如落实实施法律所需要的经费来源，配置相应的机构、人员和提供其他支持等。近年来国家新颁布和修改了许多相关法律法规，如《中华人民共和国海域使用管理法》《中华人民共和国渔业法》等，但地方立法的严重滞后，使得国家立法由于缺乏具体实施办法和配套措施而无法推行，有的地方立法已经非常陈旧却仍在使用，造成法律适用上存在很多问题，因此需要根据当地的实际情况，加强单项海洋资源资产相关立法。最后，中央与地方、中央各部门之间要加强立法协调和资源共享，建立系统化的行业专项法律法规和互补性的区域性、地方性法律法规，为海洋资源资产综合监管提供全面的法律保障。

三、建立体系化的统筹协调机构

海洋资源资产开发与保护、海洋防卫与外交、海洋法律与制度等，往往分散在几个甚至十几个政府管理部门。同时，海洋资源资产的使用也可能涉及多个行政区域，各个国家都会面临区域协调的问题。区域协调机制的关键在于要有实效，不能流于形式。因此，不少国家尝试建立海洋事务高层协调机构，进行统筹管理。美国设立了国家海洋委员会，建立了较为完善的海洋资源管理体系，由国家海洋委员会负责协调各个政府职能部门的涉海工作。在业务分工方面，个别国家专门设立的海洋集中管理部门和其他行政部门之间亦会出现一定的业务重合或职能冲突。韩国的海洋水产部就因设立时与其他部门存在未能完成移交的事宜等问题，导致部门之间的职能冲突不断，业务分工不明确。另外，地方海洋资源资产监管部门尚无专门的综合协调机构，其职能部门之间的工作也需要一个组织协调的机构来完成。

由于管理海洋资源资产的单位分属不同的主管部门或不同的地方政府，各方出发点不同、利益交叉，造成很多矛盾。各类资源和各地区资源的开发不能协调一致，是当前海洋资源资产开发与监管中一个需要解决的突出问题。如不及时有计划地进行综合开发，有引起用海秩序混乱，甚至引发社会不稳定因素的隐患。因此，在中央层面建立高层次的海洋协调决策机构，在地方层面放开一定海域的管理权限（如美国沿海各州的自主管理权），由地方政府协调地方海洋资源资产综合监管工作，从而形成中央到地方的集中管理协调体系和同一层级政府机构的融合协调决策体系。在沿海各地省政府下设一个有权威的省级统筹协调机构，这种机构应是非常设的，由有关政府部门甚至沿海地方领导所组成，工作方式灵活，主要用以协调全省的海洋资源资产开发活动，保证海洋资源资产的开发得以有序进行，并使各方利益均衡，使海域使用者的合法权益得到有效保护。此外，还可在其下设立一个专项基金，立项进行一些为海洋经济发展提供基础资料的前期工作。

07 第七章

我国海洋资源资产综合监管的目标体系与实践

道格拉斯·诺思提出，新制度规范产生的需求在于，现有制度规范中对于人们权利义务和生产经营活动的规定，已经无法满足社会发展与人们生活水平提升的需求。[①]对我国海洋资源资产现有监管依据与监管机构演变脉络进行梳理，认清海洋资源资产监管改革趋势及其监管目标体系，并对资源资产有效监管的决策效用和综合监管的期望效用进行分析，是海洋资源资产监管法律制度规范构造的前提。

① 杨德才．新制度经济学[M]．北京：中国人民大学出版社，2019：234-260.

第一节 国有自然资源资产监管的大部制改革

2018 年自然资源部的组建是我国国有自然资源资产监管大部制改革稳步推进的重要成果。这一改革以促进各类国有自然资源资产综合治理与系统保护为目标，着力解决国有自然资源资产监管过程中所有者虚置、收益配置不均等现实问题。然而，由于监管依据与监管机构的分散化，国有自然资源资产监管的大部制改革在具体运行方面，尚存在监管目标差异化等制度困境。我国海洋资源资产综合监管的目标模式应是在落实中央要求、遵守法律法规、尊重我国海洋资源资产监管现实基础上，吸收国际自然资源综合管理经验的框架设计，以促进生态文明法治理论的实现。[①]

一、大部制改革跨度下综合监管的目标体系

党的十八届三中全会作出全面深化改革的重要部署，在生态文明领域提出了健全国家自然资源资产监管体制的目标。2018 年自然资源部的组建，标志着我国国有自然资源资产监管机构开始实行集中统一的综合化设置。在大部制改革背景下，国有自然资源资产综合监管法律制度的体系结构，应是国有自然资源资产监管法律法规、资源资产监管相关配套制度等多个要素的有机组合（见下页图 7-1）。其目标功能是通过产权的清晰界定，实现国有自然资源资产所有权向私法意义上资源资产使用权的转化，促进国有自然资源资产的合理利用与保值增值，综合考量“法律理性”“经济理性”与“生态理性”，以期在维护公平交易的同时，实现生态正义。

① 吕忠梅. 习近平法治思想的生态文明法治理论[J]. 中国法学，2021（1）: 48-64.

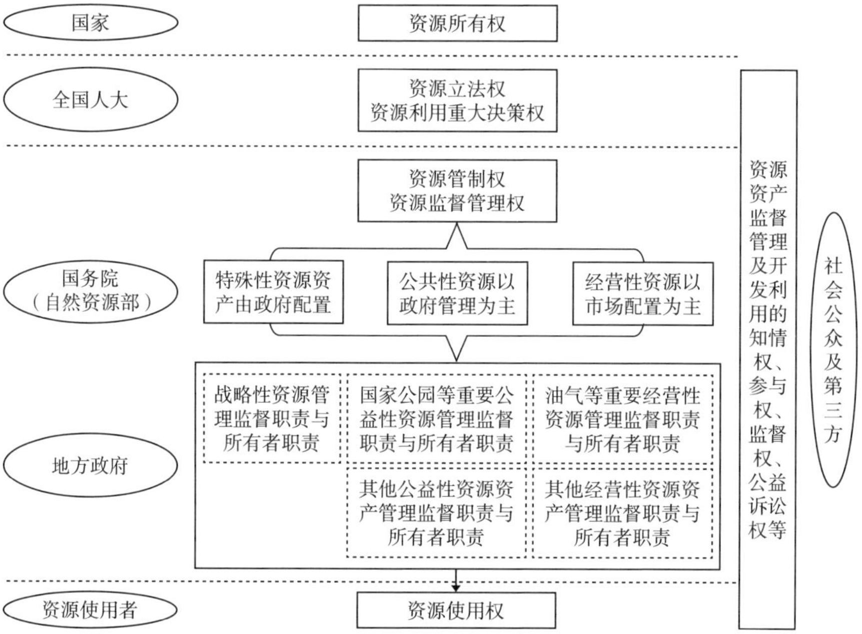

图7-1　国有自然资源资产综合监管法律制度的体系结构

基于此，在大部制改革背景下，国有自然资源资产综合监管应以过程导向、多方参与、资产增值以及技术创新为实现目标。（1）过程导向（process-oriented）。国有自然资源资产综合监管通过关注影响某地区内自然资源的可获得性及自然资源资产利用的基本过程，而非仅仅关注单一因素或商品，产生适用于其他地点和空间尺度的结构和知识。以国有自然资源资产参与市场交易的过程为导向进行综合监管，也使得资源管理人员能够更好地从全局预测自然资源的生态系统和基本种群将如何受到变化和各种扰动的影响。（2）多个利益攸关方参与（multiple participation）。国有自然资源资产综合监管因解决的问题不同而涉及不同的利益攸关方。综合监管制度要想实现有效运作，面临着三个方面的挑战：一是如何促进可行、利于和解和被视为合法的有弹性的机制的构建；二是如何协调地方、国家和全球等不同主体的竞争利益；三是如何容纳利益攸关方更多地参与自然资源监管活动。有一条共同主线可贯穿上述三方面挑战，即通过赋予社会公众监督权利（力），建立强有力的组织机构，使其有信心和技能在管理自身所赖以生存的自然资源资产方面发挥积极作用。（3）实现自然资源资产保值增值（assets accretion）。国有自然资源资产综合监管关注生态环境和社会经济的市场阶段性过程，集中考量国有自然资源资产作为市场经济发展过程中的重要物质要素，与社会资本、人力资本等要素的交互作用，促进自然资源资产的保值增值。（4）技术创新（technical innovation）。通过利用信息技术和参与性技术等，开发诸如加强生态系统适应能力、在多维度上开展工作以及平衡多个利益攸关方需求的新方法。技术进步正推动模拟技术及其他类型模型的开发，这将有利于国有自然资源资产综合监管法律制度的实施。模型开发代表了在解决复杂系统问题方面的能力突破，将有利于了解自然资源生态系统中发生变化的机制，并提高预测不同监管方案可能产生的各种后果的能力。

国有自然资源资产综合监管可通过如下方式进行多目标兼容和取舍：

（1）拓展和细化目标“维”。根据所针对的自然地理区域（生态区等）和所涉及主体的不同，随着人类对自然的认识的不断深化和技术的进步，这种目标已从环境、经济和社会拓展到了资源、政治、文化、军事等越来越多的领域，既表现出自然资源维度可扩展的一面，也表现出自然资源提供的服务从物质向精神、从有形向无形转型的一面。

（2）目标“度”的具体化和细化。国有自然资源资产综合监管通过对所管理客体的认识，对各维度的目标进行进一步的具体化和细化。例如，生态系统的完整性，可以具体分为生态系统结构、组成、过程和连通性，可以根据景观、外来压力源、植被结构、规模等分为不同等级的生态完整性，进而给目标画上“刻度”，这个刻度既可以衡量目标，也间接指出了实现目标的方向。

（3）提出权衡各类目标的管理工具。兼容政治、环境、经济、社会、文化等多元化目标的理念早已被各方接受，但当一种自然资源规划或管理方案的各类目标存在冲突时，采用何种管理技术进行权衡是国有自然资源资产综合监管要解决的核心问题。从综合监管的特征看，其采用的是多种工具，最重要的是采用生态系统综合评价或自然资源资产价值核算方面的工具，以比较不同情景所产生的生态效益与经济效益。

二、不同监管部门的目标差异与利益博弈

在国有自然资源资产监管过程中，不同监管部门由于各自职权范围的不同，不论在同一层级不同部门之间，抑或不同层级的监管部门之间，均存在监管目标的差异化，主要体现为不同利益之间的博弈。利益博弈基于利益的让渡与对价，“对价”是英美契约法的核心概念，“无对价不契约”是英美法的古老谚语。而利益让渡则是基于自然人与国家达成的协议，即社会契约。“国家是某一社会群体为维护自身的生存与发展，协商出让各自的部分利益，进而人为形成的抽象体，并非自然界的原生产物。”[①]霍布斯指出，各自然人所拥有的自然力量或权势一旦从各自然人转移到主权者处，便离开自然状态，形成共同体权力。人们自愿放弃部分私人利益给共同体，利用共同体的优势以换取其对更重要利益的保护和获取未来好处。[②]洛克认为，统治者给予的对价是基于国家利益的政治性权力或国家权力，是为了保护私人利益而行使的一种只为公共利益存

① 秦前红. 新宪法学[M]. 武汉：武汉大学出版社，2005：84.

② 苏宇. 权力概念的变迁与反思[J]. 北大法律评论，2018（1）：88-119.

在的权力。关于权益的制度是根据社会发展与社会主体需要、个人理性与集体理性，通过自利判断与利益让渡，而实现的权力（利）制度设计与利益保护。有对价才有契约，利益让渡基于一个重要前提，即国家能为自然人提供合理的信赖保护，而国家给予利益的对价也正基于此。

国有自然资源资产监管目标的差异化，即不同监管部门之间的利益博弈具体体现在如下两个方面：

其一，同一层级不同监管部门基于各自的部门利益，对国有自然资源资产的监管目标有所差异。对于同一类国有自然资源资产，其整个开发利用与保护管理进程中，往往涉及多个监管部门。在具体履行规划职责或行使监管权力时，由于监管目标与监管重点的多样化，各个监管部门所代表的部门利益不同，造成职权重叠或监管漏洞，进而导致国有自然资源资产的开发利用活动陷入僵局。2018 年自然资源部的组建，使得目标差异化的状况有了很大程度的改善，为上述同一层级不同监管部门之间利益的均衡提供了思路指引。然而，从实施效果来看，问题的解决仅停留在价值引导层面，统一资源资产的监管目标，尚未从实质上解决不同监管部门的职权重叠问题。这就要求自然资源部对不同种类自然资源资产的特性以及彼此之间的联系与影响有更为透彻的了解，并从国有自然资源资产的整体性及其综合监管的协调性的角度，在更高的层级实现各个监管部门利益与监管目标的统筹协调，以促进国有自然资源资产综合效用的最大化。

其二，不同层级监管部门之间监管目标的差异化，主要表现为中央政府与地方政府之间的利益博弈。作为自然资源资产的产权主体，要切实履行所有权权能，提高市场配置与监管效率，国家须将其委托于中央政府，由国务院代表国家行使所有权。由于自然生态系统的复杂性与国有自然资源资产的多样性，国务院各部委和地方人民政府又成为中央政府的代理人。而后地方人民政府再次委托授权给其他部门或组织，代理行使其监督管理的权利（力）。经过多层政府部门的委托代理，国有自然资源资产监管的权利（力）行使，形成了一种相互交叉而又繁杂重叠的委托代理关系（见图 7–2）。其中，箭头指向的方向即自上而下的委托授权，最终往往造成无法确定具体代理人的情形。同时，不同监管环节的权利（力）代理人，在对国有自然资源资产实施监管行为时，其行动准则一般为自身利益的最大化，其目标与委托人初衷背道而驰的可能性很大，从而产生短期代理人的机会主义个人行为。以煤炭资源为例，中央政府的监管目标系全局战略性目标，以可持续发展与代际公平为重点；而地方政府的监管目标往往是短期区域性目标，以区域发展与经济利润为重点，忽视国有自然资源资产开发利用的可持续性，单纯追求其地方收入的经济效益，较易产生“公地悲剧”。

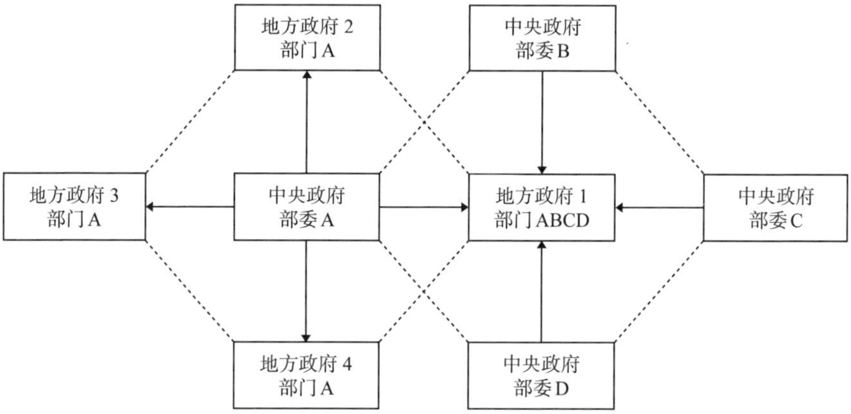

图7–2　国有自然资源资产职权行使的委托代理关系图

需要注意的是，中央政府与地方政府之间监管目标的差异化，还可能导致以下两个困境：

（1）对于国有自然资源资产的监管，中央政府部门和地方政府部门职权范围的界定尚不明确，监管的具体工作范围划分不清。这会导致部分地区受经济利益驱使而抢权揽权，甚至对重要的自然资源实施垄断；导致资源资产的使用收益分配不当，破坏生态环境的法律后果过轻等。

（2）近年来，中央陆续颁布了多份关于政府机构改革和自然资源资产产权制度改革的规范性文件。如2016年颁布的《关于全民所有自然资源资产有偿使用制度改革的指导意见》，2018年颁布的《深化党和国家机构改革方案》，2019年颁布的《关于统筹推进自然资源资产产权制度改革的指导意见》，2020年颁布的《关于构建更加完善的要素市场化配置体制机制的意见》，2021年颁布的《要素市场化配置综合改革试点总体方案》等。这些规范性文件均具有指导性，但较法律、行政法规、地方性法规、部门规章等而言，法律位阶较低，强制性较弱，且缺乏具体的实施方案，在此指导下，地方的实践措施亦无法真正完全实现中央的制度改革目标。

因此，中央与地方之间自然资源资产的监管权限、利益分配应清晰明确，具体工作事项应分工明了，使得无论同一层级不同机构之间抑或不同层级监管机构之间，国有自然资源资产的监管目标保持一致，才能贯彻好、落实好国有自然资源资产监管的各项政策与机制。

第二节 我国海洋资源资产产权“权利束”的构成

科斯提出：“权利之厘定是市场交易之前提要件。”①海洋资源资产的“权利束”构成，即海洋资源资产所有权及经由所有权权能分离理论，派生出的海洋资源资产使用权与海洋资源资产共治权，三者既存在整体效用，又留有各自的功能价值。

一、海洋资源资产“权利束”的逻辑证成

于海洋资源资产而言，法律规定的“国家所有”或“集体所有”不能简单地认为是国家或集体通过对海洋资源资产的间接占有与监督管理获取经营利益，而应理解为国家或集体在充分发挥市场决定性作用的基础上，通过规定海洋资源资产使用权的限制性共享和共治权的多元主体共治，来确保社会成员持续性共有海洋资源资产，促进海洋资源资产保值增值，以实现社会公共安全。②法律是全民意志的表达，需要通过立法划分海洋资源资产相关主体的权利边界，将海洋资源资产的所有权、使用权、共治权进行分置，完善资源分配、使用以及监督制约制度，形成分权而治且功能整合的产权制度。随着对自然资源资产产权制度研究的深入，海洋资源资产管理的逻辑视角逐步从“控制管理”向“多元共治”转换。③

海洋资源资产产权可以设计为三个层次，即静态的所有权、动态的使用权及管理权。海洋资源资产所有权经由所有权权能分离理论，派生

① Ronald H. Coase. The Federal Communications Commission，2 J.L. & Econ. 1（1959）；转引自简资修. 经济分析作为法律科学[J]. 中国法律评论，2019（2）：106.

② 王旭. 论自然资源国家所有权的宪法规制功能[J]. 中国法学，2013（6）：5-19.

③ 程雪阳. 国有自然资源资产产权行使机制的完善[J]. 法学研究，2018，40（6）：145-160.

出海洋资源资产使用权与海洋资源资产管理权，三者既存在整体效用，又留有各自的功能价值。海洋资源资产所有权是“一束权能的组合”（a bundle of incidents），包含占有、使用、收益以及处分权能，占有权能分为直接占有与间接占有。使用与收益权能，基于海洋资源的公共品性与生态属性，可作扩大化解释，演变为开发、经营、保护与治理权能。其中，海洋资源资产所有权的直接占有、开发与经营权能派生出海洋资源资产使用权，而保护与治理权能派生出海洋资源资产管理权，间接占有与处分权能则由海洋资源资产所有权保留，其“权利束”构成如图 7-3 所示。

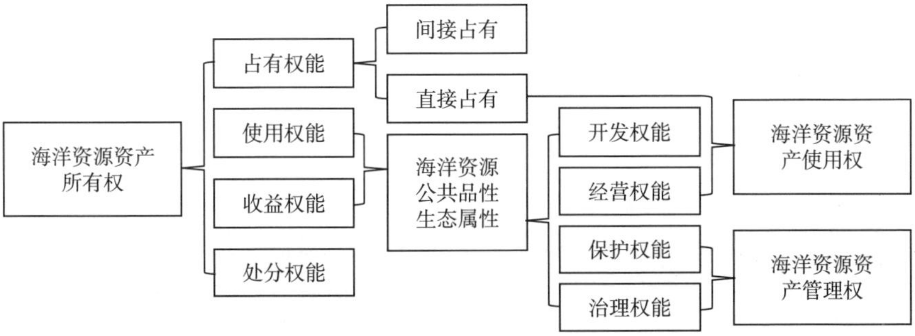

图7-3 海洋资源资产产权“权利束”构成图

（一）所有权归属主体——国家或集体

我国海洋资源资产所有权相关的法律规定主要体现在《中华人民共和国宪法》、《中华人民共和国民法典》“物权编”以及各类海洋资源资产保护单行法律法规中，是海洋资源资产国家所有权的根据与来源。《中华人民共和国宪法》第九条与第十条对自然资源资产所有权归属问题作了原则性规定，即国家所有或集体所有，没有明确规定私人对自然资源资产的所有权；矿藏、水流和城市的土地只能归国家所有，为单一所有权形式；森林、山岭、草原、荒地、滩涂可归国家所有或集体所有，为双项所有权形式。国家所有的价值目标在于保障自然资源资产的可持续发展，其实质是全民所有。[①]集体所有中的占有是一种次级归属形式，民法学界有观点认为它是一种临时所有权，是一种占有人受到直接保护而非占有人的所有权人以及整个社会经济受到间接保护的事实关系。[②]原《中华人民共和国物权法》第四十五条至第四十九条对自然资源资产所有权的归属亦有相关规定。[③]《中华人民共和国民法典》“物权编”第二百四十六条至二百五十一条，基本沿用了原《中华人民共和国物权法》的规定，并新增了无居民海岛的国家所有权。

海洋资源资产的国家所有更多的是基于管理的需要而提出的，国家只是名义上的所有者，仅具有间接占有与处分权能。国家并未创造海洋资源资产，对海洋资源资产特征要素的形成并无直接投入，只是从国家利益乃至人类共同利益的角度保障海洋资源资产价值的持续性，谋求海洋资源资产的商业化利用并将利益分配给相关的权利主体。基于“委托—代理”理论，国家本身乃是一个抽象的概念，只是海洋资源资产的所有者，而非实际使用者，其权利的行使还须通过国家的代表——“政府”，即实现国家权力或权利的具体执行机构。《中华人民共和国宪法》规定，各级人民政府具有管理国家事务与地方事务的权限。[④]在海洋资源

---

① 刘练军. 自然资源国家所有的制度性保障功能[J]. 中国法学，2016（6）：73-92.

② 鲁道夫·萨科，拉法埃莱·卡泰丽娜. 占有论[M]. 贾婉婷译. 北京：中国政法大学出版社，2014：353.

③ 原《中华人民共和国物权法》第四十五条规定：“法律规定属于国家所有的财产，属于国家所有即全民所有”；第四十六条至第四十九条以列举的形式规定了矿藏、水流、海域、森林、山岭、草原、荒地、滩涂等自然资源资产的国家所有权。

④《中华人民共和国宪法》第八十九条规定了国务院在管理国家事务、管理经济和文化事业以及管理社会事务中的职权；第一百零七条规定了地方各级人民政府管理本行政区域内的经济、教育、科学、文化、卫生、体育事业、城乡建设事业和财政、民政、公安、民族事务、司法行政、监察、计划生育等行政工作的职权。

资产所有权的具体实现上，权利的代表行使者是国务院[①]以及地方“各级人民政府”，而非“各级人民代表大会”。国家的权力（利）的行使能否得到有效保障，直接取决于各级人民政府工作效能的高低。

（二）使用权享有主体——市场主体

权利可分为一个人自己的和一个人配得的，亦即“对物权”和“向物权”，这两种权利等同于洛克所说的“对某物的财产权”（property in）与“指向某物的权利”（right to），前者表示某人自己所有之物，后者表示某人之配得。[②]海洋资源资产则属于“向物权”。根据不同类型海洋资源资产在公共性、生态性、经济性方面的级差，可将海洋资源资产分为生存用、公共用、生态环境用以及经济用海洋资源资产，分别对其设立使用权。其中，前三者均只具有使用价值而不具有市场流通价值，不符合商品的基本属性，统称为非经济用海洋资源资产，其使用权不具有财产权性质，不可让与，不可流通交易。而经济用海洋资源资产是价值与使用价值的统一体，构成商品的基本属性，其使用权亦具有明显的财产权性质，可让与，可参与市场交易。亦有学者将资源资产的使用权分为习惯使用与特许使用，其缘由与此相似。[③]

普遍性是权利主体的重要特征。海洋资源资产使用权的享有主体是特殊主体还是普通主体，须结合权利主体及权利客体的类型进行分析。

① 我国大多自然资源单行法均规定由国务院代表国家行使资源所有权，如《中华人民共和国土地管理法》（2019年8月26日修正）第二条规定国家所有土地的所有权由国务院代表国家行使；《中华人民共和国矿产资源法》（2009年8月27日修正）第三条规定由国务院行使国家对矿产资源的所有权；《中华人民共和国水法》（2016年7月2日修正）第三条规定水资源的所有权由国务院代表国家行使；《中华人民共和国海域使用管理法》（2001年10月27日公布）第三条规定国务院代表国家行使海域所有权。

② 詹姆斯·塔利. 论财产权：约翰·洛克和他的对手[M]. 王涛译. 北京：商务印书馆，2014：94.

③ 王克稳. 自然资源特许使用权之论[J]. 公法研究，2012（1）：1-22.

其一，于非经济用海洋资源资产而言，基于资源特殊性及传统习惯等因素，国家通常维持其作为自然之物的状态，如阳光、空气以及海洋，属于一切人之共有，则应一切人之共用。其二，于经济用海洋资源资产的使用权而言，通常需经行政许可取得，权利人亦需满足一定条件，既包括营利性机构，也包括非营利性机构。这就涉及行政许可机关与被许可人双方主体，而后利益分享（包括货币形式与非货币形式）通常惠及海洋资源资产所有权人，即国家或集体。

综上，通过对海洋资源资产使用权主体及客体类别的考察分析，其权利享有主体范围非常广泛，包括自然人、法人以及国家（政府）在内，凡从事交易活动的一切市场主体，均可成为海洋资源资产使用权的享有者，符合权利主体具有普遍性的要素特征。

（三）共治权行使主体——多元主体

海洋资源资产共治权指多元共治，以实现社会安全，即学界所称的海洋资源资产管理或治理。党和国家机构改革过程中组建的自然资源部，主要基于国家行政管理者的身份行使自然资源资产确权登记、调查评价、开发利用和治理保护等各个环节的监管职能。[①]然而，在实践中，由于海洋资源资产的保护涉及多个部门的管理职责，立法初期通常是按照部门职责甚至是部门内部分工提出法律草案，如《中华人民共和国土地管理法》由原国土资源部负责，《中华人民共和国水法》由水利部负责等。法律草案提出及各层级审议时，虽然都按照立法程序分别征求了社会各界提出的意见，但征求意见的方式和范围都不足以从根本上解决部门利益主导立法导致的问题。多个执法主体分头进行督查（督察），一定程度上使部分企业、地方政府无所适从。而“全民”作为海洋资源资产的共有主

① 中共中央《深化党和国家机构改革方案》（2018年3月21日）。

体，其共同意志亦难以得到有效体现，所有权在行使过程中存在缺位或虚置现象。[①]

因此，海洋资源资产“权利束”的构成须保障“全民”真正成为海洋资源资产的共有者，共同参与治理海洋资源资产，以行使其所有权人的权利，确认社会公众历年来对保护海洋资源与维护生态多样性所做的贡献，实现资源效用最大化。建立政府、市场与社会共同参与的多元治理体系，彻底解决国家所有权主体虚置所产生的问题，实现海洋资源资产属于“国家所有即全民所有”的宪法价值与目的[②]，使海洋资源资产的经济价值、生态价值及社会价值实现有机统一，保障海洋资源资产治理体系的融贯性、系统性与多元性。

二、海洋资源资产“权利束”的制度空间

海洋资源资产的“权利束”，是经济生产量最大化与社会可持续发展等目标功能整合的产物，也是资源经济学视角下，提高资源配置效率、实现资源效益最大化的最优选择。同时为避免“公地悲剧”的发生，海洋资源资产的“权利束”也与共有财产资源的外部效应有直接关系。

（一）社会功能目标整合一致的产物

所有权产生的基础是追求生产量最大化这一社会需求。[③]随着经济社会的高速发展，人类对海洋资源的需求不断增加，海洋资源资产的有限性变得日益突出，实现海洋资源利用的社会平等目标由此也凸显出来。我国海洋资源资产使用权行使中最突出的问题是，在很多情况下，使用主体以不可持续的方式使用海洋资源资产，从而导致海洋资源枯竭和自

① 叶榅平.自然资源国家所有权主体的全民性及实现机制[J].贵州省党校学报，2017（2）：57-62.

② 邓玲.自然资源治理的法理逻辑辨析[J].国土资源情报，2019（5）：3-7.

③ 加藤雅信.“所有权”的诞生[M].郑芙蓉译.北京：法律出版社，2012：70.

然生态环境破坏严重等后果。各资源行业使用目的不同、利益诉求不同，而海洋资源是一个无法截然分开的空间资源整体，若海洋资源资产产权不明晰、资产使用权属不明，必然导致各资源行业之间的矛盾冲突，进而影响到海洋资源资产的可持续开发与利用。生态经济学侧重于维护支持生命的系统和经济活动的自然资本，包括海洋资源，这些必须根据可持续发展的原则进行管理，以防止随着时间的推移出现功能退化。①

（二）提高资源配置效率的优化选择

经济分析中的"效益"是衡量法律规则的重要标准。②海洋资源资产产权制度如何构建才能实现效用最大化，需考量科斯定理与交易成本之概念。科斯定理的精神内涵套用在海洋资源资产产权制度中，即交易成本为零时，无论所有权属于何主体，皆可实现帕累托最优。但此观点完全以经济效率为考量，未考虑分配正义；且交易实践中通常均需成本。交易成本的存在，使得自由协商在现实中难以解决外部效应（或称外部性）所造成的市场失灵，导致资源配置无法达到最适结果。制度的规定将影响交易成本高低，为提高经济效率，海洋资源资产产权制度的目标即通过规定权利归属，尽可能使交易成本降到最低。

综合法学与经济学思维，海洋资源资产的"权利束"可提高资源配置效率之理由有三：

其一，"权利束"的全面性。所有有价值的资源都应有明确的权利主体，因为"无主"即自由准入（open access）的资源容易出现无节制的利用或浪费。由此，"权利束"全面性的意义就在于通过对海洋资源资产相关产权的主体界定与功能配置，使海洋资源资产的市场价值得到有效发挥。

---

① 乔纳森·M. 哈里斯，布瑞恩·罗奇. 环境与自然资源经济学：现代方法[M]. 第三版. 孙星译. 上海：上海财经大学出版社，2017：167.

② 周泽夏. 知识产权法经济分析的理论基础——基于《知识产权法的经济结构》的讨论[J]. 政法论坛，2018，36（4）：168-178.

其二，“权利束”的前瞻性。海洋资源资产所有权、使用权及共治权的合理配置，能够事先平衡多方权利主体权益，促进平等交涉，使得市场主体、社会公众均参与海洋资源资产的市场配置过程，降低因保护产权所产生的执行成本、因争讼所产生的诉讼成本、因举证责任而损失权益的风险等。

其三，“权利束”的排他性，即排除非权利主体对海洋资源资产的利用和对利用资源产生收益的分享。其意义在于将成本和收益内部化，并对使用权与共治权的主体产生积极参与经济活动的有效激励，以提高经济效率。有鉴于此，针对海洋资源资产的全民共有属性，要从根本上避免出现海洋资源资产的自由准入状态或过度开发与滥用，就必须建立排他的、前瞻的、全面界定的海洋资源资产“权利束”制度，从制度上保证海洋资源资产的高效配置和合理利用，实现经济效益与生态效益的最佳配置。

（三）共有财产外部效应的应激反应

在完全竞争的市场条件下，当社会边际成本与私人边际成本相等、社会边际收益与私人边际收益相等时，市场机制能够有效运行并充分发挥作用，实现资源配置的帕累托最优。海洋资源资产作为一种共有财产资源，其集体消费性不可能将每个消费者的消费过程孤立开来，其非竞争性与非排他性使该社会产品在使用过程中存在外部效应，导致资源利用过程中出现外部边际成本（溢出成本）或外部边际收益，市场机制不能发挥其对资源资产的帕累托最优配置作用，出现市场失灵。

当共有财产资源处于自由准入状态时，使用者可以自由进入，从个人理性的角度出发，会根据将自己的费用最小化同时将个人收益最大化的原则利用这种资源。这势必会产生资源滥用的倾向，最终损害社会整体经济福利，在资源无偿使用的情况下表现得尤其突出。针对海洋资源资产开发利用产生的外部效应，人们须寻求“促进海洋资源资产商品化交易”与“保护共有财产资源以利于后续开发”的平衡。资源有效利用的前提是产权的明晰，海洋资源资产的“权利束”通过使全民共有所有权、市场主体共享使用权、社会公众共治治理权来实现海洋资源资产的产权明晰，从而达到资源最有效率之利用，避免“公地悲剧”的发生。

三、我国海洋资源资产所有权“共有”：实现资产保值

所有权是海洋资源资产产权“权利束”的核心。[①]维护海洋资源资产全民所有权，实现海洋资源资产所有权与使用权的分离，是解决海洋资源资产产权不明问题、促进国有资产保值增值的逻辑起点。

（一）关于自然资源资产所有权公私属性争论的反思

学界对自然资源资产所有权的论争不断，学界关于自然资源国家所有权法律属性的论争主要存在“公权说”[②]“双阶构造说”[③]“三层构造说”[④]等，代表观点见表 7-1。

表 7-1　自然资源资产国家所有权法律属性的代表观点

学说	法律属性	代表观点
“公权说”或“行政权力说”	公权力或行政权力	自然资源资产国家所有权主体的全民性、客体的公共性决定了自然资源资产国家所有权的公权力属性，其具体现的是国家主权对自然资源资产权属构成的决定性，体现了我国对国内事务的最高权力及对国内资源的绝对支配权，亦体现一种宪法公权，即“全民”意义上的抽象国家以立法和行政手段“间接干预”资源利用的公权力

① 施志源. 生态文明背景下的自然资源国家所有权研究[M]. 北京：法律出版社，2015：147.

② 王克稳. 自然资源国家所有权的性质反思与制度重构[J]. 中外法学，2019，31（3）：626-647.

③ 叶榅平. 自然资源国家所有权的双重权能结构[J]. 法学研究，2016，38（3）：53-69.

④ 王涌. 自然资源国家所有权三层结构说[J]. 法学研究，2013，35（4）：48-61.

续表

学说	法律属性	代表观点
“双阶构造说”	公权力与私权利	自然资源资产国家所有权蕴含着宪法所有权与民法所有权的双阶构造，既具有一般所有权的共性，又具有显著的特殊性；在内容和效力上表现出双重性的权能结构，既具有私法性的权能，又具有公法性的权能
“三层构造说”	公权力、私权利与义务	自然资源资产国家所有权包含三层结构：一是私法权能，与物权法上的所有权无异；二是公法权能，主要包括国家对于自然资源资产的立法权、管理权与收益分配权；三是宪法义务，国家应当为全体人民的利益行使其私法权能和公法权能

上述关于自然资源资产国家所有权法律属性的观点各有其创新与不足之处。首先，若主张自然资源资产国家所有权“公权说”，则如何将自然资源资产国家所有权过渡到自然资源资产用益物权？自然资源资产用益物权应来源于民法意义上的自然资源资产国家所有权，而非宪法意义上的自然资源资产国家所有权，更不可能来源于“公权力”。

其次，宪法所有权与民法所有权的“双阶构造说”通过确权性规范与授权性规范的划分，提出了宪法意义上国家所有权向民法意义上国家所有权转化的问题，具有一定的启发价值。然而，宪法调整主权国家与公民的关系，民法则是调整平等主体之间关系的法律规范，二者之间的过渡转换，又岂是在部门法中设置“引致规范”条款即可实现的？①

再次，自然资源资产国家所有权“三层构造说”需要澄清的问题体现在：既然认为宪法上的自然资源资产国家所有权包含“私法权能”，那么当宪法规定了自然资源资产国家所有权之后，它在私法关系上可否直接适用？若不可直接适用，该“私法权能”又将如何体现？②

笔者认为，要正确认识与看待自然资源资产国家所有权，包括海洋

① 彭诚信. 自然资源上的权利层次[J]. 法学研究，2013，35（4）：64-66.

② 单平基，彭诚信.“国家所有权”研究的民法学争点[J]. 交大法学，2015（2）：34-58.

资源资产所有权，不能简单将其归结为公权力或者私权利。自然资源资产兼具公法与私法双重属性，国家或集体作为自然资源资产所有权的权利主体，并不影响自然资源资产产权的私权性质，因为“在私权主体上并不排除国家或集体权利的存在”[①]。有学者提出，《中华人民共和国民法典》“物权编”应当从私法规范的角度即采取“客体+特殊行使规则”的方式设置自然资源资产国家所有权的相关规范，以体现其与私法上所有权的差异。[②]必须承认的是，对自然资源资产的权属分配及开发利用秩序的建构，单独依靠宪法或者民法或者自然资源法均不可能完成。因此，应着眼于构建一个有效的海洋资源资产国家所有权与使用权、共治权的衔接机制，在这个机制中，宪法以及民法、行政法、自然资源单行法、公司法等各部门法充分发挥各自的功能与作用，公法与私法相辅相成、相互补充。

（二）海洋资源资产所有权共有的特征与功能

海洋资源资产的国家所有即全民所有，二者在本质上具有一致性与统一性，属于一种特殊的共同共有（common ownership）。[③]海洋资源资产所有权的共有属性，使其具有如下三点特征与功能：

一是权利来源法定。海洋资源资产国家所有即全民所有权是法律创设的权利，其取得不需要公民等其他民事主体的辅助，完全因法律的规定而存在，依据法律的规定实现其权益。《中华人民共和国宪法》、《中华人民共和国民法典》及其“物权编”以及各类自然资源单行法对海洋资源

① 丁丽瑛. 传统知识保护的权利设计与制度构建——以知识产权为中心[M]. 北京：法律出版社，2009：311.

② 房绍坤. 物权法的变革与完善[M]. 北京：北京大学出版社，2019：33.

③ 叶榅平. 自然资源国家所有权主体的理论诠释与制度建构[J]. 法学评论，2017，35（5）：146-154.

资产国家所有权的相关法律规定，均是海洋资源资产国家所有权的法定根据与来源。

二是权利客体整合。海洋资源资产所有权的权利客体即海洋资源资产，以全民共有的国家界限为范围，属于国家整体生态系统，不同种类海洋资源位处同一生态圈，经常出现交叉。例如，基于黄海海域的社会经济属性，海域内水流相互贯通，人类对海洋资源的开发利用活动影响着海域内的各类动植物资源，海域内多种海洋资源资产均属于整个生态系统板块。该类海洋资源资产所有权可采取统一的共有规制措施，视为基于权利客体整合而构成的相互作用、相互联系的有机整体。

三是保值功能强化。波斯纳提出，为节省交易成本，应将权利赋予对权利评价最高的一方，即交由最珍视该权利的人。①海洋资源资产的所有权交由最珍视权利的全民共同享有，方能实现促进海洋资源资产保值的功能。由于海洋资源资产分布不集中，种类众多，且处于不断地流动中，某一资产可能会有多个主体提出权利要求。因此，以国家即全民作为海洋资源资产所有权的权利主体，权属明晰，可消除不必要的纷争与冲突。同时全民作为共有财产的所有权人，主动参与社会共治，共同保护海洋资源资产的持续利用，能够强化资产保值功能，防止海洋资源性资产向外流失，损害国家利益。

四、我国海洋资源资产使用权“共享”：促进商品增值

共享（commons）包括“开放式共享”（open-access commons）与“限

① 理查德·A. 波斯纳. 法律的经济分析[M]. 蒋兆康译. 北京：法律出版社，2012：52.

制式共享”（limited-access commons）。[①]共享资源存在的原因是有高额的制度费用，若制度费用远高于资源财产化的社会利益，则资源维持共享状态，在追求合理利用价值的同时，兼顾资源的生态价值，促进海洋资源资产作为交易商品时的市场价值增值。[②]

（一）海洋资源资产使用权共享的主体与权能种类

使用权是指不变更物的性质而按物的用途对物加以利用的权利。[③]海洋资源资产使用权，又称“海洋资源资产使用经营权”“海洋资源利用权”“海洋资源资产利用权”等，其内涵有广义与狭义之分，区别在于是否囊括集体所有海洋资源资产的使用权。笔者认为，应对海洋资源资产使用权作扩大化解释，包括承包经营权等集体所有海洋资源资产的使用权在内，一切对海洋资源资产展开的使用形式如开发、利用、取得、经营等，均属于其规制范畴。

海洋资源资产使用权的权能种类依据使用权类别的不同而有所区分。根据使用对象不同，海洋资源资产使用权可划分为两个类别：一是非获取型海洋资源资产使用权，或称资源载体使用权，如养殖权等，主要以满足人类生产生活需要为主，以使用与收益权能为核心。二是获取型海洋资源资产使用权，或称资源产品取得权，[④]如捕捞权等，通常由客体剥离而直接占有甚至取得所有权，以处分与经营权能为核心，且通常基于

---

① 开放式共享资源如公海，不是私有财产权之客体，因为任何利用者均无权排除任何其他人，目前的利用者也无法以法律行为将其既有利用方式移转给第三人。限制式共享资源，如只有特定村民或会员可以使用的草原、沙滩，则有特殊的财产权结构：内部人（村民、会员）对外部人（路人甲、乙）有排他效力，卡罗尔·罗斯则将其描述为“对外的财产权”（property on the outside），但内部人员无法彼此排斥，所以对内共享。

② 张永健. 物权法之经济分析：所有权[M]. 北京：北京大学出版社，2019：54.

③ 刘智慧. 占有制度原理[M]. 北京：中国人民大学出版社，2007：73.

④ 王洪亮. 自然资源物权法律制度研究[M]. 北京：清华大学出版社，2017：64.

行政许可而产生，故有学者将之称为特许物权。[①]

（二）海洋资源资产使用权共享的法律限制

海洋资源资产使用权属于限制式共享而非开放式共享。为求得生态环境的休养生息，海洋资源资产使用权在时间、空间、方式等领域的自由行使受到严格限制，往往高于法定标准。[②]该类限制亟待由政策向法律转化，以维护经济价值与生态价值之间的利益平衡，防止海洋资源资产的过度商业化，促进海洋资源资产增值。

第一，海洋资源资产使用权的转让权能受限。该类限制主要见于相关行政管理法规中。海洋资源资产使用权的取得与行使，一般需经过特定的法律程序，相关权利人亦需满足特定的条件要求，经由行政许可或行政审批，方能获得海洋资源资产使用权。且在使用过程中，应遵循经济规律与自然规律，不得随意改变管制用途，且转让权能亦受到严格限制。海洋资源资产的使用权以禁止转让为原则，以允许转让为例外，且允许转让的使用权须得到行政许可机关批准方能转让，否则将由行政机关给予处理处罚。例如，《中华人民共和国行政许可法》第八十条有类似规定。

第二，海洋资源资产使用权常附随特定义务。海洋资源资产的合法使用虽具有排他性，但也会给某些类型的公共利益带来一定程度的损害，如造成环境的污染或资源的减少、增加附近公共基础设施的负担、损害公众对资源的一般利用等。因此，权利人在享有海洋资源资产合法使用权的同时，还应依法或者依协议承担一定的附随义务。在立法层面，该类限制主要见于《中华人民共和国农业法》等海洋资源资产单行法中，主

① 崔建远. 准物权研究[M]. 北京：法律出版社，2012：25.

② 潘佳. 自然资源使用权限制的法规范属性辨析[J]. 政治与法律，2019（6）：132-140.

要立足于生态价值，以原则性规定为主，如“保护自然环境，维护生态平衡和合理利用”以及“禁渔期”等。此外，也有少数资源使用的具体性规定，如对湿地资源的开发利用活动以不破坏物种多样性为前提，且不能低于湿地资源的最低保护水位。在行政层面，具体确定海洋资源资产使用权人时，政府部门需结合使用权人的实际情况，在合法裁量权限范围内，以签订合同的方式，对使用权人开发利用海洋资源资产的活动规定附随的特定义务，如缴纳补偿费或环境污染治理保证金义务等。[①]

需要注意的是，政府如果基于海洋资源资产所有者代表或者公共利益代表身份，为实现环境质量改善的目标，对海洋资源资产的使用进行长期的过度限制，从而影响了海洋资源资产使用权人的基本生产生活或者预期直接经济收益，应当对其进行适当的补偿。海洋资源资产使用权法律限制的启动，既可由政府依法实施，也可由海洋资源资产使用权人主动提出，但均应通过独立的第三方进行审查核实，以确定具体的补偿数额。补偿数额的认定需综合权衡发展机会成本与因限制产生的良好生态效益的关系。在注重生态保护价值的同时，亦不能削弱市场主体参加经济活动与市场交易的积极性。

五、我国海洋资源资产共治权“共治”：维护社会安全

海洋资源资产共治权（governance power），即学界所称的“海洋资源资产管理权”。治理与管理相辅相成，又相互区分，“管理”更注重追求实现目标时会做什么以及为实现目标而采取的方法和行动；而“治理”更注重决策主体、相关责任主体以及决策方法和权力。[②]“管理”偏重于“控

① 肖泽晟. 论公共资源特许使用权转让之限制[J]. 苏州大学学报（哲学社会科学版），2018，39（1）：48-55.

② 格拉齐亚 · 博瑞尼-费耶阿本德，奈杰尔 · 达德利，蒂尔曼 · 耶塔，等. IUCN自然保护地治理——从理解到行动[M]. 朱春全，李叶，赵云涛，等译. 北京：中国林业出版社，2016：15.

制”，而笔者所说的“共治”则侧重于“治理”，旨在强调“通过共同治理以实现社会安全的目标”，促进环境资源管理向环境资源治理转变。海洋资源资产共治权目前仍处于探索与发展阶段，多表现为相对软性且具有强制约束力、支配力和影响力的一种聚集社会多元力量的权利。

（一）海洋资源资产共治权的概念与权利本质

就“治理”的英文表述“governance”而论，其源自希腊城邦政务中维系秩序、促进繁荣的部分，可以被用于直接指称负有这一责任的官员。[①]共治权这一术语在美国较为流行，最初由美国首席大法官约翰·马歇尔（John Marshall）提出。[②]据吉尔曼（Gillman，1993）考证，共治权的表述在19世纪初已见诸美国各州法院的判决中。[③]

首先，共治权是一个变化的概念，随着社会生活的变化而不断发展和完善。毋庸置疑，在各个国家或地区特定的历史时期和特定领域，每一个定义均有其合理性。综合考虑前人的结论与我国社会生活的现状，共治权的概念命题应当涵摄共同治理的经验现实，体现出生成、简化、还原的规范逻辑过程；应以权利本质为基础，涵盖主体的经济利益与精神利益，体现权利规范的共同性。[④]因而，海洋资源资产共治权概念的界定须以权利本质与功能等构成要素为基点进行分析论证，至于其行使主体，前文已论及，此处不再赘述。

其次，就权利本质而言，海洋资源资产共治权是一种包容性、非排他性的派生权利。一个较为科学的制度概念应当首先反映该制度的本质，

---

① Aristotle. The Politics[M]. tr.，Lord C. University of Chicago Press. 1984：1299al5.

② Columbia Electronic Encyclopedia. 6th Edition[M]. Columbia University Press. 2019：1.

③ Gillman H. The constitution besieged：The rise and demise of Lochner era police powers jurisprudence[M]. Durham：Duke University Press. 1993：65.

④ 李晓安. 论信用的法权性质与权利归属[J]. 法学论坛，2020，35（2）：50-61.

使其能够与其他制度进行明确区分。海洋资源资产共治权概念的界定当然也不例外。我们可以认为，对共治权本质的准确界定是给共治权下定义时最为关键的因素。

“权利”一词包含两个意思，既可以在语句中从客观角度加以使用，即某某是一项权利，还可以从主体角度加以使用，即某个人被认为享有或拥有对某物的一项权利或道德力量。私有财产权被称为排他性权利（exclusive right），所有者将他人从对权利客体的使用以及所有者拥有的任何具体的道德或法律力量中“排除出去”；共有财产权则被称为包容性权利（inclusive right），所有者并未将他人从对权利客体的使用以及对所有者拥有的其他道德或法律力量中“排除出去”。基于海洋资源资产共治权的行使主体为多元主体，且海洋资源资产为全民共有财产资源，其产权是一种共同产权，即集体（产权共同体）中的成员只能以共同、联合或整体的形式对海洋资源资产行使权利，单个所有者拥有的权利不具有排他性，故而海洋资源资产共治权亦是一种包容性而非排他性权利。

海洋资源资产所有权是共治权的基础及权能来源，海洋资源资产共治权的保护权能与治理权能均由海洋资源资产所有权派生而来，依托于所有权而存在，海洋资源资产共治权的本质是一种派生权利而非原生权利。因此，给海洋资源资产共治权下定义时，应当首先体现出共治权作为包容性非排他性派生权利的本质属性。

（二）海洋资源资产共治权的功能转换

随着“简政放权”“共建共治共享”理念的推行，鼓励社会公众参与治理，构建现代治理新格局，提高资源配置效率与公平性已成为重要的命题。海洋资源资产共治权的界定亦应体现由“管理控制资源资产”向“维护社会公共安全”的功能转变。共治权作为一种人类管领、控制物的共同治理权，必然含有主观因素。与政府治理模式相比，共同治理模式能够吸引多方主体参与治理，降低政府的管理成本，使决策更加民主透明，各方利益更好地达到平衡、减少冲突，更能体现公平多方谈判。[①]但是，为实现物尽其用的法律价值，基于利益衡量与价值判断，不能仅仅依据共治权主体的主观状态来确定其是否享有共治权，而应从共治权的社会功能出发，明确共治权的权利内容，这样既不至于无限度扩大共治权制度的适用范围，也可以发挥共治权制度的效用。

综合上述考量，笔者将海洋资源资产共治权定义为：多元主体共同治理海洋资源资产以维护社会安全的包容性派生权利。这一定义考量的基点主要有：首先，“包容性派生权利”旨在强调共治权的本质；其次，从“多元主体”、“共同治理”以及“海洋资源资产”这些要素中可提炼出共治权的构成要件（权利主体、权利内容与权利客体）；“维护社会安全”实际上可以反映出共治权相较于管理权而言，其社会功能由“加强管理控制”向“维护社会安全”的转变。

（三）海洋资源资产共治权的多元共治模式

自然资源资产共治权的权能内容主要包括：资源开发利用许可、资源使用费征收、登记确权、监督检查以及对侵犯国家所有权的处理处罚等。我国现有的自然资源资产治理模式主要有四种：集成管理模式、协同管理模式[②]、垂直治理模式[③]以及统一治理模式，其中多以政府作为自然资源资产治理的宏观调控主体。随着社会治理现代化进程的推进，以

---

① 沈兴兴，曾贤刚．世界自然保护地治理模式发展趋势及启示[J]．世界林业研究，2015，28（5）：44-49.

② 沈惠敏，柯青．知识管理技术与协同技术的融合[J]．科技进步与对策，2013，30（1）：136-139.

③ 邵岚，艾畅．重点国有林区森林资源垂直管理体制刍议[J]．林业经济，2012（8）：76-79.

政府为主导的治理模式显露出诸多问题。从整体结构来看，重经济而轻环保，管理手段与方式单一，直接影响治理效果；从内部结构来看，存在权利（力）交叉、多头管理的现象，导致管理部门之间权责不明、政出多门。[①]有鉴于此，海洋资源资产共治权的模式构造必须赋予社会公众知情权、表达权、参与权、监督权，构建多元共治机制，通过综合治理向社会提供保护生态系统的机会，并使社会持久获益。

共同治理是基于机构的体制和过程，正式和或非正式地在多个角色中共享权威与责任。为保障资源开发利用符合社会公共利益，海洋资源资产共治权的多元共治模式需要完善公众参与和社会组织的制约与监督功能。应赋予社会公众直接参与海洋资源资产开发利用各个环节的权利，而不仅限于通过人民代表行使资源治理的权利。

其一，海洋资源资产开发利用的决策过程应引入公众参与及听证制度，充分听取社会公众对于海洋资源资产合理利用的建议。其二，健全与完善环境公益诉讼制度，允许社会组织对不合理利用资源资产并对环境造成损害的行为提起诉讼。其三，建立和完善资源有偿使用制度，设计差别化的海洋资源资产权利金征收机制，将资源开发利用的外部成本内部化，体现海洋资源资产的所有者权益，保障海洋资源资产开发利用收益中的公平与正义。例如，我们可以借鉴挪威的石油基金、美国阿拉斯加州的永久基金等经验，将海洋资源资产收益设置为公民基金或将其注入社保基金中，使全民共享资源利用收益，维护社会稳定与公共安全。

实施自然资源资产产权制度改革是我国当前推进生态文明体系建设的必然要求。针对当前海洋资源资产产权界定不清、开发与保护矛盾

---

① 王刚，王印红．中国沿海滩涂的环境管理体制及其改革[J]．中国人口·资源与环境，2012，22（12）：13-18.

长期存在、管理体制效能有待提升等挑战，各方亟须注重“共有共享共治”、强调“合理永续利用”、构建“有效交易市场”。海洋资源资产产权的“权利束”，是社会功能目标整合一致的产物，是提高资源配置效率的必然选择，也是共有财产外部效应的应激反应。海洋资源资产产权的功能整合，应以促进海洋资源资产保值为基础，确保海洋资源资产所有权的全民“共有”属性；在实现资源资产商品增值，优化海洋资源资产使用权市场主体“共享”机制的同时，对该类“限制性共享”设置功能受限以及附随义务等权利限制；以维护社会公共安全为抓手，实现海洋资源资产共治权的多元主体“共治”。唯有此种制度安排，才能兼顾经济利益与生态价值，保障海洋资源资产的公平交易与市场化配置，实现从“控制管理”到“多元共治”的转变，塑造“权利束—功能整合”的海洋资源资产产权制度新格局。

第三节　我国涉海部门规章与地方性法规冲突的解决[①]

2015年3月15日，《中华人民共和国立法法》第一次修正，将享有地方立法权的主体由原先49个较大的市增加至323个，其中设区的市有289个、自治州有30个、不设区的地级市有4个。地方立法主体大幅扩容，地方立法的权限范围限定于“城乡建设与管理、环境保护、历史文化保护”等方面。[②]海洋环境作为环境保护及城乡建设与管理的重要组成部分，地方立法主体均享有涉海立法权。伴随着地方立法工作如火如荼地开展，地方立法工作中存在的问题逐步浮现，突出表现为地方性法规与部门规章规定之间的冲突。不同的法律规范之间或利用枝分，或利用汇聚，从而存在着某种关联，作用于统一的法律秩序。[③]涉海部门规章与地方立法作为我国海洋经济秩序与生态保护所依据的重要法律法规，在保护海洋生态环境、保护生物多样性等方面均具有举足轻重的地位，二者属于利用汇聚于统一法律秩序的情形，使不同的法律法规适用于同一调整对象从而产生冲突。

由于尚处于发展期，在我国中央与地方立法关系制度框架内，受认知局限以及其他一些客观因素制约，地方立法与部门规章的效力类似于“灰色地带”，两者的法律规范冲突较为复杂。[④]《中华人民共和国立法法》

---

① 该部分内容详见笔者与首都经济贸易大学李晓安教授合作完成的《涉海部门规章与地方性法规冲突解决的路径分析》一文，该文已发表于《北京行政学院学报详见：李晓安，张文斐．涉海部门规章与地方性法规冲突解决的路径分析[J]．北京行政学院学报，2021（3）：84-90.

② 郭叶，曹琴．新赋予立法权的设区的市立法动向[C]．付子堂．中国地方立法报告（2018）．北京：社会科学文献出版社，2018：198.

③ 齐佩利乌斯．法学方法论[M]．金振豹译．北京：法律出版社，2009：61.

④ 杨登峰．法律冲突与适用规则[M]．北京：法律出版社，2017：76.

第一百零六条第一款规定，部门规章与地方性法规对同一事项规定不一致，无法确定具体适用时，应由国务院提出意见。国务院认为，应适用部门规章的，须提请全国人民代表大会常务委员会裁决；应适用地方性法规的，则在该地方适用地方性法规。基于地方立法主体大幅扩容的现实背景，提请裁决机制这一法律救济路径，已然无法有效解决法律适用过程中产生的大量规范冲突，有关方面亦未对部门规章与地方性法规的冲突解决提供应然考量因素的价值指向。

一、涉海部门规章与地方性法规冲突的具体表现

我国的海洋立法包含海洋环境保护与海洋资源利用两个范畴，具体包括海洋立体空间范围内的人造基础设施、交通运输工具等人为构造物，海洋生态环境范围内的动植物资源、矿产资源、遗传材料等自然界资源，以及大陆架、海岸等与海洋直接或间接发生关联的其他客体对象。调查研究发现，在无居民海岛管理、湿地保护及滨海湿地管理方面，涉海部门规章与地方性法规存在较大冲突。

（一）无居民海岛管理规范的冲突

从中央立法来看，《中华人民共和国海岛保护法》第三章第三节对无居民海岛的保护与管理虽有所提及，但大多为原则性规定。具体实施细则主要依据国务院各部委制定的部门规章，包括《无居民海岛使用金征收使用管理办法》、《无居民海岛开发利用审批办法》（以下简称《办法》）以及《无居民海岛名称管理办法》，规定较为分散。从地方立法来看，据统计，现行有效的海岛保护与管理规范中，地方性法规规章共有 8 个，其中省级地方性法规 1 个（广西），设区的市地方性法规 6 个（青岛、厦门、宁波、连云港及珠海，其中珠海有两个地方性法规），另有 1 个地方性政府规章（浙江）。现以 2018 年最新修正的《青岛市无居民海岛管理条

例》(以下简称《条例》)与2019年施行的《珠海经济特区无居民海岛开发利用管理规定》(以下简称《规定》)为对象，分析其与国家海洋主管部门所制定部门规章之间的冲突，具体表现为如下两个方面。

其一，申请审批程序不同。《条例》第十八条对无居民海岛开发利用申请程序的规定较为繁琐复杂，应当经由沿海区(市)、市海洋主管部门审查，报省级海洋主管部门批准，同时需提交项目论证报告等申请文件，由海洋主管部门组织有关部门和专家进行审查，并提出审查意见，报省级人民政府审批。而《办法》规定需国务院审批的无居民海岛以外的无居民海岛的开发利用申请均由省级人民政府批准，由省级海洋主管部门受理。“市级海洋主管部门审查、省级海洋主管部门批准”与“省级海洋主管部门受理”规定的不一致，以及“审查”“受理”“批准”与“审批”等法律用语的不统一，将不可避免地造成政府部门职责范围不清及法律体系融贯性阻滞，产生交叉执法或执法漏洞，甚至因审批流程的不规范而产生寻租现象，妨碍市场公平竞争。

其二，监督检查不同。《条例》第二十一至二十二条明确规定海洋主管部门应建立无居民海岛管理信息系统，动态监测无居民海岛的资源与环境变化、保护与利用状况，应加强监督检查工作，建立并实施定期巡查制度。《规定》第十三条要求海洋行政主管部门、渔政执法机构实行定期巡查制度，加强对无居民海岛保护与利用的监督检查，对无居民海岛的资源与环境变化进行动态监测。而《办法》第二十一条仅规定对已批准的无居民海岛开发利用活动，应进行监视监测与评估，而未明确监督主体。该项规定内容的不同虽未直接体现法律规范的冲突，但代表了地方立法主体扩容后另一普遍存在的现象，即在部门规章尚无详细规定的情形下，地方先行立法问题及其范围边界。

若涉海部门规章有所规定而地方性法规未提及，则当然适用部门规章。例如《无居民海岛名称管理办法》，对命名无居民海岛及名称更换、名称档案保存与整理、名称信息管理等事项均作出了详细规定。而《条例》仅提到应按规定在需要设置名称标志时设置海岛名称标志，并禁止损毁或擅自移动海岛名称标志。除此之外，关于海岛名称管理则当然遵守相关部门规章。然而，若部门规章未涉及而地方性法规有所规范，则地方性法规中体现“地方特色”的创新性举措是否能够倒逼部门规章的修订，适用新技术、新设备，抑或是建立新系统的前瞻性规范如何推广于全国，可视为法律规范冲突的另一种表现形式。

（二）湿地保护规范的冲突

从中央立法来看，我国对湿地的保护与管理主要依据原国家林业局2013年发布的专门性部门规章《湿地保护管理规定》。从地方立法来看，据统计，目前涉及湿地保护的现行有效的省级地方性法规有27个，其中沿海省级行政区的湿地保护条例有9个，包括广东、海南、江苏、福建、河北、天津、广西、浙江以及辽宁。此外，涉及湿地保护的现行有效的设区市的地方性法规有22个，自治条例与单行条例5个，另有5个地方政府规章。现以《湿地保护管理规定》与2020年最新修订的《广东省湿地保护条例》为例，分析湿地保护部门规章与地方性法规的冲突，具体表现为如下两个方面。

其一，具体保护管理机构不同。《湿地保护管理规定》第四条将全国湿地保护工作的指导、协调、组织与监督的责任主体确定为原国家林业局，地方各级政府行政区域内湿地保护管理的具体工作，其责任主体为县级以上地方政府林业主管部门。而广东省的湿地保护则实行统筹管理与分部门实施相结合的管理体制。《广东省湿地保护条例》第五条规定，县级以上人民政府林业主管部门负责湿地保护的组织协调和监督管理工作；水行政主管部门负责湖泊湿地、河流湿地、水库湿地的保护工作；自然资源主管部门负责滨海湿地的保护工作；农业农村、住房城乡建设、生态环境等主管部门按照各自的职责，做好湿地保护工作。第六条又规定，湿地保护管理机构负责其管理范围内湿地的保护，开展资源监测、科学研究、宣传教育等活动。部门规章与地方立法规定内容的冲突导致地方各级林业主管部门与湿地保护管理部门以及自然资源主管部门等的职责范围界定不明，导致重复交叉执法或部分机构及其工作人员不作为。

其二，执法监督检查主体不同。《湿地保护管理规定》第三十四条对湿地保护执法及违法处理机制进行了规定，系由县级以上人民政府林业主管部门主导，会同有关部门联合开展。而湿地保护地方立法大多均由地方人民政府主导，组织海洋、林业、环境保护、旅游等多部门建立执法协作检查机制，如《江苏省湿地保护条例》第三十四条、《海南省湿地保护条例》第三十八条以及《福建省湿地保护条例》第四十三条等。《广东省湿地保护条例》第十八条规定，县级以上人民政府应当定期组织检查和评估湿地保护规划执行情况，加强监督。县级以上人民政府林业、水行政、自然资源、农业农村、住房城乡建设、生态环境等主管部门应对湿地保护工作进行监督检查，开展联合执法。部门规章与地方性法规规定的不一致，将破坏湿地保护法律体系的整体融贯性。

（三）滨海湿地管理规范的冲突

从中央立法来看，对滨海湿地进行专门立法的部门规章，唯有 2018 年原国家海洋局依据国务院办公厅《湿地保护修复制度方案》而制定的《滨海湿地保护管理办法（征求意见稿）》，目前仍处于征求意见阶段，尚未产生法律效力。《滨海湿地保护管理办法（征求意见稿）》正式施行后，其效力将及于全国，故有必要适时将其内容与相关地方性法规进行比较。从地方立法来看，上述涉及湿地保护的地方性法规中，明确将“滨海湿地”纳入条例保护范围的有广东、广西、天津、河北、江苏、福建、海南及辽宁 8 个沿海省级行政区，而对滨海湿地进行专门立法的仅有 2018 年施行的《连云港市滨海湿地保护条例》与 2019 年通过并施行的《盐城市黄海湿地保护条例》。由于滨海湿地管理的部门规章与地方性法规所代表的利益不同，在法律体系的融贯性论证中亦位于平行状态，故二者的法律效力相互制约。其规范冲突具体体现在如下两个方面。

其一，责任主体不同。《滨海湿地保护管理办法（征求意见稿）》第五条将全国滨海湿地保护监督管理的责任主体确定为原国家海洋局，地方各级政府行政区域内滨海湿地的保护修复工作则由地方各级海洋主管部门负责实施。《连云港市滨海湿地保护条例》要求地方人民政府对本行政区域内的滨海湿地保护负总责。其中第八条规定，滨海湿地保护工作的组织、协调、指导及监督由地方人民政府林业主管部门具体负责。《盐城市黄海湿地保护条例》第七条规定，市、县（市、区）人民政府湿地保护主管部门负责本行政区域内黄海湿地保护的组织、指导、协调、监督工作。央地立法的责任主体不同将造成法律责任追究困难，相关主体相互推诿而无人担责。

其二，执法检查机制不同。《滨海湿地保护管理办法（征求意见稿）》规定，地方各级海洋主管部门应当组织滨海湿地保护专项执法检查，严肃查处滨海湿地的违法利用行为。《连云港市滨海湿地保护条例》第三十二条规定，市、县（区）人民政府应当组织林业、海洋与渔业、水利、环境保护、农业、公安等有关部门建立滨海湿地执法协作机制。《盐城市黄海湿地保护条例》第三十三条规定，市、县（市、区）人民政府应当组织湿地保护主管部门及生态环境、水利、住房和城乡建设等部门建立黄海湿地保护执法协作机制。法律规范的冲突造成滨海湿地保护的执法检查主体与检查机制的不统一。若适用专项执法检查机制，将水利、环境保护等有关部门排除在外，将导致查处力度不够及专业水平不达标，保护管理范围有限等不良后果；若专项执法检查机制与协作执法检查机制同时适用，则易产生重复执法，造成执法成本过高。

二、涉海部门规章与地方性法规冲突的法理逻辑

解决不同规范之间的价值评价冲突需要依托“位阶结构说”。[①]部门规章系行政立法，融合了行政与立法两种职能，所作的规定一般为实施性规定；地方性法规为人大立法，所作的规定除实施性规定外，大多属于自主性立法。虽然二者的权限依据来源不同，但其层级地位均位于行政法规之下的第四层级，两者的法律冲突属于近位法律冲突。

（一）部门规章与地方性法规的权限依据

我国部门规章权限来源的宪法依据是《中华人民共和国宪法》第九十条第二款之规定。国务院于2001年发布的《法规规章备案条例》进一步细化了部门规章的制定及备案等相关程序。此外，与部门规章立法权限相关的部分条款还分散于《中华人民共和国行政诉讼法》《中华人民共和国行政处罚法》以及《中华人民共和国行政复议法》中。2023年《中华人民共和国立法法》第九十一条以及第九十二条系统明确了部门规章的权限依据，并对部门规章的效力、具体适用作出了规定。

《中华人民共和国宪法》第一百条是地方性法规权限来源的宪法依据。《中华人民共和国地方各级人民代表大会和地方各级人民政府组织

① 陈运生. 法律冲突解决的进路与方法[M]. 北京：中国政法大学出版社，2017：6.

法》（2022 年修正）亦有类似规定。2015 年 3 月 15 日《中华人民共和国立法法》第一次修正，将地方立法主体由较大的市扩充为所有设区的市，并对地方立法的权限范围进行了限定，其可做出规定的事项包括“城乡建设与管理、环境保护、历史文化保护”等方面；原有 49 个较大的市的地方立法，涉及上述事项范围之外的规定，继续有效。关于“环境保护”事项的具体规定范围，第十二届全国人大法律委员会在《关于<中华人民共和国立法法修正案（草案）>审议结果的报告》中亦进行了说明，可以涵盖大气、水、海洋、矿藏、土地、森林、湿地、草原、野生生物、人文遗迹、自然遗迹等。2023 年 3 月 13 日《中华人民共和国立法法》第二次修正，进一步完善地方立法权限范围，将其规定为“城乡建设与管理、生态文明建设、历史文化保护、基层治理”等方面。

（二）部门规章与地方性法规的立法层级

有学者采用“立法主体的地位高低”与“立法程序的限制多少”的双重标准，来判定同一法律体系内不同类别规范性文件的法律位阶，区分其适用顺序与效力等级。[①]然而，地方性法规与部门规章的法律位阶，却难以通过上述标准加以判别。首先，二者立法主体地位的高低尚无定论：于级别而言，涉海部门规章由国务院各部委制定，涉海地方立法由地方立法机关制定，前者级别高于后者；于机关性质而言，前者系行政机关，后者为立法机关，后者似应高于前者。其次，二者在立法程序限制方面区别亦不明显：任何一项立法活动，包括法律规范的制定、试行、修改、发布及修正，均需向社会征求意见、开展社会调研、召开专家会议论证、吸取社会各个阶层的意见与建议，故无法据此比较两者法律位阶之高低。

---

① 胡玉鸿．试论法律位阶划分的标准——兼及行政法规与地方性法规之间的位阶问题[J]. 中国法学，2004（3）：24-34.

从立法层级来看，宪法在我国法律体系中位于最高地位，即第一层级，第二层级则为全国人大及其常委会制定的法律，第三层级系国务院制定的行政法规。此外，部门规章与地方政府规章具有同等效力，地方性法规级别高于地方政府规章。然而部门规章与地方性法规之间的层级效力尚未有明确规定，似均位于第四层级。从适用范围看，部门规章由中央行政机关制定，效力范围及于全国；地方性法规由地方权力机关制定，效力范围限于其所辖行政区域。从适用范围来看，地方性法规的作用范围小于部门规章。而从适用效力看，人民法院在案件审判时，中央机关制定的部门规章仅作参照适用，而地方性法规可直接作为审判依据加以适用。二者的立法层级相同却并非同位法，加之立法技术的差异性，规定事项易发生交叉，故二者的冲突属于近位法律冲突，即法律位阶相近，介于同位与异位之间，但性质不同的法律规制之间的冲突，亦有学者称之为“准同位法冲突”。[①]

（三）法律规范冲突解决的融贯性考量

法律冲突的解决并非单纯的逻辑过程，而是一种带有评价性的人类活动，并非科学性的“证立”过程，而是一种“论证”行为，以实现融贯性说理。[②]在法律冲突的解决中，论证的融贯性不仅强调论证理由之间要符合一致性，还要求各个理由之间能联系成整体。融贯性旨在形成一个有关论证可靠性程度的要求，即当两个规范处于横向的平行关系的状态时，任何一个规范均不可能获得优先试用，除非存在其他的加强理由；当两个平行规范之中的一个规范与其他论证理由结合成理由链后，它的论证力会得到提高，而论证的结果也会变得更加可靠。在涉海法律规范

① 马怀德. 我国法律冲突的实证研究[M]. 北京：中国法制出版社，2010：20.
② 陈运生. 法律冲突解决的方法论[M]. 北京：中国政法大学出版社，2017：243.

冲突中，不同论证理由之间的融贯性程度可实质性地决定论证结论的可接受性。

法律冲突解决的路径思考不可只专注于形式逻辑规则，仅看到法律之间的上下位阶秩序以及同位法之间的新旧或特别关系，而应兼顾实质内容所体现的“价值导向”思考，以实现法律体系的整体融贯性。有鉴于此，基于融贯性说理中论证链“加强理由”（reinforcing reason）的需要，应根据立法目的的指引，兼顾逻辑体系与价值体系，从实质层面与形式层面，实现冲突解决机制的融贯性运作。地方立法适用范围小且规范内容细致，应以实质融贯为目的，立法环节的价值引导重心应放在地方特色上，将内容作为论证的加强理由，根据当地需要及时制定或修改体现地方特色的地方性法规。而部门规章适用范围大且规定内容全面，应以形式融贯为目的，立法价值引导应更注重各方利益平衡，将程序作为论证链条中的加强理由，为我国的“地方性知识”保驾护航。

三、涉海部门规章与地方性法规冲突的解决路径

随着地方立法主体数量的增多，现有提请裁决的冲突解决机制已无法满足主体扩容的需求，且规定本身亦存在缺陷。由于国务院与制定部门规章的各部委代表相同或者相近的利益，往往会认为应适用部门规章，然而主体扩容必然带来法律规范冲突的增多，全部提请全国人大常委会裁决，显然不具有现实可操作性。

（一）基本思路：出台法律解释文件

法律解释是调节社会发展变化与法律的稳定性关系的重要技术和关键媒介。[①]我国法律解释体制的基本特征是“以全国人大常委会为主导，

① 杨建军. 现行法律解释机制的完善[J]. 政法论丛，2016（2）：144-152.

各有关国家机关分工配合”[①]。在现有救济途径无法解决部门规章与地方性法规冲突的情况下，应由全国人大常委会、最高人民法院（以下简称最高法）、最高人民检察院（以下简称最高检）或者国务院做出立法价值引导，针对近位法律规范冲突出台统一的法律解释性文件，调整地方立法与部门规章的立法重心。具体解决方案如下：首先，坚持国家利益优先。若地方利益对国家利益造成实质性威胁，则部门规章位阶高于地方性法规，应对立法权力进行适当回收。根据“上位法优于下位法”原则，应适用部门规章的规定。其次，兼顾地方利益诉求。若地方利益并未对国家利益造成实质性威胁，且大多数地方性法规均作出超越部门规章的规定，则说明部门规章可能本身存在问题，而地方先行立法更适应地方需求，此时地方性法规位阶高于部门规章。根据“上位法优于下位法”与“最密切联系”原则，应适用地方性法规的规定。再次，融合利益平衡原则。在不触犯国家利益的前提下，若地方先行规定尚未达到一定的数量，则部门规章与地方性法规的法律位阶相同。此时二者的条文规定若产生冲突，为平衡部门利益与地方利益，不应厚此薄彼，须根据“新法优于旧法”的原则来解决。

近位法律冲突解决的法律解释性文件具体形式可包括如下三种。其一，立法解释，可命名为全国人大常委会“关于《中华人民共和国立法法》第一百零六条条第一款的解释”。《中华人民共和国立法法》第四十八条第二款规定，法律制定后出现新的情况，需要明确适用法律依据的，应由全国人大常委会解释。部门规章与地方性法规的冲突即属于《中华人民共和国立法法》修改后出现的新情况，应发挥全国人大常委会在法律解释中的主导作用，对两者的法律位阶进行比较并作出明确解释。其二，

① 周旺生. 法理学[M]. 北京：北京大学出版社，2007：483.

司法解释，可命名为最高法、最高检“关于适用《中华人民共和国立法法》若干问题的解释”，以明确近位法律规范冲突的适用规则。其三，指导意见，可命名为国务院“关于完善近位法律冲突解决机制的意见”。《中华人民共和国立法法》第一百零九条规定，部门规章须报国务院备案，地方性法规须报全国人大常委会和国务院备案。国务院系部门规章与地方性法规共同的备案审查机构，亦是两者发生冲突后的意见提出机构。将事后提出意见转为事前出台指导意见，是避免法律滞后性的有效选择。

（二）原则指引：加强地方立法特色

地方立法系对地方实际情况进行的阐释与表达，具有本地特色并符合本地需要，应是地方立法的生命力与基本价值所在。[①]我国东西部之间、南北地区之间的地理、资源、人口、经济、文化存在较大差异，经济文化发展的不平衡、社会结构的不同，决定了不同地区对法律的需求层次不同，地方立法可以因地制宜，解决本地经济发展中的特殊问题。体现地方特色是衡量地方涉海立法质量和价值的一个基本标准。日本学者锦织纯亦指出，应赋予地方更多自主管辖权，以便结合地方特色推行地方产业政策。[②]相较于中央立法而言，地方涉海立法拥有距离地方居民更近、更能准确把握和反映当地民意、更适合本地需要以及符合规制地区实际情况的特点和优势，操作性较强。[③]在不与国家法律法规相抵触的前提下，地方涉海立法中的地方特色越突出、明显，其规范执行效果就越好，可操作性与实用性就越强，其社会关系调整器的作用越能得到发挥，整体地方涉海立法的质量将更高，价值更大。我国已有不少沿海省

① 封丽霞. 中央与地方立法关系法治化研究[M]. 北京：北京大学出版社，2008：454.

② 梅宏，高歌. 日本湿地保护立法及启示[J]. 环境保护，2010（22）：72-74.

③ 武钦殿. 地方立法专题研究——以我国设区的市地方立法为视角[M]. 北京：中国法制出版社，2018：87.

份根据《中华人民共和国海域使用管理法》制定了地方性法规或地方政府规章，部分省级行政区和地级市如福建省、广西壮族自治区、浙江省温州市等，还专门制定了海域收回的补偿办法。①

在滨海湿地保护立法中，2008年韩国《湿地保护法》第三条第一款的规定，突出了滨海湿地管理的地方性，强调了各个地方的市、道均担负有保护滨海湿地生态资源的职责。该法注重发挥市、道的作用，赋予市、道制定实施细则的权力，参与湿地调查，协助湿地执法监管等。②在无居民海岛管理立法方面，我国部门规章规范内容较为笼统，多为审批流程等程序性规定，且较为分散，法律体系的整体融贯性较差；而在相关地方性法规及规章的部分规定中，例如《青岛市无居民海岛管理条例》第二十一条"建立信息系统动态监测"、《珠海经济特区无居民海岛开发利用管理规定》第十三条"实施定期巡查制度"等，从内容上加强了立法融贯性的论证说理。沿海市、区海洋主管部门在此项工作上，应以遵守地方性法规为先。

诚然，在突出地方特色的同时，亦应避免地方保护主义下地方立法行为的"异化"，或为了突显地方特色而规避上位法的规定，进而造成地方"法治割据"的局面。从短期来看，地方保护在一定程度上暂时保护了本地企业，有利于本地的税收及就业，但从长远来看，地方保护只会助长地方企业的惰性和依赖心理，削弱地方企业发展潜力，使得市场调控的积极性作用无法发挥，影响地方经济的可持续发展。③

---

① 王冠玺.中国滨海地区法律问题研究[M].杭州：浙江大学出版社，2016：76-77.

② 梅宏.滨海湿地保护：韩国的立法及启示[J].湿地科学与管理，2011（4）：52-55.

③ 辛向阳.百年博弈——中国中央与地方关系100年[M].济南：山东人民出版社，2000：294.

（三）程序保障：建立沟通协调机制

“法律表现为一种折中的机制，在所有个人、社会和公共利益要求中保持平衡”。[①]部门规章与地方性法规之间的冲突与平衡，即体现了部门利益与地方利益的博弈。涉海部门规章涉及国家海洋主管部门自身利益、海洋环境保护的生态利益及海洋资源开发利用的经济利益，涉海地方性法规则直接与当地的经济发展密不可分。地方政府通常将地方经济的发展、地区生产总值的提高作为自身利益的最大化追求，在中央限定的约束范围内，地方立法机构可充分发挥自主性，根据地方实际情况与现实需求进行政策与法规的制定。客观上，立法分权已成为调动地方积极性、提高经济管理效率的重要措施。[②]而部门则更多考虑本部门、本行业的利益，负责制定部门规章的主管部门，通常与部分管理对象如国有垄断性企业之间有较为密切的关系，甚至存在着直接利益关系，造成利益法规化。[③]

部门规章与地方性法规规定不一致，将破坏海洋保护法律体系的整体融贯性。部门规章适用范围与地方性法规相比更为广泛，更须全面系统地综合分析各方利益，注重部门利益与地方局部利益的平衡，从程序上完善立法协调与沟通制度，实现涉海法律体系的形式融贯。

首先，中央立法主体积极介入，将利益诉求相同的省市可能引发冲突的因素予以排除。例如，《滨海湿地保护管理办法（征求意见稿）》中，对责任主体与执法检查机制的规定与地方性法规规范相冲突，自然资源部作为现阶段行业主管部门，有必要及时对冲突之处进行修改与完善。

---

① 罗杰·科特维尔.法律社会学导论[M].潘大松译.北京：华夏出版社，1989：83.

② 冯玉军.法经济学范式[M].北京：清华大学出版社，2009：363.

③ 汪全胜.行政立法的“部门利益”倾向及制度防范[J].中国行政管理，2002（5）：17-18.

其次，建立部门规章立法主体与地方立法主体的沟通协调机制，使两类主体在类似事项或相关问题的立法制定活动中保持一致。[①]该机制的构建亦与我国区域经济一体化的新态势相吻合。具体区域性立法合作方式如下：其一，通过区域性立法协调委员会或者联席会议制度，定期就相关立法事宜进行协调与交流，就区域经济协同发展中面临的相同利益诉求，以联席会议的方式达成共识。[②]其二，搭建区域协同立法的信息交流平台，充分利用大数据、云计算等新技术，在制定或修订区域经济社会建设相关问题的地方性法规时，预先进行线上沟通与检查，以降低立法差异带来的摩擦成本。

由于立法主体的多元化，加之立法的滞后性与立法技术的差异性，涉海部门规章与地方性法规在无居民海岛管理、湿地保护以及滨海湿地管理等方面均存在条文冲突。《中华人民共和国立法法》仅规定了地方立法权的大幅扩容，却未细化法律实施后由于主体扩容而引发的大量规范冲突的解决机制，“存而不论”。目前我国设区的市均有权制定地方性法规，然而与部门规章的冲突解决仍仅适用提请裁决机制，“双拳难敌四手”，无法满足现存及未来大量规范冲突解决的需要。针对《中华人民共和国立法法》实施过程中显现的重大问题，亟须出台一个位阶高于部门规章及地方性法规的规范性法律文件，从价值引导上入手，在立法环节中指引部门规章及地方立法的侧重点，明确二者条文适用冲突解决的思路与路径。笔者认为，应由全国人大常委会或者最高法、最高检作出法律解释，抑或由国务院出台针对近位法律冲突的统一性指导意见。坚持

---

① 王建廷. 我国地方海洋立法技术分析[J]. 海洋环境科学，2009（1）：96-99.

② 熊文钊，郑毅. 试述区域性行政协议的理论定位及其软法性特征[J]. 广西大学学报（哲学社会科学版），2011（4）：66-71.

国家利益优先，若地方利益对国家利益造成实质性威胁，则应明确部门规章位阶高于地方性法规；兼顾地方利益诉求，若地方利益未对国家利益造成实质性威胁，且大多数地方先行立法均作出创新性规定，则地方性法规位阶高于部门规章；融合利益平衡原则，若地方利益未触犯国家利益，且地方先行立法尚未达到较多数量，则两者法律位阶相同。上述近位法律冲突的情形可分别基于“上位法优于下位法”“最密切联系”以及“新法优于旧法”的原则解决。此外，应将加强地方立法特色作为冲突解决路径的原则指引，以强化法律效力；并建立立法沟通与协调机制，作为冲突解决路径的程序保障，从实体与程序两个方面保障我国涉海法律体系的整体融贯性，构建依法治海新格局。

08 第八章

我国海洋资源资产多元综合监管制度的规范构造

法律制度由一系列社会规则构成，包括初级规则与次级规则，前者对主体行为进行评价与指导，后者是对前者的细化，进一步明确、变更或执行前者的规定。[①]海洋资源资产多元综合监管法律制度的初级规则，体现在法律依据这一源头上，相关部门应以统摄性的综合监管专门立法为指导，进而从监管主体、监管内容、监管手段三个方面进行多元综合监管法律制度的次级规则设计。

① 哈特. 法律的概念[M]. 第三版. 许家馨，李冠宜译. 北京：法律出版社，2018：1.

第一节 海洋资源资产监管法律制度的价值取向

生活在同一时代、同一社会的个人总有某种共同的价值追求，甚至生活在不同时代、不同社会的个人亦有某种共同的价值标准。[①]“社会成员对法律体系的接受取决于他们对规则本身的判断，取决于他们怎样看待这些规则的内在价值。”[②]明确总量集约化、空间差异化以及管理系统化的价值取向，对完善我国海洋资源资产监管法律制度有着极为重要的作用。

一、总量集约化：资源总量管理和全面节约

在海洋资源资产开发利用过程中，需要突出强调的是“可持续发展”的价值理念，即既要满足当代人的利用需要，又不对后代人满足其需要的能力构成危害。“价值”一般指一系列指导行为的观念，是从概念角度上对道德现象的哲学思考。它不仅包含着人与人、人与社会和人与自然之间关系处理中的行为规范，且深刻蕴涵着依照一定原则来规范行为的逻辑道理。海洋资源资产开发利用总量集约，是人类在长期的生产活动中应当遵循的关于人与海洋资源生态系统关系的哲学思考和道德规范，而“可持续发展”的价值理念更可以阐释为“道法自然”“仁民爱物”和“生生不息”。针对“人类中心论”，海洋资源资产在开发过程中应遵循“道法自然”的利用观念，遵循海洋资源资产自身发展演变的规律，以尊重自然的态度取代无节制占有海洋资源的欲念，以自然为中心实现合理

---

① 张文显. 法学基本范畴研究[M]. 北京：中国政法大学出版社，1993：256.

② 马丁 · 范 · 海思. 对法、权利和自由的规范分析[M]. 席天扬，方钦译. 上海：上海财经大学出版社，2012：221.

开发利用。针对“自我利己观”和“肆意消费观”，应在海洋资源资产监管保护过程中遵循“仁民爱物”的利用观念，把人类美好的精神品质如尊重、博爱、节约和负责等，运用到爱护自然、保护自然的活动中去，取代盲目征服、肆意消费的行为。针对“经济至上观”，在海洋资源资产利用中应当遵循“生生不息”的伦理观念，注重经济、社会、海洋资源和生态环境保护协调发展，促进海洋资源资产循环永续利用。

我国的基本国情、自然资源禀赋和经济社会发展的阶段性特征，决定了在一定的时空范围内，海洋资源资产相对于经济社会发展的需要在数量上是不足的，两者之间的矛盾导致了海洋资源资产的稀缺性，这就要求我们必须全面节约和高效地利用海洋资源资产。近年来，通过实行资源资产总量管理和全面节约制度，我国经济社会发展的能耗、物耗水平持续降低，但与我国经济社会发展需要和先进国家相比，仍存在较大的差距。[①]2018 年，我国以占全球 17.2% 的 GDP，消耗了全球 22.6% 的能源、48.8% 的钢铁。与此同时，我国主要资源人均占有量与世界平均水平相比普遍偏低，人均水资源量为 2075 立方米，仅为世界人均值的 40%；人均耕地面积为 761 平方米，不足世界人均值的一半。此外，我国重要能源资源资产的对外依存度一直居高不下，石油资源约为 69.8%，天然气资源约为 45.3%，铁、铜、铝等重要金属矿产资源对外依存度均超过 50%。当前和未来一段时期内，我国仍面临着完成工业化和城镇化的艰巨任务，资源环境约束趋紧的态势仍将持续，传统的海洋资源资产粗放型发展模式显然难以适应新时代高质量发展的目标要求。唯有全面节约和高效利用资源资产，实行海洋资源资产总量集约化管理，才能有效破解我国发展面临的资源环境难题。

---

① 姜大明. 全面节约和高效利用资源[N]. 人民日报，2015-12-08（7）.

一要强化约束性指标管理，实行海洋资源资产利用总量和强度双控。为了实现资源节约和高效利用这一目标，应摒除部门和地方之间的利益牵绊，健全和完善约束性指标体系，对能源、水和土地资源资产消耗等开展总量和强度双控行动，提高节约能源的标准，建立总量和强度双控目标责任制，把总量和强度双控的目标同生态环境质量改善、经济可持续发展和社会稳定和谐等目标相结合。同时，要加快建立海洋资源资产监管体系和资源利用的审查、准入、核定和违法处罚制度，将资源资产利用总量和强度双控指标纳入地方经济社会发展综合考评体系，并将考评结果作为干部考核和晋升的重要依据。

二要大力发展循环经济，促进生产系统和生活系统循环链接。扩大资源资产循环利用的产业规模，推进大宗工业固废、冶炼和化工废渣、共伴生矿和尾矿的综合利用，加大对战略性稀贵金属资源资产的回收力度。因地制宜建设资源资产循环利用基地，加快对城市建筑垃圾、餐厨废弃物、废旧纺织品等废弃物的集中回收和规范化处理，推进城市废弃物回收体系的有效融合，构建不同废弃物处置项目间的产业链条，实现分类利用、协同处置，提高多种废弃物的循环利用水平。大力发展资源资产循环利用新业态，加快构建资源资产循环利用“互联网+”体系，加速我国资源资产循环传统模式的转型升级，促进生产系统、生活系统与生态系统的循环链接。

三要完善资源资产全面节约与循环利用的市场机制。我国曾长期忽视对资源产权、排放权的初始分配，导致资源使用价格一直处于扭曲状态，排放成本较低。要健全排污权、碳排放权、用能权、用水权初始分配制度，通过建立产权交易市场，形成海洋资源资产节约与保护的市场化长效机制。完善海洋资源资产监管与信息反馈机制，打好以市场配置为导向的海洋资源资产管理与监督的“组合拳”。

二、空间差异化：国土空间规划与用途管制

“山水林田湖草沙”等自然资源资产的分布呈现出一定的地域分异规律。其中，海洋资源资产总是相对集中于某些区域，其数量、质量、稀缺性程度及相关特性均存在着明显的地区差异。例如，动植物资源具有地带性，水资源具有流域性，矿产资源具有成矿带。①这在一定程度上决定了海洋资源资产的开发利用和保护管理必须因地制宜，根据其区域特征采取有针对性的措施，充分考虑海洋资源资产空间差异化的管理要求，充分发挥国土空间规划的管控作用。当前，我国已经将主体功能区规划、国土规划、城乡规划等主要空间性规划的管理职能统一集中到自然资源行政主管部门，这为实现“多规合一”提供了体制保障。我国面临着人地矛盾加剧、区域发展不均衡矛盾突出等现实问题，因此，要强化国土空间开发源头保护，特别是把用途管制制度覆盖到全部国土空间，解决各地海洋资源资产分布状态不平衡的问题。坚决树立尊重自然、顺应自然、保护自然的生态文明理念，坚持宜农则农、宜林则林、宜草则草、宜水则水、宜建则建、宜城则城原则，将源头保护和全过程修复治理相结合，统筹推进国土开发利用和综合整治。

海洋资源资产监管的空间差异化目标，要求建立与完善国土空间开发保护制度。

一要明确主体功能区的基础性作用，完善主体功能区配套政策。要以主体功能区规划为基础，统筹各类空间性规划，推进“多规合一”，统筹规划未来国土空间开发保护的战略格局，合理划定优化开发的城市化

① 张丽萍. 自然资源学基本原理[M]. 第二版. 北京：科学出版社，2017：6.

地区、保护基本农田和耕地的粮食主产区、修复生态环境和保护生态安全优先的生态功能区，推动形成科学、有效、全面的国土空间开发保护体系。制定、实施、健全更有针对性的区域政策和高效的考核评价预警体系，加强对我国国土空间开发保护的监督，约束开发行为、规范开发秩序，从根源上控制国土空间开发强度，缓解资源环境的超载压力。

二要健全国土空间用途管制制度。要划定并严守生态保护红线，明确国土空间开发和利用的边界，加快构建国土空间开发保护制度体系。当前，自然资源部机构改革已全面实施，将原本分散在各部门的空间用途管制职责统一，明确了自然资源部统一行使所有国土空间用途管制职责。以土地用途管制制度为基础，将用途管制扩大到湿地、滩涂等所有海洋资源生态空间，严禁任意改变生态空间用途。划分空间用途管制的层级并明确分工，确保中央及地方各级政府有效履行国土空间管制职责，解决区域空间用途管制缺位、越位及交叉重复等问题，实现国土空间用途管制的全覆盖。

针对“多规合一”空间规划的具体落地问题，最重要的应是正确处理自然生态空间用途管制规划和经济社会发展规划之间的关系，在具体的制度设计中，应考虑和遵循以下三个原则：

其一，将“多规合一”空间规划限定在自然生态空间用途管制规划范围内。在目前各部门制定的各种规划中，有的属于经济社会发展规划，有的属于自然生态空间用途管制规划。因此，须厘清两种不同的规划，并将“多规合一”限定在自然生态空间用途管制规划范围内，不能将国民经济、社会发展规划和各种产业规划纳入自然生态空间用途管制规划体系，以免造成自然生态空间用途管制规划与经济社会发展规划关系的紊乱。国务院机构改革提出的“多规合一”改革指的也是自然生态空间用途管制规划。

其二，自然生态空间用途管制规划应当以“主体功能区规划”为基础，在主体功能区规划的统辖下进行土地利用总体规划，在土地总体利用规划的基础上进行城乡空间利用规划，建立层次分明、相互协调又相互补充的空间管制规划体系。

其三，应在自然生态空间用途管制规划的基础上进行国民经济和社会发展规划、产业规划等，即经济和社会发展规划应当在自然生态空间用途管制规划所建立的管制框架内运行，经济和社会发展规划必须服从自然生态空间用途管制规划，不能本末倒置。只有厘清上述层次关系，才能将“多规合一”改革方案有条不紊、层次分明地融入海洋资源资产监管法律制度体系。

此外，应充分发挥空间规划的龙头作用，着力构建“1+X”的国土空间规划体系。“1”即国土空间规划，作为其他规划的宪法性基本规划统筹；“X”指土地资源利用、城乡建设、基础设施建设和功能分区等各资源领域的专项规划，强化国土空间规划在编制、执行与修改上对各专项规划的指导和约束作用。[①]牢牢树立底线意识，科学划定并严格遵守生态保护红线、永久基本农田、城镇开发边界三条控制线，推进国土空间用途管制“全域覆盖、刚弹结合、统筹协调”。

首先，要明确设定空间规划的“三条底线”，把握管制关键核心。推进生态用地和基本农田保护，倒逼城镇建设用地实现节约集约，提升空间利用效率和可持续性。将底线管控成效纳入地方政府政绩考核并与地方政府建设指标挂钩，建立空间底线资源负债表，对领导干部进行底线资源离任审计。

---

① 严金明，王晓莉，夏方舟. 重塑自然资源管理新格局：目标定位、价值导向与战略选择[J]. 中国土地科学，2018，32（4）：1-7.

其次，要将用途管制覆盖全域，突出管制系统性。整合分散在自然资源、农业、水利、城乡建设等各部门的海洋资源资产用途管制职责，遵循海洋资源资产的整体性、系统性及其内在规律，实现空间、领域、机制全覆盖。同时，要优化国土空间用途管制的引导功能与差别化管理机制，不断增强稀缺性资源资产管制刚性，加强未来不确定性应对的管制弹性，实现管制手段刚柔并济。

最后，要加强区域之间、要素之间、主体之间、客体之间海洋资源资产用途管制的互动沟通和统筹协调，促进实现责任协商、利益共享和风险共担。

三、管理系统化：海洋资源资产一体化调控

海洋资源资产监管应当具有系统性，对海洋资源资产的开发利用和保护管理要有一个整体规划的意识，形成一个统一的基本法律制度。以“海洋资源综合整治+”为抓手，将所有海洋资源资产纳入监管范畴，调和趋于失调的人地关系，整合现有分散的海洋资源资产监管手段，推进“山水林田湖草沙”生命共同体综合治理。具体而言，包括以下内容。

其一，要改变传统单一治理手段导致的“种树的只管种树、治水的只管治水、护田的只管护田”割裂模式，将经济、社会、生态、文化、治理等统一纳入国土综合整治中，通过“田水路林村镇”综合整治以优化生产生活空间，通过“山水林田湖草沙”综合整治以改善生态空间。特别要以生态、景观服务及休闲游憩功能为重点，提升环境污染治理能力，加强“山水林田湖草沙”生命共同体的整体修复，构建以“山为骨、水为脉、林为表、田为魂、湖为心、草为皮”的自然资源资产生态安全体系。

其二，要点线面结合，聚焦粮食主产区、快速城镇化地区、重要生态功能区、矿产资源开发集中区以及海岛区等五大面状区域，重视海岸

带、重要水体流域、重要线性工程三大线状区域，在“面”或“线”中选择具有典型示范或核心带动作用的“点”，塑造“全空间延拓”的海洋资源资产监管整治格局。此外，有关方面应开展流程再造，细化并明确海洋资源资产综合整治在谋划、实施和管控等环节，在规划与施工、权责与机制、资金与利益分配等各个方面的主要目标任务，建立健全源头保护和末端修复治理机制，实现海洋资源资产综合整治“全生命周期”的有效运转。

海洋资源资产监管的系统化价值，要求加强政府的生态经济宏观调控能力建设。建立强有力的宏观调控体系，是社会主义市场经济的固有属性。增强政府的生态经济宏观调控能力，是现代市场经济的固有职能。

首先，政府要确立起生态经济观念。生态经济是现代经济的一种理想经济模式。生态经济的载体是社会经济的生产和再生产，生态经济模式与传统经济模式的根本区别，是前者的经济系统的生产和再生产与生态系统的生产和再生产相互协调。从生态经济系统的结构看，生态系统的生产和再生产是基础，经济系统的生产和再生产是主体，二者相互依存、相互促进，同时又相互影响、相互制约。例如，农业经济发展必须建立在良好的农业生态系统基础之上，农业生态系统遭到破坏，就谈不上农业经济的发展。又如，在工业生产中，经济与生态亦是相辅相成的关系，一些工业使生态环境系统中的水源和大气受到严重污染，不仅对自身生产不利，被污染的水和空气也会对其他一些工业生产和农业生产造成危害。加强政府的生态经济宏观调控，首先必须解决认识问题，只有更新观念，提高认识，才能从经济与生态相协调的高度加强生态经济宏观调控能力建设。

其次，制定国民经济发展规划，必须确立资源生态经济宏观总量平衡。生态经济宏观总量平衡包含宏观经济总量平衡和宏观生态资源总量平衡两大方面。在这两大平衡中，生态平衡是第一性的，经济平衡是从属的、第二性的。无论从发展的时序上讲，还是从二者之间的关系上讲，生态平衡都是经济平衡的自然基础。在生态经济系统中，一定的经济平衡总是在一定的生态平衡基础上产生的。然而，经济平衡并不是被动适应生态平衡，事实上是人类主动利用经济力量去保护、改善或者重建生态系统的平衡。人类经济越发展，对生态系统的作用就越强大，相应也就越要求承受经济主体作用的生态基础愈加稳固和愈加具有耐受能力。现代市场经济条件下，生态平衡的这种稳固性和耐受力，不仅要靠自身的调节，更重要的还要靠经济力量的支持和促进。因此，确立生态经济宏观总量平衡，在制定和实施国民经济发展规划时，不仅应当尊重经济规律，充分开发利用自然生态系统资源，增加社会经济财富，保持宏观经济总量平衡；还一定要注意尊重自然规律，适应生态平衡的需要，并利用经济力量对自然生态系统进行保护、改造、重建，以保持宏观生态总量平衡。

最后，要选择适合我国国情的生态经济宏观调控模式。生态经济调控模式比单纯市场经济调控模式更具复杂性，是包括政府、市场、企业，经济系统、生态系统、生态经济系统等在内的一体化调控模式。其宏观调控模式和作用如下页图 8-1 所示：

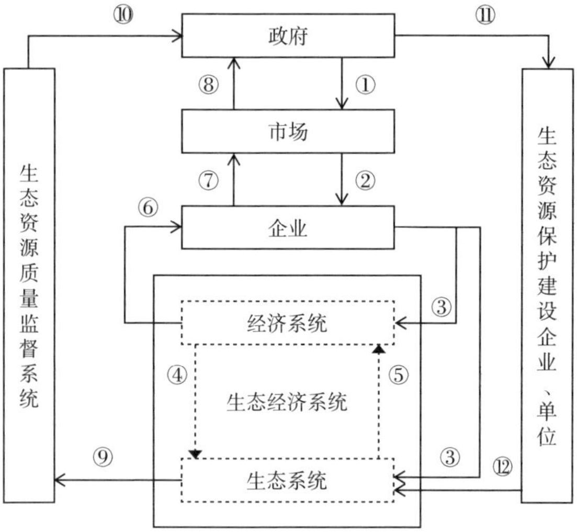

图8-1　生态系统一体化宏观调控模式

①：国家将体现宏观调控目标的可控变量，以经济参数和各种政策的形式呈现出来并调控市场。

②：市场机制将可控变量转化为市场信号（主要是以价格形式），企业在市场信号导向下，调整生态资源生产方式、生产规模等，以获取最大的经济效益。

③：企业在生产过程中，以科技为手段，同时作用于生态资源系统和经济系统。

④⑤：企业在海洋资源资产生产与再生产过程中，所发生的生态系统与经济系统物质、能量的相互交换过程，生态资源系统与经济系统相互融合，形成生态经济复合系统。

⑥：企业通过海洋资源资产开发利用，生产出经济产品。

⑦：企业通过自身生产经营活动影响市场商品供给和需求，并进一步校正市场信号。

⑧：市场通过自身运转，将校正过的市场信号反馈给政府，政府据

此校正可控变量，以保证宏观调控的有效性。

⑨：企业在海洋资源资产生产过程中，对生态系统产生的促进或破坏作用，生态资源系统以对人类社会有益的或有害的自然回报方式所发出的信号。

⑩：生态资源质量监督系统根据自然回报信号进行质量检测，并将检测结果反馈给政府。

⑪：政府依据生态环境状况，对服务生态资源环境保护、建设的企业、单位作出宏观调控决策。

⑫：参与生态资源环境保护、建设的企业、单位依据政府决策，对生态资源环境开展保护与管理。

政府加强生态经济系统化宏观调控，可以通过⑪⑫调控路线，直接对资源生态系统进行保护和建设；还可以通过①②③调控路线，运用市场手段影响开发利用海洋资源资产的企业，间接对生态系统和经济系统实施宏观调控。

第二节　综合监管依据法律化以维护国家利益

为维护海洋资源资产竞争市场秩序的稳定，维护国家利益，促进经济社会可持续发展，须制定与内生秩序相契合的外生秩序，规范海洋资源资产开发利用行为。[①]

一、海洋资源资产综合监管立法的核心特征

自然生态系统由不同习性的“山水林田湖草沙”等各类海洋资源资产要素构成，是一个结构复杂而功能多样的生命共同体，具有相互联系、相互转化、相互影响的整体性与系统性特质。[②]为避免顾此失彼，应对各类海洋资源资产实行综合式监管。一方面，生命共同体中的任何一种资源资产的开发利用行为，均会对生态系统内的其他要素产生影响。若缺乏对海洋资源资产使用的综合化监管，这种影响便会表现为外部不经济性或负外部性。另一方面，对海洋资源资产的不合理开发利用，如擅自填湖填海、炸平山体、乱砍滥伐等，若使生态环境系统受损，往往会造成难以修复的后果。

当前，自然资源环境问题仍较严峻，海洋资源资产监管法律制度的健全，是保障各项监管政策措施稳步推进、保证海洋资源资产监管机构有效工作的基础。为推动海洋资源资产的大部制改革进程，解决海洋资源资产在确权与交易阶段存在的深层次问题，实现“山水林田湖草沙”的综合治理，必须加快推进海洋资源资产多元综合监管法律制度建构，建立有利于生态环境可持续发展的长效机制。为充分发挥好法治在海洋资

---

① 邓正来．社会秩序规则二元观——哈耶克法律理论的研究[J]. 北大法律评论，1999（2）：395-445.

② 成金华，尤喆．“山水林田湖草是生命共同体”原则的科学内涵与实践路径[J]. 中国人口·资源与环境，2019，29（2）：1-6.

源资产监管制度运行中的重要作用，应加快海洋资源资产综合监管的立法进程，对海洋生态共同体中的多个要素实行统摄性综合监管。

第一，应尽快出台海洋资源资产综合监管的专门法律法规，稳步推进各项单门类海洋资源资产法律的完善及修改。在现有法律法规的基础上，以《中华人民共和国民法典》《中华人民共和国长江保护法》等的施行为契机，加快海洋资源综合监管的专门立法进程，推动海洋资源监督管理法、国家公园法以及自然保护地法等综合性法律的拟定，或制定海洋资源基本法并在其中专章规定海洋资源资产综合监管法律制度，以统筹海洋资源的整体性和系统性开发、利用与保护。加快对各类海洋资源资产单项法律的修订，加快综合监管配套规章与制度条例的出台。①

第二，应及时查漏补缺，解决目前的统一确权登记等制度法律位阶较低、部分监管主体职能缺失等问题。应给予海洋资源资产产权“权利束”、海洋资源资产价值评估等基础性法律制度明确立法，使综合监管行为有法可依。同时，补充海洋资源资产多元化治理的相关法律规定，赋予基层社区对海洋资源资产的开发利用进行监督管理的职能。将中央层面统筹协调与地方层面先行试点结合起来，在海洋资源资产综合监管的立法、执法以及司法过程中，充分发挥多元主体监管的主动性与参与的积极性，优化社会公众参与监督的体制机制。对我国海洋资源资产监管的实践经验及其中存在的突出问题进行系统性总结，倒逼我国加速海洋资源基本法或海洋资源监督管理法的立法进程，建立完善的海洋资源资产监管多元共治法律法规体系，保障我国海洋资源与环境保护法律体系的融贯性。

笔者认为，海洋资源资产监管的综合性立法，若仅是将原先各类海洋资源资产单行法作为分散的章节，简单糅合而未做出实质性的调整，

---

① 孟磊，李显冬. 自然资源基本法的起草与构建[J]. 国家行政学院学报，2018（4）：103-108.

那么使与各门类海洋资源单项立法的分散监管现状并无差别。因此，海洋资源资产综合监管立法应以过程导向作为核心特征，与传统意义上海洋资源资产分散监管立法区分开来。

首先，在立法目的与原则方面，根据外部性理论与公共信托理论，综合监管立法应以生态文明建设为理念，贯彻可持续发展与绿色生态原则，以海洋资源资产综合监管的过程导向、多方参与、资产增值与技术创新为目标，在海洋资源资产开发利用进程中，注重参与市场的多元主体之间、经济发展与生态保护之间的利益平衡。①

其次，在权利义务内容方面，基于前文对海洋资源资产产权制度的分析，为解决权利义务不对等的状况，综合监管立法在赋予政府部门、社会公众等市场主体对海洋资源资产开发利用过程进行监督管理权利（力）的同时，为防止权利（力）的滥用对生态环境造成损害，对于维护国家利益、保持“生态理性”等义务亦应有所规定。

最后，在章节安排方面，为了避免不同监管部门的政策冲突，减少重复监管与多头监管现象，基于本书第四章所述海洋资源资产参与市场交易的不同阶段，即确权阶段、市场流转阶段以及司法实践阶段，应以过程为导向，有重点地规定各阶段监督管理的各项职能与重点内容。（1）在确权即资源向资产转化阶段，明确海洋资源资产产权“权利束”的构成、权利归属以及行使主体，细化统一确权登记的范围以及具体流程，提高统一确权登记法律制度的权威性。（2）在市场流转阶段，为了保证市场交易的公平性，该阶段规定的内容应包括：空间规划编制与实施、海洋资源资产开采的行政许可或审批主体与流程、开发利用相关税收或费用的征收主体与流程、资源资产价值评估的主体与流程等阶段性行为，

---

① 严金明，王晓莉，夏方舟．重塑自然资源管理新格局：目标定位、价值导向与战略选择[J]．中国土地科学，2018，32（4）：1-7.

以及社会公众的知情权与公众参与监督的方式等。（3）在司法实践阶段，对海洋资源资产开发利用过程中的不当行为及其处理处罚、海洋资源资产离任审计、海洋资源资产负债表的编制、环境公益诉讼，以及上述确权与交易两个阶段中多元监管主体的法律责任等作出规定。

二、海洋资源资产综合监管立法的衔接方式

海洋资源资产的综合监管，纵向跨及国际、国家与地方层次，仅依靠中央立法或者地方立法均不可能单独实现。海洋资源资产综合监管法律制度的健全，应着眼于构建一个央地综合协调的立法衔接机制，如图8-2所示。

在这个衔接机制中，以海洋资源监管基本法为中心，中央立法指导地方立法，综合监管的专门性立法授权或指引海洋资源资产综合监管各项具体制度的规范性文件，央地立法充分发挥各自的功能与作用，相辅相成、协调一致。其中，地方性法规或政府规章在海洋资源资产综合监管“纵切面”上发挥着承上启下的重要作用，于上可作为海洋资源基本法和海洋资源监督管理法的重要衔接，于下亦可作为统领行政区域内各专项监管法律制度实施细则的重要指引。唯有中央立法宏观指导与地方立法因地制宜相结合、多层次管制联结，才能有效应对生态环境变化的挑战，满足多元治理的需求，实现海洋资源资产综合监管法律制度的效用最大化。

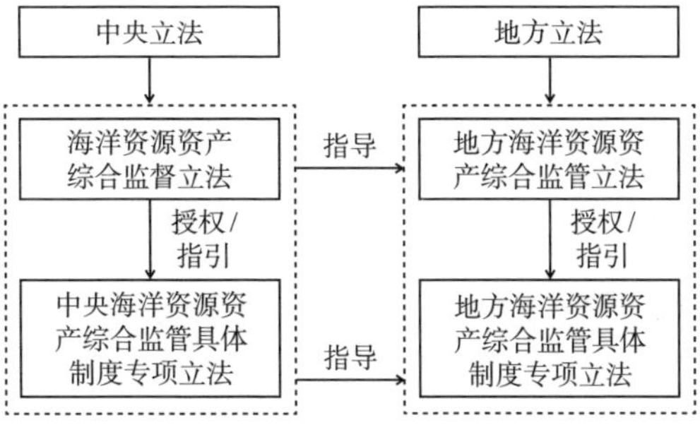

图8-2 海洋资源资产综合监管央地立法关系图

第一，发挥中央立法的统筹与指导作用。为应对复杂多变的生态环境系统，应及时制定或修订海洋资源资产综合监管的专门性立法，发布具体指导性意见，以指导地方各专项立法，统筹经济价值与生态价值之间的利益平衡。以监管内容中的空间规划制度为例，推进“总体性、基础性、专项性”三层规划体系，对各层规划的重要指标和关键原则进行明确。其中，总体性规划侧重于总的价值目标与引导，基础性规划侧重于规范与约束，专项性规划则侧重于专业与落实。通过相关管理方法和配套机制的制定，突出我国资源资产空间规划的现行政策和战略特点，统一空间规划的标准与模式，解决不同层级规划之间潜在的矛盾，同时亦允许不同层级的规划之间相互制约。

中央立法的统筹与指导作用主要体现为全面统一性与原则指引性，从源头上避免海洋资源资产的流失。（1）中央海洋资源资产综合监管立法的全面统一性，有利于从国家全局视角出发，实现海洋资源资产市场交易不同阶段、海洋资源资产不同种类以及海洋资源资产不同分布地区之间的协调配置。在规定强制性义务的同时，亦可制定循环经济与清洁生产等诸多方面的鼓励措施，促进能源结构转型，从而为我国生产企业的绿色转型留出空间与时间。（2）中央海洋资源资产综合监管立法的原则指引性，有利于综合考虑国家发展战略，从根本上对海洋资源资产的开发利用、保护与监管进行原则指导；有利于在宏观上确立国家针对海洋资源资产的基本政策，在维系海洋资源资产生态属性的前提下，促进海洋资源资产保值增值，实现经济社会的可持续发展。

第二，发挥地方立法的细化与补充作用。以中央层面的海洋资源基本法为指导，以海洋资源资产综合监管立法为核心，以具体监管法律制度的专项法律法规为补充，兼顾央地立法的稳定性与灵活性，建立央地协调统一的海洋资源资产综合监管法律制度。以气候资源为例，韩国通过的“国家适应计划”要求地方政府制订并实施地方的适应计划，中央政府的环境主管部门有支援地方政府的职责。[①]

地方立法的细化与补充作用体现在如下两个方面：（1）以体现地方特色为重点。地方海洋资源资产综合监管立法应是地方特色与地方现实需求的重要体现。例如，在气候状态较为稳定、能源资源较丰富的地区，地方立法应侧重能源的用途管制；在气候状态不甚稳定、自然灾害频发等生态较脆弱的省份，地方立法则应侧重生态系统的保护与环境变化的评估，及时发布风险预警。（2）以地方联合立法为途径。为防止地方海洋资源资产综合监管立法呈现“地方化”“碎片化”，一定区域内的地方立法机关可通过区域性立法协调委员会或者联席会议制度等方式联合立法。就区域经济协同发展中面临的相同利益诉求，可通过召开联席会议形成多方共识。[②]如珠三角、京津冀等地区可采取海洋资源资产综合监管的区域协同立法。相较于地方利益而言，区域协同利益与国家利益以及社会利益更趋于一致，减少利益诉求相同地区之间的立法冲突，降低立法差异带来的摩擦成本，更有利于海洋资源资产综合监管效率的提升。

---

① 李晓安，张文斐. 应对气候变化立法模式的经济分析[J]. 制度经济学研究，2020（2）：213-229.

② 王春业. 区域合作背景下地方联合立法研究[M]. 北京：中国经济出版社，2014：139-201.

第三节　综合监管主体多元化以提高治理效能

海洋资源资产综合监管问题具备跨管制范畴的特性，有强烈的跨领域整合需求，在“纵切面”央地多层次协调立法的同时，“横切面”也应回应此种整合需求，建立政府、市场与社会多元主体共同参与监管的制度体系，使得各行政组织之间与各部门法领域之间可以进行横向的整合与联结，统一海洋资源资产的经济价值、社会价值以及生态价值，保障海洋资源资产监管法律体系的融贯性与系统性。海洋资源资产监管体系应以法治为中心，健全生态文明背景下多元主体共同参与的综合监管制度，协同多元主体的监管目标与行为，完善社会公众参与机制，提高海洋资源资产监管部门的治理效能。

一、多元主体共治的本质特征与模式结构

共同治理是基于机构的体制和过程，正式和（或）非正式地在多个角色中共享权威与责任，相对软性且具有强制约束力、支配力和影响力的一种聚集社会多元力量的治理方式。多元共治的概念并非一成不变，而是随着社会生活的发展而不断扩展着其内涵。根据所处历史时期、地域范围、治理领域的不同，多元共治的功能特质与合理结构亦有所差异，需充分考虑共同治理的历史经验和社会现实，在符合规范逻辑的情况下，体现制度规范的共同性。海洋资源资产监管的多元共治，即多元主体对海洋资源资产的开发利用进行共同治理以维护社会安全。

第一，主体的包容性与权利的派生性是多元主体共治的本质特征。从多元共治的权利实质上看，海洋资源资产多元主体共同治理的权利（力）由海洋资源资产的所有权派生而来。依据国家所有即全民所有的原生性权利，国家或全民对海洋资源资产的所有权表现为占有、开发、经

营、保护与治理等权能。其中，保护与治理权能即派生出海洋资源资产监督管理或治理的权利（力），因为该权利（力）具有派生性。从多元共治的主体上来看，海洋资源资产多元综合监管涉及的主体可能涵盖政府、自然保护地管理机构、企事业单位、社会组织、当地社区以及社会公众等，通过签订共管项目的合作协议、设立基金等方式形成共建共管，发挥不同监管主体的优势，形成监管合力，缓和自然生态环境与地区经济发展之间的矛盾。

具体表现在如下两个方面：（1）应明确海洋资源资产地方执法“代理人”。为解决产权主体虚置与义务缺位的问题，地方政府应以其辖区内海洋资源资产的现实情况为根据，整合现有林业、国土等执法部门及其工作人员，组建地方自然资源资产部门的专业执法队伍，分为“省（自治区、直辖市）、市、县、乡”四个层级，依法履行海洋资源专业执法职责。同时，完善自然资源部门与住建、生态环境、农业农村、综合行政执法等相关部门之间的不定期会商和联合执法机制，推进执法规范化与标准化，明确海洋资源开发利用行政处罚的自由裁量基准。（2）为保障资源开发利用符合社会公共利益，海洋资源资产多元共治应赋予社会公众参与权、知情权以及监督权，优化公众参与和社会组织的制约与监督功能，通过共同治理的形式提供保护海洋资源生态系统的机会，提高海洋资源资产的配置效率与公平性，保障综合监管模式的协调统一。同时，鼓励公众参与海洋资源资产治理，赋予社会公众直接参与海洋资源资产开发利用各个环节的权利，而不仅限于通过人民代表行使资源治理的权利。共同维护各类海洋资源资产的持续利用，强化资产保值增值功能，防止国有资产流失，维护国家利益与社会公共利益。具体而言，其一，完善检察机关公益诉讼制度，允许社会组织对不合理利用海洋资源资产并对环境造成损害的行为提起诉讼；其二，健全海洋资源资产有偿使用制度，规范权利金征收机制，使得外部成本内部化，在保障海洋资源资产所有者合法权益的同时，维护海洋资源资产使用收益的公平配置。例如，可以借鉴美国阿拉斯加州的"阿拉斯加永久基金"等国外经验，将海洋资源资产收益设置为公民基金或注入社保基金中，使全民共享资源利用收益，维护社会稳定与公共安全。

第二，对共同治理模式产生原因和行使过程等核心要素进行法理分析，能够使人们更好地理解该模式的构造。(1)从治理模式的产生原因看，共同治理来源于权利持有方与利益相关方之间的联合。权利持有方指的是那些被社会赋予合法利用土地、水和海洋资源资产权利的角色；利益相关方是指对土地、水和海洋资源资产持有直接或间接利益，但并不一定享有法律或社会赋予他们权利的角色。(2)从治理模式的行使过程看，共同治理模式具备三个不可缺少的构成环节。一是治理依据为一套共管协议，需描述角色、职责、预期利益以及各方贡献；二是治理机制是一种协商过程，即各个权利持有方与利益相关方进行协商；三是治理体制系由各方组成的治理机构，如多方治理委员会等。

世界自然保护联盟(IUCN)列举了共同治理的三种主要情形：跨边界管理(不同主权国家或领土之间)、合作管理(不同的机构组织之间)以及联合管理。[①]我国海洋资源资产监管"横切面"多元主体共同治理亦可分为跨区域(不同省份或地区之间)与同区域(多元治理机构)联合治理两种方式。从海洋资源资产监管多元共治的行使过程来看，应具备两个不可缺少的构成环节：(1)设计一套海洋资源资产共管协议作为治理依

① 格拉齐亚·博瑞尼-费耶阿本德，奈杰尔·达德利，蒂尔曼·耶格，等. IUCN自然保护地治理——从理解到行动[M]. 朱春全，李叶，赵云涛，等译. 北京：中国林业出版社，2016：45.

据，描述角色、职责、预期效益以及各方贡献；（2）确定一种沟通协商程序作为海洋资源资产共同治理机制，即各利益相关方进行协商的资料筹备、决策达成等流程。

二、社会公众参与机制及其方式

《中国21世纪议程》明确提出："团体及公众参与可持续发展，需要新的参与机制和方式，团体及公众既需要参与有关环境与发展的决策过程，特别是参与那些可能影响到他们生活和工作的社区决策，也需要参与对决策执行的监督。"海洋资源资产具有公共物品属性，系人类生产生活与社会发展中不可或缺的重要物质基础。随着人们物质生活水平的日益提高，人类改造自然的能力与海洋资源资产的自我修复能力逐步失衡，社会公众的环境资源意识逐渐提高。海洋资源资产作为公共产品或准公共产品的非竞争和非排他属性减弱，而其作为商品的经济属性却与日俱增，愈加凸显海洋资源资产的供需矛盾，社会公众要求参与海洋资源资产保护治理的呼声也越来越高。阿玛蒂亚·森提出，社会可持续发展的实现需以人们获得基本幸福能力为前提，包括生存、社会劳动、开发创新、环境友好以及社会参与等具体能力。[①]社会公众参与机制完善的重要性在于，社会公众在海洋资源资产参与市场交易的过程中，既是所有权权利归属主体（即全民），亦是资源使用的直接受益者，还是资源开发相关后果的间接承担者。

完善社会公众参与机制的难点在于，如何在海洋资源资产监管过程中，使得社会公众的参与权与知情权落到实处。（1）在立法层面，应授予社会公众参与海洋资源资产监督管理的权利，并对各环节具体参与方

① 刘伯恩. 自然资源管理体制改革发展趋势及政策建议[J]. 中国国土资源经济，2017，30（4）：18-21.

式加以明确，使得公众的参与有法律依据。目前，部分海洋资源资产开采过程中的程序性规定前后冲突，易出现暗箱操作，信息公开力度不足。例如，在海洋矿产资源资产的招投标环节，现有法律规定：凡依法进行采矿权招标的，应公开发布其招标公告，以便社会公众监督。然而，未将招标公告进行公布的，亦不会致其中标行为无效。上述情况中，中标人与招标人依法签订的采矿权出让合同仍具法律效力。类似该种相互矛盾的规定，应及时加以修正，授予公众参与评估、听证、举报的权利，以利于社会公众对海洋资源资产的开发利用进行监督。（2）在行政层面，政府部门应及时听取社会公众对于海洋资源资产开发利用各环节的反馈意见与建议，并及时在报纸、官方网站、微信公众号以及微博等的官方账号上作出回复。对于违法违规开发利用海洋资源资产的行为主体及其处罚决定，应依法进行信息公开，提高社会公众的主体意识，确保社会公众切实行使参与监督的权利。

优化社会公众参与机制的落脚点应放在其具体实现方式上。以自然保护地为例，国外自然保护地的社会公众参与大多采用自下而上的参与式监管方式（见下页图 8-3）。从宏观层面来看，不论国家性质如何抑或经济发展状况如何，海洋资源资产监管中社会公众监督的参与内容均主要包括：海洋资源资产监管决策的制定、空间规划、登记备案以及环境影响评估等。根据社会公众监管参与内容与环节的差异，可选择的具体实现方式或途径亦不尽相同。信息公开、书面建议、开展研讨会以及听证会等是较为典型且实践运用较多的社会公众参与实现方式。此外，还需因地制宜、因时制宜地制定多样化的实施方法。譬如，在社会公众参与监督前，设置信息公开咨询委员会，将相关利益群体纳入进来，以确保社会公众参与的有效实现。

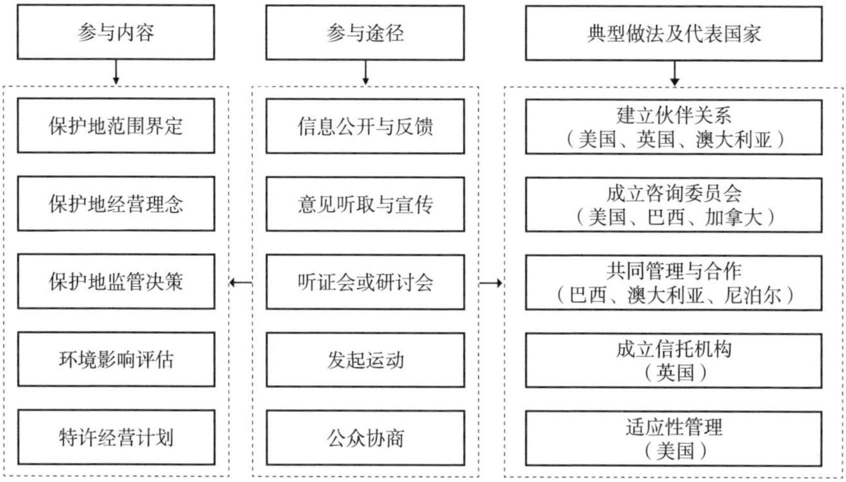

图8-3　域外典型国家自然保护地社会公众参与的内容与方式

但上述国家与地区自然保护地的社会公众参与方式主要针对某一具体事务，而未从综合性视角出发，在整个海洋资源资产监管领域形成具有层次的社会公众参与体系。基于此，通过对部分国家和地区公众参与方式的比较与整合，可将海洋资源资产综合监管法律制度中社会公众参与机制的层次及具体实现方式总结为主动参与和被动参与两个类别，详见图 8-4。

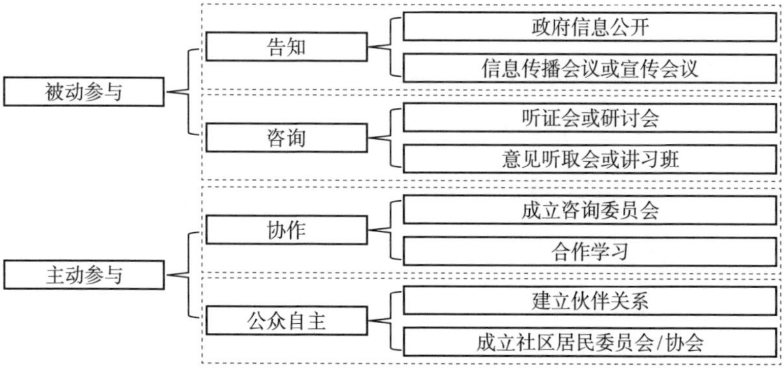

图8-4　海洋资源资产综合监管社会公众参与方式

三、社会公众参与机制的体系构建

海洋资源资产监管中的社会公众参与机制，应该是包括知情机制、表达机制和诉讼机制等多种子机制的统一体。当然，这种体系也需要相配套的监督机制和激励机制。①

第一，知情机制。知情机制是公众参与机制的首要环节，它是公众参与海洋资源资产监管的前提条件，是表达机制和诉讼机制的基础。这一机制的确立依据是对公民知情权的保障。建立知情机制，就是要使每个人都能及时和适当地获得政府海洋管理机构所持有的关于海洋事务的资料，并给公众了解影响海洋资源资产监管的各种信息的机会，为公众提供关于海洋环境保护方面的见证检测、海域有偿使用、丰富海洋知识等的机会，然后公众根据这些资料和信息来决定或者选择自己的生活。

针对知情机制的构建，在立法方面应该做到以下三点。其一，由法律明确海洋信息公布的义务主体，扩大义务主体的范围。法律要明确规定政府海洋职能部门有义务公布海洋管理信息，如不公布就应该承担相应的法律责任。其二，明确海洋管理信息的范围和海洋管理信息公布的形式。我国公布的海洋管理信息的种类较为单一，应该扩大海洋管理信息的公布范围。政府公开信息的形式通常包括报纸、广播、电视、网络、听证会、报告会、新闻发布会、报告书等。当然，环境信息的公布也不能毫无限制，有些信息的公布可能会损害国家利益，如涉及国防安全、国家机密和公共安全的海洋管理信息就不宜公布；如果海洋信息的公开影响海洋公共利益本身的维护，也应当不予以公布。其三，建立公众依申请公开查询和获取海洋管理信息制度。法律应明文规定政府有责任接受公众对于获取海洋管理信息的申请，并制定相应的具体实施办法，使

① 王琪. 中国海洋管理：运行与变革[M]. 北京：海洋出版社，2014：171-176.

公众申请的范围、政府的回复期限、查询和获取费用的收取等问题做到有法可依，从而实现政府主动公开与依公众申请公开相结合的双管道海洋信息公开体制。

第二，表达机制。表达机制是知情机制的延伸，是公民的言论自由和参与决策权在海洋管理领域里的体现，也是公众参与机制的中心环节，其流畅程度决定着公众参与机制能否发挥作用。公众对海洋事务的表达表现在很多方面，包括积极参加海洋生态环境的保护、参与海洋法律法规的实施、参与海洋环境影响评价、参与对政府海洋部门及其工作人员的监督等。公众可以通过言论表达或听证、协商、信访、结社等方式直接参与海洋环境保护和海洋管理。根据我国的国体和实际国情，直接参与是我们应努力发展的参与形式，需构建能够确保公众得以有效表达、参与的法律机制。

参与决策权是公众参与海洋管理事务的基点。公众参与海洋决策的范围可以界定在以下三个方面。其一，公众对具体海洋环境活动决策的参与。在对海洋环境有影响或者有潜在影响的活动中，必须建立保证公众参与的程序，且该程序应该是透明的、可靠的、有成效的，国家应该通过高级别的法律或者行政法规，来建立这种程序。其二，公众对与海洋环境有关的海洋规划和海洋政策决策的参与。应保证公众参与与海洋环境有关的宏观计划和政策决策的准备过程，建立这样一种透明的制度框架，保证公众的有效参与。其三，海洋行政法规、法律决策的公众参与。公众应被保证能够在适当的阶段参与海洋行政法规和法律的决策及执行，使公众有直接或者间接的评论机会。

第三，诉讼机制。诉讼机制即救济机制，是公众参与机制的必要环节和重要保障。它指的是规定公众对政府海洋管理损害其权益的行为有权申诉，提请仲裁、复议，提出诉讼，有权要求政府海洋职能部门采取停止侵害、补救、赔偿损失等措施，并承担民事、行政、刑事责任的法律规定和程序。当遭遇利益损害或破坏时，人人都应该有诉诸法律救济的权利。诉诸司法，获得救济成为公众权益实现的最后保障。公众除了享有在一般直接的海洋利益损害问题上可以获得法律救济的权利之外，在其海洋管理事务中的知情权和参与决策权受到非法侵害时，也可以进行相应诉讼，得到法律救济。

第四，监督机制。监督机制是必不可少的配套机制，其主要目的是把海洋管理纳入公众的全方位、全过程监督之下，使海洋管理决策最大化地代表公共利益。但监督权的行使不能使公众本身的权利受到侵犯。监督的方式是多种多样的，公众对政府海洋职能部门采取的不适当的、构成现实的或者潜在影响的海洋政策和决策行为都可以进行质询、提出异议、检举或揭发、发起诉讼。从一定意义上讲，公众了解情况、表达意见等，都是一种有效的监督，具体形式如有关部门接受公众的来访，接受公众的举报等。而公众的监督既是对海洋决策的内容和程序的监督，也是对海洋决策前、决策中、决策后实施的全方位、全过程的监督。

第五，激励机制。着眼于公众的参与行为，一个合理有效的激励机制是对公众权益的保障。要改变海洋管理中公众参与的自主性、有效性差的现状，就要进一步提高公众参与的意识水平，仅仅依靠宣传教育等手段是远远不够的，适当的激励机制也是不可或缺的。

第四节 综合监管内容阶段化以促进价值实现

在大部制改革的进程中，我国现有的海洋资源资产监管虽具有综合监管的趋势，但实际上仍是各门类海洋资源资产分散监管制度的简单融合，而非海洋资源资产参与市场交易各阶段的综合监管。随着社会治理现代化进程的推进，以政府为主导的分散监管，从整体结构来看，重经济而轻环保，管理手段与方式单一，直接影响治理效果；从内部结构来看，亦存在权利（力）交叉、多头管理现象，导致管理部门之间权责不明，政出多门。①有鉴于此，应按照国有海洋资源资产进入市场参与交易的流程，对监管内容进行阶段性监管重点划分：一是源头严管，通过类型化处理，实现对生态系统的保护；二是公平交易，采取海洋资源资产经济价值与生态系统服务价值的评估组合，防止国有资产流失；三是方法创新，通过建立海洋资源资产大数据中心，共享海洋资源资产利用信息，使社会持久获益。

一、源头保护：海洋资源资产的类型化

类型化（categorization）的思考方式从整体、宏观、系统的角度出发来界定事物，通过对该事物（即客体）各构成要素的考察，从全局视角对该事物（即客体）的一般特征作出系统认知。本书所述监管客体的类型化不同于以海洋资源资产的种类进行划分的分散监管制度，而是在综合监管制度下，以监管目的的不同对海洋资源资产监管客体的类型化界定。从宏观层面入手，将海洋资源资产分为经营性与公益性两大类型。对前者实行资产化监督管理，以市场为主导，以资产增值、促进公平交易为

① 王刚，王印红．中国沿海滩涂的环境管理体制及其改革[J]．中国人口·资源与环境，2012，22（12）：13-18.

主要目的；而对后者实行资源化监督管理，以政府为主导，以资产保值、维护公共利益为主要目的。

第一，针对国有经营性海洋资源资产，应以实现资源资产的经济价值功能为主，侧重于市场经营监管，以维护所有者的合法权益。现阶段，我国尚未对国有经营性海洋资源资产明确规定标准化和透明化的市场交易原则，本质上未将其纳入市场框架，未实现合理的运营与监督管理。结合企业国有资产管理改革的经验，可成立一个独立于自然资源资产行政管理部门的资源资产专业运营公司，依法明确界定相关经营主体及其权利义务，健全国有经营性海洋资源资产综合监管法律制度，完善现代企业制度，实现海洋资源资产所有权、使用权与管理权的相互分离。其中，对于一般性海洋资源资产，可参照国有企业的混合所有制改革模式，建立混合所有企业，吸收国家、集体或个人等不同资本力量进入，以提高海洋资源资产的利用效率；对于战略性海洋资源资产，可依据市场交易规则对其进行价值评估，组建国有控股的自然资源型企业，根据目前国有企业改革模式进行管理与考核。

就监管的主要目的与原则而言，经营性海洋资源资产通常拥有相对完整的“权利束”结构，主要为市场提供产品。其主要目的在于促进相关产业的发展，提高国民收入，包括直接销售产品的收益以及相关产业发展的财政税收收入等。国有经营性海洋资源资产应主要通过市场手段运用与监管，按照市场规则公平交易或转让，政府不应过多干预运营过程。其中，出于维护国家安全和公共利益的需要，应受严格管控的国有经营性海洋资源资产，应遵循多功能利用的基本目标与监管原则，通过市场机制与行政管控机制的结合来运营和监管。

就经营性海洋资源资产的监管框架而言，应进一步明确具体保护与管理各类海洋资源资产的代理机构，建立全面统一的海洋资源资产监管制度，包括监管机构及其具体职责、海洋资源资产的价值评估、海洋资源资产监管行为的审计与考核等。厘清政府资源资产监督职能与企业资源资产运营职能的区别，使得经营性海洋资源资产的市场运营与代理监管等具体制度更为完善。

第二，针对公益性海洋资源资产，如自然风景名胜区等，应以生态环境功能为主，侧重于政府行政监管，以维护全民社会的福利效益。公益性海洋资源资产是指用来满足社会福利需要的非营利性海洋资源资产。其中，对于自然保护区等保护区类的公益性海洋资源资产，应当建立独立的海洋资源资产保护专业机构，加强各级风景名胜区与自然保护区的保护与管理。同时，中央政府与地方政府的监管层级界限应明确划分，将国家级公益性海洋资源资产的保护与管理职责收归中央政府。对于其他类别的公益性自然资源资产，应遵循国家所有和政府运营的保护与监管模式，健全公益性海洋资源资产监管法律制度，确保该类海洋资源资产用于公共领域。

就公益性海洋资源资产监管的主要目的与原则而言，公益性海洋资源资产，以及政府使用的公共用地，其监管的主要目的是提供公益性、基础性的公共产品或服务，侧重生态属性。监管的基本原则应遵循海洋资源资产节约利用和可持续发展规律，对经营性利用的行为进行严格限制。主要采用行政公共管理的手段进行监管与运营，并着眼于公益性海洋资源资产的生态环境影响与自然生态系统质量评估等。

就公益性海洋资源资产的监管框架而言，应在现行法律法规的基础上，对公益性海洋资源资产监督管理的具体托管机构作出明确规定，细化相关行政代理责任主体及其职责，逐步完善公益性海洋资源资产监管制度，如海洋资源资产登记注册、海洋资源资产核算、国有资源资产企业领导干部离任审计等。当前，有必要按照海洋资源资产的稀缺程度，将公益性海洋资源资产保护区进行细化，设立独立的保护管理单位，统一行使公益性保护区内资源使用与环境保护的监管职责。此外，应处理好央地之间的协调关系，合理划分行政监管权力，使得事权与财权相匹配。其中，国家级保护区应由中央层面直接监管，可在自然资源资产行政管理部门下设置专业化的监督管理机构，有效加强公益类海洋资源资产的保护与管理。

二、交易评估：资源资产经济价值与生态系统服务价值的组合

随着海洋资源资产经济潜力及战略价值的不断提升，国际海域尤其是公海保护区的资源开发利用保护逐渐成为海洋国家关注的焦点。[①]海洋资源资产综合监管在市场交易阶段，面临的主要问题是价值核算思路及评估方法不一，无法保证公平交易，导致国有资产流失严重。针对该问题，可通过海洋资源资产经济价值核算（economic value accounting）与生态系统服务价值评估（value evaluation of ecosystem service）的结合来解决，使二者互相作用、互为补充。二者的区别在于：海洋资源资产经济价值核算是基于经济属性的核算，而生态系统服务价值评估是基于生态属性的评估。

第一，海洋资源资产的经济价值核算，主要基于海洋资源资产的稀缺性，力图在海洋资源资产的社会和经济利益方面提供一种平衡后的聚焦。在维护市场秩序稳定的同时，督促综合监管政策合乎可持续发展的要求。具体方式如下：（1）提供通用框架，将科学、经济和社会证据放在

---

① 郭建科，董梦如，郑苗壮，等. 海洋命运共同体视域下国际海洋资源战略价值评估理论与方法[J]. 自然资源学报，2022，37（4）：985-998.

一起，进行特定主题或地点的分析；（2）认识到海洋资源环境问题的空间变化，通过全面的成本收益分析和风险评估，显著降低在监管决策中忽视自然环境价值（无论是否货币化）的风险；（3）促进以更创新的方法制定监管政策解决方案，为长期的生态系统核算提供数据基础。

通过海洋资源资产经济价值核算，了解海洋资源资产的范围、储量等现实状况，从而确定来自这些海洋资源资产的直接与间接经济利益，并对该利益进行估值。掌握关于海洋资源资产的范围和使用收益的信息，通过促使海洋资源资产的全部长期价值透明化，保障社会公众的参与权和知情权，督促政府部门作出合理有效的海洋资源资产综合监管决策。一方面，海洋资源资产经济价值核算能够反映出海洋资源资产综合监管制度变化对资源资产可提供的利益范围的影响，包括一种自然生境到另一种自然生境的变化，亦包括自然生境改变为房地产开发等硬性工程的变化。另一方面，海洋资源资产经济价值核算还能反映出具体变化的调整对海洋资源资产及其利益和价值的影响。揭示不同海洋资源资产所具有的公共和私人利益价值的差异，是确定不同阶段海洋资源资产综合监管决策之间的权衡与协同作用的关键。

海洋资源资产经济价值核算形成的数据统计信息，可采用环境经济综合核算体系（System of Integrated Environmental and Economic Accounting，简称SEEA）的基本框架，将海洋资源资产使用收益的价值与维持资源资产存续的成本进行比较。货币储量与经济流量的基础是自然资源和商品，环境统计与环境的可持续发展指标基本上反映了绝大多数自然资源、环境与经济活动之间的内部联系。当前，我国地方层面的实践中，已有部分地区进行了试点，如浙江省湖州市、海南省三亚市以及福建省连江县等。SEEA的基本框架包括：（1）供给与使用账户（资产登记册），即海洋资源资产的面积、类型和开发利用条件；（2）环境保护支出核算，即为了避免环境恶化或在恶化发生后为减轻其程度而发生的实际费用；（3）价值形态的生产性资产账户，即通过生产活动形成的产品；（4）非生产性经济资产（海洋资源）实物账户，即海洋资源资产的来源，也即海洋资源本身的物理流动情况；（5）海洋资源的价值账户，即海洋资源资产使用收益的货币价值，连同海洋资源资产在其存续期间的总价值；（6）实物性环境资产账户；（7）外溢账户；（8）外溢的维持成本，即当前和未来海洋资源资产维持活动所需的成本；（9）合计与制表；（10）国民经济核算（System of National Accounts，简称SNA）与经过环境调整的核算指标的对比。

第二，海洋资源资产的生态系统服务价值评估，主要基于海洋资源资产在生态层面的可持续性。生态系统是自然生态环境中生物和非生物组成部分之间相互作用的复杂架构。通过彼此之间的相互作用，促进海洋资源资产生态环境调节的进程，即生态系统服务。与调节大气中的气体、大规模过滤和水净化等人为干预效果相比，生态系统服务更符合成本收益原则，丰富了人类生活，但往往因价值评估与监管决策中缺乏这方面的信息，或因其在市场经济直接调整范围之外而被忽视。

生态系统服务价值被定义为自然界为个体生存与社会发展带来的利益，或自然生态系统为人类社会福祉作出的直接与间接贡献。维护生物多样性是生态系统服务价值的中心。根据海洋资源资产价值评估的目的不同，可将生态系统服务价值进一步区分为可直接转化为利益的服务价值（称为“最终生态系统服务”）和支持其他服务的服务价值（称为“中间生态系统服务”）。

生态系统服务价值评估是一种综合考虑影响生态系统或受生态系统

影响的监管决策所带来的全部收益和成本（包括货币和非货币）的方法。亦即，生态系统所提供的直接或间接影响人类福祉的结果和成果，与海洋资源资产的监管决策相关联，旨在社会、环境和经济要素之间进行价值的权衡。澳大利亚农渔和林业部曾委托智库就生态系统服务概念的发展及其与澳大利亚政府和社会其他部门政策制定的相关性提出分析报告。根据澳大利亚《农渔和林业部关于生态系统服务讨论文件》的结论，实行生态系统服务价值评估的最大作用之一是，促进各方就澳大利亚在农业自然资源资产领域面临的复杂重大政策挑战进行对话。生态系统服务价值评估通过改进治理安排，评估政府和社会各领域的生态系统服务，有利于海洋资源资产的综合监管决策在维护市场公平交易的同时，兼顾海洋资源资产的可持续利用与生态价值的实现。

三、方法创新：海洋资源资产大数据中心的建立

法治是一项系统工程，其实现需要政治经济体制、机制等诸多因素的配合。[①]数字经济的快速发展在促进产业生产方式改革与人类生活方式创新的同时，更成为世界各国实现经济可持续发展的重要支撑，各国间的市场竞争已转换为数字经济发展中的利益博弈。如何充分利用大数据这一新型治理资源，谋划海洋资源资产大数据中心建设，是当前加强海洋资源资产综合监管需要探讨的一个重要问题。

第一，海洋资源资产大数据中心建立的可行性。制度可以决定社会结构与社会类型，制度赏罚能够影响历史的走势走向。[②]迄今为止，大数据的发展不仅带来了技术变革，同时亦对世界各国海洋资源资产的监

---

① 陈金钊．体系思维的姿态及体系解释方法的运用[J]．山东大学学报（哲学与社会科学版），2018（2）：69-81.

② 韩东屏．制度的威力[M]．武汉：华中科技大学出版社，2018：77.

管模式带来了较大的影响。当今世界，数据的战略化、资产化和社会化特征愈发显著，世界各国将数据资源作为国家战略资产的意识也愈加强烈。发达国家通过现代云计算、大数据以及其他新型信息技术为政府监管决策提供各种服务，包括海洋资源资产的勘探、海洋资源资产产权注册、海洋资源资产开采行政许可、海洋资源资产使用收益管理等。通过数据的收集与对比分析，为海洋资源资产评估和科学决策提供信息来源，从而促进政府监管工作的深度整合，实现监管方法的数据化，使政府部门的监管决策更加灵活化、市场化和科学化。①

大数据的优势在于弥补了政府部门在数据资源开放性、共享性以及关联性等方面的局限，大量的资源利用数据、污染排放数据等相互关联，使得海洋资源资产综合监管部门的工作重心逐渐向数据化转变。这就要求现有的监管工作应做出如下两方面的改变：一是部门设置以及人员安排的综合化，即整合多个监管部门职能，减少部门职能重叠与部门人员冗杂的现象，对各类海洋资源资产的开发利用实行综合化的监督管理。二是行政审批的智能化，即将海洋资源资产项目审批的各个环节进行切割，细分为不同流程模块，且在每个流程模块中创建问答机制，实现海洋资源资产项目审批全流程的自助服务。

对各类海洋资源资产进行综合监管，有利于统筹协调资源资产开发利用与权益保护以及生态环境保护，提高资源监管效能，是实现生态文明发展战略的科学管理方式。大数据与信息化的运用，能在各个阶段为海洋资源资产的综合监管提供技术手段的支持。通过海洋资源资产大数据中心的分析，可以提高突发卫生事件以及自然灾害等社会公共问题的

---

① 张惠远，郝海广，范小杉. 我国自然资源资产管理存在的问题与对策建议[J]. 环境保护，2015，43（11）：30-33.

预测水平。海洋资源资产大数据中心的建立，是海洋资源资产统一确权登记制度完善、自然保护地体系建设以及海洋资源资产综合监管制度实现的重要方式。

第二，海洋资源资产大数据中心建立的具体举措。根据数据信息的来源不同，海洋资源资产的相关数据信息可被划分为两大类别：一是政府数据信息，以结构化数据为主，具体包括调查统计数据信息和部门业务数据信息。二是市场数据信息，包括物联网数据信息和互联网数据信息，前者以半结构化数据为主，后者以非结构化数据为主。该类数据信息来源广泛，如政府、社会公众等各层级市场主体。大数据中心将各类与海洋资源资产相关的海量数据信息进行整合，推动海洋资源资产综合监管的数据化进程。自然资源部成立后，从组织体制角度上看，与海洋资源资产相关的土地、矿产、地质调查、测绘、海洋、林业、草原、水资源等数据信息将得以整合，长期以来制约海洋资源资产各专题数据在部门间流动、共享的体制障碍得以解决。

建立海洋资源资产大数据中心是资源资产监管方法创新的关键。大数据中心强调新理念、新技术、新方法、新工具的创新性应用，主要体现在硬科技技术的应用和软管理工具的应用等方面，尤其依赖海洋资源资产综合监管战略或规划以及生态系统建模等工具。（1）GIS技术、GPS、遥感、众筹、协同、模拟、建模、智慧网络、人工智能、参与性技术、情景分析、参与式规划等在不同环节应得到不同程度的融合与应用。这些新方法、新技术和新工具主要用于解决海洋资源资产综合监管中多尺度、利益冲突、动态变化性、复杂性等问题。（2）海洋资源资产综合监管战略和规划的编制实施。目前，很多国家都把海洋资源资产综合监管战略与规划的编制实施工作，作为海洋资源资产综合监管过程中整合各类生态信息、评估现有状态、寻求差距、实现共同目标和资源资产有效配置等的重要管理工具。具体而言，即在国家尺度上编制海洋资源资产综合监管战略，在基础生态单元尺度上编制海洋资源资产综合监管规划，包括流域综合监管规划、景观综合监管规划以及自然保护地综合监管规划等。（3）应注重生态系统监测、生态系统综合评价、生态系统模型等工具方法的开发利用，并逐步将之运用于海洋资源资产综合监管决策与行动当中。

参考文献

一、外文参考文献

[1] Aristotle. The Politics[M]. tr., Lord C. University of Chicago Press. 1984：1299a15.

[2] Coase R. H. The Federal Communications Commission[J]. The Journal of Law and Economics，1959（2）：1-40.

[3] Columbia Electronic Encyclopedia. 6th Edition[M]. Columbia University Press. 2019：1.

[4] Daly E. H. Beyond Growth：the Economics of Sustainable Development[M]. Boston：Beacon Press，1996：75-80.

[5] Demsetz H. Toward a Theory of Property Rights[J]. The American Economic Review，1967，57（2）：347-359.

[6] Gillman H. The constitution besieged：The rise and demise of Lochner era police powers jurisprudence[M]. Durham：Duke University Press. 1993：65.

[7] Hardin G. The Tragedy of the Commons[J]. Science，1968（162）：1243.

[8] Jowsey E. Real Estate Economics[M]. London：Palgrave Macmillan，2011：520.

[9] Mogende E.，Kolawole O. Dynamics of local governance in natural resource conservation in the Okavango Delta [J]. Botswana Natural Resources Forum，2016，40（3）：93-102.

[10] Pearce D. W., Turner R. K. Economics of Natural Resources and the Environment[M]. Baltimore: Johns Hopkins University Press, 1989: 48.

[11] Rhodes R. A. W. The New Governance: Governing without Government[J]. Political Studies, 1996: 652-667.

[12] Rosenau J. N., Czempiel E. O. Governance without Government: Order and Change in World Politics[M]. Cambridgeshire: Cambridge University Press, 1995: 4-5.

[13] Ruth P., Karen V., Allan D. Evaluating Governance Arrangements and Decision Making for Natural Resource Management Planning: An Empirical Application of the Governance Systems Analysis Framework[J]. Society & Natural Resources, 2016(11): 1325-1341.

[14] Samuelson P. A. The Pure Theory of Public Expenditure[J]. The Review of Economic and Statistics, 1954, 36(4): 387.

[15] Sax J. L. The Public Trust Doctrine in Natural Resource Law: Effective Judicial Intervention[J]. Michigan Law Review, 1970, 68(3): 471-566.

[16] Torres G. Who Owns the Sky?[J]. Pace Environmental Law Review, 2001(18): 227.

二、中文参考文献

(一)著作类

[17] A. 迈里克·弗尔曼. 环境与资源价值评估——理论与方法[M]. 曾贤刚译. 北京：中国人民大学出版社，2002：60-71.

[18] 阿兰·兰德尔. 资源经济学：从经济角度对自然资源和环境政策的探讨[M]. 施以正译. 北京：商务印书馆，1989：11.

[19] 阿瑟·塞西尔·庇古. 福利经济学[M]. 朱焕，张胜纪，吴良健译. 北京：商务印书馆，2020：345-346.

[20] 埃莉诺·奥斯特罗姆. 公共事物的治理之道：集体行动制度的演进[M]. 余逊达，陈旭东译. 上海：上海译文出版社，2012：32.

[21] 艾琳·麦克哈格，巴里·巴顿，阿德里安·布拉德布鲁克，等. 能源与自

然资源中的财产和法律[M]. 胡德胜，魏铁军译. 北京：北京大学出版社，2014.

[22] 安东尼·德·雅赛. 重申自由主义[M]. 陈茅，徐力源，刘春瑞，等译. 北京：中国社会科学出版社，1997：178.

[23] 奥托·基尔克. 私法的社会任务[M]. 刘志阳，张小丹译. 北京：中国法制出版社，2017：26.

[24] 保罗·霍肯，埃默里·洛文斯，亨特·洛文斯. 自然资本论：关于下一次工业革命[M]. 王乃粒，诸大建，龚义台译. 上海：上海科学普及出版社，2002：1-21.

[25] 保罗·萨缪尔森，威廉·诺德豪斯. 经济学[M]. 第十七版. 萧琛，等译. 北京：人民邮电出版社，2004：99.

[26] 保罗·萨缪尔森，威廉·诺德豪斯.经济学（上册）[M].第十九版.萧琛，等译.北京：商务印书馆，2012：453.

[27] 常纪文. 生态文明体制改革与法治建设的理论和实践[M]. 北京：中国法制出版社，2019.

[28] 陈运生. 法律冲突解决的进路与方法[M]. 北京：中国政法大学出版社，2017：6.

[29] 崔建远. 准物权研究[M]. 北京：法律出版社，2012：25.

[30] 崔旺来，钟海玥. 海洋资源管理[M]. 青岛：中国海洋大学出版社，2017：12.

[31] 道格拉斯·C. 诺思. 制度、制度变迁与经济绩效[M]. 杭行译. 韦森译审. 上海：格致出版社，上海三联书店，上海人民出版社，2014：50.

[32] 邓绶林. 地学辞典[M]. 石家庄：河北教育出版社，1992：1360.

[33] 丁丽瑛. 传统知识保护的权利设计与制度构建——以知识产权为中心[M]. 北京：法律出版社，2009：311.

[34] E. S. 萨瓦斯. 民营化与公私部门的伙伴关系[M]. 周志忍，等译. 北京：中国人民大学出版社，2017：48-52.

[35] 范厚明. 国外海洋强国建设经验与中国面临的问题分析[M]. 北京：中国社会科学出版社，2014:51-114，173.

[36] 房绍坤. 矿业权法律制度研究[M]. 北京：中国法制出版社，2013：228.
[37] 房绍坤. 物权法的变革与完善[M]. 北京：北京大学出版社，2019：33.
[38] 封丽霞. 中央与地方立法关系法治化研究[M]. 北京：北京大学出版社，2008：454.
[39] 冯玉军. 法经济学范式[M]. 北京：清华大学出版社，2009：216，363.
[40] 付子堂. 中国地方立法报告（2018）[M]. 北京：社会科学文献出版社，2018：198.
[41] 高桂林，杨雪婧. 生态文明视野下自然资源法治研究[M]. 北京：中国政法大学出版社，2021：243.
[42] 格拉齐亚·博瑞尼-费耶阿本德，奈杰尔·达德利，蒂尔曼·耶格，等. IUCN自然保护地治理——从理解到行动[M]. 朱春全，李叶，赵云涛，等译. 北京：中国林业出版社，2016：15，45.
[43] 龚洪波. 海洋政策与海洋管理概论[M]. 北京：海洋出版社，2015.
[44] 哈特. 法律的概念[M]. 第三版. 许家馨，李冠宜译. 北京：法律出版社，2018：1.
[45] 韩东屏. 制度的威力[M]. 武汉：华中科技大学出版社，2018：77.
[46] 汉斯-贝恩德·舍费尔，克劳德·奥特. 民法的经济分析[M]. 江清云，杜涛译. 北京：法律出版社，2009.
[47] 贺义雄. 中国海域资源资产经营研究：理论·方法·应用[M]. 南京：东南大学出版社，2016：28-29.
[48] 胡正良. 海事法[M]. 北京：北京大学出版社，2009：4.
[49] 加藤雅信. "所有权"的诞生[M]. 郑芙蓉译. 北京：法律出版社，2012：70.
[50] 简资修. 经济推理与工具[M]. 北京：北京大学出版社，2006：3.
[51] 经济合作与发展组织（OECD）. 海洋经济2030[M]. 林香红，宋维玲，等译. 北京：海洋出版社，2019：241.
[52] 理查德·A.波斯纳. 法律的经济分析（上）[M]. 蒋兆康译. 北京：中国大百科全书出版社，1997：40.
[53] 理查德·A. 波斯纳. 法律的经济分析[M]. 蒋兆康译. 北京：法律出版

社，2012：52.

[54] 李家彪，杨志峰. 陆海统筹海洋生态环境治理实践与对策[M]. 上海：上海科学技术文献出版社，2021：186.

[55] 李景光. 国外海洋管理与执法体制[M]. 北京：海洋出版社，2014：26-29，183.

[56] 李松森，王堃. 中国产业结构调整与财政政策选择[M]. 大连：东北财经大学出版社，2014：322.

[57] 梁上上. 利益衡量论[M]. 北京：法律出版社，2013：171.

[58] 刘智慧. 占有制度原理[M]. 北京：中国人民大学出版社，2007：73.

[59] 鲁道夫·萨科，拉法埃莱·卡泰丽娜. 占有论[M]. 贾婉婷译. 北京：中国政法大学出版社，2014：353.

[60] 罗伯特·鲍德温，马丁·凯夫，马丁·洛奇. 牛津规制手册[M]. 宋华琳，李鸻，安永康，等译. 上海：上海三联书店，2017：643.

[61] 罗伯特·考特，托马斯·尤伦. 法和经济学[M]. 第六版. 史晋川，董雪兵，等译. 史晋川审校. 上海：格致出版社，上海三联书店，上海人民出版社，2012：135-136.

[62] 罗杰·科特维尔. 法律社会学导论[M]. 潘大松译. 北京：华夏出版社，1989：83.

[63] 罗纳德·H. 科斯. 财产权利与制度变迁：产权学派与新制度学派译文集[M]. 刘守英，等译. 上海：格致出版社，上海三联书店，上海人民出版社，2014：204.

[64] 罗施福. 海域资源市场化配置的法律机制研究[M]. 厦门：厦门大学出版社，2019：33-34.

[65] 罗斯科·庞德. 法律史解释[M]. 邓正来译. 北京：中国法制出版社，2002：225-226.

[66] 罗斯科·庞德. 法理学：第三卷[M]. 廖德宇译. 北京：法律出版社，2007：22.

[67] 马丁·范·海思. 对法、权利和自由的规范分析[M]. 席天扬，方钦译. 上海：上海财经大学出版社，2012：221.

[68] 马怀德. 我国法律冲突的实证研究[M]. 北京：中国法制出版社，2010：20.
[69] 马克思. 资本论：第一卷[M]. 北京：人民出版社，2018：96-97.
[70] 马英杰. 海洋环境保护法概论[M]. 北京：海洋出版社，2012：60.
[71] 马永欢，吴初国，曹清华. 生态文明视角下的自然资源管理制度改革研究[M]. 北京：中国经济出版社，2017：18-20.
[72] 曼昆. 经济学原理：微观经济学分册[M]. 第五版. 梁小民，梁硕译. 北京：北京大学出版社，2009：233-234.
[73] 曼瑟尔·奥尔森. 集体行动的逻辑[M]. 陈郁，郭宇峰，李崇新译. 上海：格致出版社，上海三联书店，上海人民出版社，2019：1.
[74] 潘绍忠，王建瑞，肖东升. 内河海商法律实务[M]. 北京：法律出版社，2010：28.
[75] 齐佩利乌斯. 法学方法论[M]. 金振豹译. 北京：法律出版社，2009：61.
[76] 乔纳森·M. 哈里斯，布瑞恩·罗奇. 环境与自然资源经济学：现代方法[M]. 第三版. 孙星译. 上海：上海财经大学出版社，2017：167.
[77] 秦前红. 新宪法学[M]. 武汉：武汉大学出版社，2005：84.
[78] 施志源. 生态文明背景下的自然资源国家所有权研究[M]. 北京：法律出版社，2015：147.
[79] 斯蒂文·G. 米德玛. 科斯经济学——法与经济学和新制度经济学[M]. 罗君丽，李井奎，茹玉骢译. 张旭昆校. 上海：格致出版社，上海三联书店，上海人民出版社，2018：223.
[80] 斯图尔特·班纳. 财产故事[M]. 陈贤凯，许可译. 北京：中国政法大学出版社，2017：70.
[81] 托马斯·索维尔. 经济学的思维方式[M]. 吴建新译. 成都：四川人民出版社，2018：375-376.
[82] 王春业. 区域合作背景下地方联合立法研究[M]. 北京：中国经济出版社，201：139-201.
[83] 王冠玺. 中国滨海地区法律问题研究[M]. 杭州：浙江大学出版社，2016：76-77.

[84] 王洪亮. 自然资源物权法律制度研究[M]. 北京：清华大学出版社，2017：64.
[85] 王克稳. 行政许可中特许权的物权属性与制度构建研究[M]. 北京：法律出版社，2015：279.
[86] 王琪. 中国海洋管理：运行与变革[M]. 北京：海洋出版社，2014：171-176.
[87] 王松霈. 走向21世纪的生态经济管理[M]. 北京：中国社会科学出版社，2015：282.
[88] 魏伯乐，奥兰·扬，马赛厄斯·芬格. 私有化的局限[M]. 王小卫，周缨译. 上海：格致出版社，上海三联书店，上海人民出版社，2019：314.
[89] 威廉·M. 兰德斯，理查德·A. 波斯纳. 知识产权法的经济结构[M]. 金海军译. 北京：北京大学出版社，2005：17.
[90] 威廉·配第. 赋税论 献给英明人士 货币略论[M]. 陈冬野，马清槐译. 北京：商务印书馆，2022：4.
[91] 武钦殿. 地方立法专题研究——以我国设区的市地方立法为视角[M]. 北京：中国法制出版社，2018：87.
[92] 辛向阳. 百年博弈——中国中央与地方关系100年[M]. 济南：山东人民出版社，2000：294.
[93] 杨德才. 新制度经济学[M]. 北京：中国人民大学出版社，2019：234-260.
[94] 杨登峰. 法律冲突与适用规则[M]. 北京：法律出版社，2017：76.
[95] 耶林. 为权利而斗争[M]. 刘权译. 北京：法律出版社，2019：10-14.
[96] 约翰·C. 伯格斯特罗姆，阿兰·兰多尔. 资源经济学：自然资源与环境政策的经济分析[M]. 第三版. 谢关平，朱方明译. 北京：中国人民大学出版社，2015：205-206.
[97] 詹姆斯·塔利. 论财产权：约翰·洛克和他的对手[M]. 王涛译. 北京：商务印书馆，2014：94.
[98] 张丽萍. 自然资源学基本原理[M]. 第二版. 北京：科学出版社，2017：6.

[99] 张文显. 法学基本范畴研究[M]. 北京：中国政法大学出版社，1993：256.
[100] 张永健. 物权法之经济分析：所有权[M]. 北京：北京大学出版社，2019：54.
[101] 郑永琴. 资源经济学[M]. 北京：中国经济出版社，2013：21.
[102] 周江，刘畅，黄昀. 菲律宾、印度尼西亚、新加坡海洋法律体系研究[M]. 北京：知识产权出版社，2020：167.
[103] 周旺生. 法理学[M]. 北京：北京大学出版社，2007：483.
[104] 朱迪·丽丝. 自然资源：分配、经济学与政策[M]. 蔡运龙，杨友孝，秦建新，等译. 北京：商务印书馆，2002：428.
[105] 朱晓东，李杨帆，吴小根，等. 海洋资源概论[M]. 北京：高等教育出版社，2005：13-14.

（二）期刊和论文等类

[106] 常纪文. 国有自然资源资产管理体制改革的建议与思考[J]. 中国环境管理，2019，11（1）：11-22.
[107] 陈东，杨平宇. 新时代我国产权制度改革的路径选择[J]. 山东财经大学学报，2019，31（5）：25-35.
[108] 陈金钊. 体系思维的姿态及体系解释方法的运用[J]. 山东大学学报（哲学与社会科学版），2018（2）：69-81.
[109] 陈可文. 简论海域使用权的界定、确立与管理[J]. 海洋开发与管理，2000（1）：9-13.
[110] 陈书全. 海域资源市场化管理的问题与对策研究[J]. 山东社会科学，2012（10）：146-148.
[111] 陈艳，韩立民. 海域资源产权初始配置模式探讨[J]. 中国渔业经济，2005（6）：17-19.
[112] 陈艳，文艳. 海域资源产权的流转机制探讨[J]. 海洋开发与管理，2006（1）：61-64.
[113] 成金华，尤喆. "山水林田湖草是生命共同体"原则的科学内涵与实践

路径[J]. 中国人口·资源与环境，2019，29（2）：1-6.
[114] 程雪阳. 国有自然资源资产产权行使机制的完善[J]. 法学研究，2018，40（6）：145-160.
[115] 邓玲. 自然资源治理的法理逻辑辨析[J]. 国土资源情报，2019（5）：3-7.
[116] 邓正来. 社会秩序规则二元观——哈耶克法律理论的研究[J]. 北大法律评论，1999（2）：395-445.
[117] 丁栋虹，贾砚林，丁梅芳. 共有财产资源产权结构的特点与利用行为[J]. 中国环境科学，1999（5）：477-480.
[118] 封志明，杨艳昭，闫慧敏，等. 自然资源资产负债表编制的若干基本问题[J]. 资源科学，2017，39（9）：1615-1627.
[119] 高世楫，王海芹，李维明. 改革开放40年生态文明体制改革历程与取向观察[J]. 改革，2018（8）：49-63.
[120] 顾建光. 从公共服务到公共治理[J]. 上海交通大学学报（哲学社会科学版），2007（3）：50-55.
[121] 谷树忠. 自然资源资产及其负债表编制与审计[J]. 中国环境管理，2016，8（1）：30-33.
[122] 谷树忠，李维明. 自然资源资产产权制度的五个基本问题[N]. 中国经济时报，2015-10-23（14）.
[123] 郭建科，董梦如，郑苗壮，等. 海洋命运共同体视域下国际海洋资源战略价值评估理论与方法[J]. 自然资源学报，2022，37（4）：985-998.
[124] 郭晓虹，麻昌华. 论自然资源国家所有的实质[J]. 南京社会科学，2019（5）：108-112.
[125] 韩立民，陈艳. 共有财产资源的产权特点与海域资源产权制度的构建[J]. 中国海洋大学学报（社会科学版），2004（6）：122-127.
[126] 何登辉. 论自然资源国家所有权的实现路径[J]. 苏州大学学报（法学版），2016，3（3）：39-50.
[127] 胡亮，郑玉婷. 生态治理“简约化”的实践与反思[J]. 河海大学学报（哲学社会科学版），2021，23（1）：57-63，107.
[128] 胡咏君，谷树忠. 自然资源资产研究态势及其分析[J]. 资源科学，

2018，40（6）：1095-1105.

[129] 胡玉鸿. 试论法律位阶划分的标准——兼及行政法规与地方性法规之间的位阶问题[J]. 中国法学，2004（3）：24-34.

[130] 胡中华. 自然资源调查制度的建构逻辑与路径[J]. 中国地质大学学报（社会科学版），2020，20（6）：27-41.

[131] 黄惠冰，胡业翠，张宇龙，等. 澳大利亚海岸带综合管理及其对中国的借鉴[J]. 海洋开发与管理，2021，38（1）：28-35.

[132] 吉扬. 新制度经济学的产权理论对于治理辽宁省海域污染的启示[J]. 海洋开发与管理，2009，26（7）：21-23.

[133] 简资修. 经济分析作为法律科学[J]. 中国法律评论，2019（2）：101-115.

[134] 姜大明. 全面节约和高效利用资源[N]. 人民日报，2015-12-08（7）.

[135] 李方，于姬，付元宾，李晴，马恭博，杜宇. "十三五"期间我国无居民海岛综合管理对策研究[J]. 海洋开发与管理，2016，33（S2）：7-12.

[136] 李飞星. 海域管理"产权悖论"对海洋资源的影响[J]. 开放导报，2010（4）：90-94.

[137] 李加林，沈满洪，马仁锋，等. 海洋生态文明建设背景下的海洋资源经济与海洋战略[J]. 自然资源学报，2022，37（4）：829-849.

[138] 李松森，夏慧琳. 自然资源资产管理体制：理论引申与路径实现[J]. 东北财经大学学报，2017（4）：47-54.

[139] 李晓安，张文斐. 耦合性视域下保理合同"入典"辨思[J]. 山东社会科学，2020（2）：30-35.

[140] 李晓安，张文斐. 涉海部门规章与地方性法规冲突解决的路径分析[J]. 北京行政学院学报，2021（3）：84-90.

[141] 李晓安，张文斐. 应对气候变化立法模式的经济分析[J]. 制度经济学研究，2020（2）：213-229.

[142] 李欣，叶果. 海岸带规划的相关政策保障[J]. 中国土地，2020（3）：25-28.

[143] 李朝晖. 从有法可依到立法精细化[J]. 特区实践与理论，2014（6）：

12-13.
[144] 柳百萍. 论我国海域有偿使用制度[J]. 安徽农业大学学报（社会科学版），2002（6）：53-55.
[145] 刘伯恩. 自然资源管理体制改革发展趋势及政策建议[J]. 中国国土资源经济，2017，30（4）：18-21.
[146] 刘春燕，唐俐. 论无居民海岛使用权的性质[J]. 海南广播电视大学学报，2017，18（4）：105-109.
[147] 刘大海，管松，邢文秀. 基于陆海统筹的海岸带综合管理：从规划到立法[J]. 中国土地，2019（2）：8-11.
[148] 刘丽，陈丽萍，刘伟，等. 自然资源资产管理的国际经验借鉴[J]. 国土资源情报，2016（10）：3-8.
[149] 刘练军. 自然资源国家所有的制度性保障功能[J]. 中国法学，2016（6）：73-92.
[150] 刘细良，樊娟. 基于公共资源配置的腐败形成机理分析[J]. 湖南大学学报（社会科学版），2010，24（4）：128-132.
[151] 卢瑶，熊友华. 生态环境损害赔偿制度的理论基础和完善路径[J]. 社会科学家，2019（5）：131-138.
[152] 吕忠梅. 习近平法治思想的生态文明法治理论[J]. 中国法学，2021（1）：48-64.
[153] 马晓路. 现代海事立法下我国海事立法协调问题研究[D]. 大连海事大学，2015.
[154] 马永欢，吴初国，黄宝荣，等. 构建全民所有自然资源资产管理体制新格局[J]. 中国软科学，2018（11）：10-16.
[155] 马永欢，吴初国，强海洋，等. 健全自然资源融合管理机制研究[J]. 中国软科学，2022（8）：12-18.
[156] 梅宏. 滨海湿地保护：韩国的立法及启示[J]. 湿地科学与管理，2011（4）：52-55.
[157] 梅宏，高歌. 日本湿地保护立法及启示[J]. 环境保护，2010（22）：72-74.

[158] 孟磊，李显冬. 自然资源基本法的起草与构建[J]. 国家行政学院学报，2018（4）：103-108.

[159] 倪国江，刘洪滨，马吉山. 加拿大海洋创新系统建设及对我国的启示[J]. 科技进步与对策，2012，29（8）：39-42.

[160] 潘佳. 自然资源使用权限制的法规范属性辨析[J]. 政治与法律，2019（6）：132-140.

[161] 彭诚信. 自然资源上的权利层次[J]. 法学研究，2013，35（4）：64-66.

[162] 蒲方合. 国有矿产资源资产的流失及其法律保护[J]. 北京航空航天大学学报（社会科学版），2016，29（6）：19-26.

[163] 钱春泰，裴沛. 美国海洋管理体制及对中国的启示[J]. 美国问题研究，2015（2）：1-21，198.

[164] 秦天宝，刘彤彤. 自然保护地立法的体系化：问题识别、逻辑建构和实现路径[J]. 法学论坛，2020，35（2）：131-140.

[165] 单平基，彭诚信."国家所有权"研究的民法学争点[J]. 交大法学，2015（2）：34-58.

[166] 商思争，易爱军. 自然资源资产产权、属性与自然资源资产负债表编制框架[J]. 财会月刊，2017（28）：18-22.

[167] 邵岚，艾畅. 重点国有林区森林资源垂直管理体制刍议[J]. 林业经济，2012（8）：76-79.

[168] 沈惠敏，柯青. 知识管理技术与协同技术的融合[J]. 科技进步与对策，2013，30（1）：136-139.

[169] 沈兴兴，曾贤刚. 世界自然保护地治理模式发展趋势及启示[J]. 世界林业研究，2015，28（5）：44-49

[170] 石莉. 美国的新海洋管理体制[J]. 海洋信息，2006（3）：24-26.

[171] 宋宇文. 论生态文明建设中环境利益的类型与法律保护机制——基于庞德利益理论的视角[J]. 南京师大学报（社会科学版），2016（1）：74-80.

[172] 苏宇. 权力概念的变迁与反思[J]. 北大法律评论，2018（1）：88-119.

[173] 汤建鸣，李荣军. 构建海域使用权流转机制初探[J]. 海洋开发与管理，

2010，27（7）：8-11.

[174] 万志前，张文斐. 知识产权视角下农民品种保护的规范构造[J]. 华中农业大学学报（社会科学版），2021（2）：148-155.

[175] 王尔德. 自然资源资产应按公益类和经营类分类管理——专访全国人大环资委法案室副主任王凤春[J]. 中国环境管理，2016，8（1）：20-22.

[176] 王刚，王印红. 中国沿海滩涂的环境管理体制及其改革[J]. 中国人口·资源与环境，2012，22（12）：13-18.

[177] 王建廷. 我国地方海洋立法技术分析[J]. 海洋环境科学，2009（1）：96-99.

[178] 王江涛，李双建. 韩国海洋机构与战略变化及对我国影响浅析[J]. 海洋信息，2012，211（1）：61-64.

[179] 王晶，张志卫，金银焕等. 韩国《海洋空间规划与管理法》概况及对我国的启示[J]. 海洋开发与管理，2019，36（3）：10-16.

[180] 王克稳. 自然资源国家所有权的性质反思与制度重构[J]. 中外法学，2019，31（3）：626-647.

[181] 王克稳. 自然资源特许使用权之论[J]. 公法研究，2012（1）：1-22.

[182] 汪磊，黄硕琳. 海域使用权一级市场流转方式比较研究[J]. 广东农业科学，2010，37（6）：360-362.

[183] 王龙泉. 国外海洋资源开发管理模式——访英见闻及启迪[J]. 海洋开发与管理，1996（2）：49-51.

[184] 王淼，李蛟龙，江文斌. 海域资源三维多层产权研究[J]. 中国渔业经济，2012，30（3）：63-69.

[185] 汪全胜. 行政立法的“部门利益”倾向及制度防范[J]. 中国行政管理，2002（5）：17-18.

[186] 王旭. 论自然资源国家所有权的宪法规制功能[J]. 中国法学，2013（6）：5-19.

[187] 王涌. 自然资源国家所有权三层结构说[J]. 法学研究，2013，35（4）：48-61.

[188] 魏崇辉. 当代中国公共治理理论有效适用的目标、根基与可行路径分析[J]. 当代经济管理，2013，35（8）：46-49.

[189] 魏婷，李双建，于保华. 世界主要海洋国家海洋资源管理及对我国的借鉴[J]. 海洋开发与管理，2012，29（9）：1-5.

[190] 文艳，倪国江. 澳大利亚海洋产业发展战略及对中国的启示[J]. 中国渔业经济，2008，26（1）：79-82.

[191] 吴克勤，黄南春. 海域使用权配置的经济学分析[J]. 渔业经济研究，2009（6）：46-49.

[192] 向书坚，郑瑞坤. 自然资源资产负债表中的资产范畴问题研究[J]. 统计研究，2015，32（12）：3-11.

[193] 肖泽晟. 论公共资源特许使用权转让之限制[J]. 苏州大学学报（哲学社会科学版），2018，39（1）：48-55.

[194] 熊文钊，郑毅. 试述区域性行政协议的理论定位及其软法性特征[J]. 广西大学学报（哲学社会科学版），2011（4）：66-71.

[195] 徐孟洲. 论市场机制与宏观调控的经济法耦合[J]. 法学家，1996（2）：45-48.

[196] 严金明，王晓莉，夏方舟. 重塑自然资源管理新格局：目标定位、价值导向与战略选择[J]. 中国土地科学，2018，32（4）：1-7.

[197] 杨博文. 跨区域大气环境治理的法律经济分析[J]. 制度经济学研究，2017（4）：180-193.

[198] 杨建军. 现行法律解释机制的完善[J]. 政法论丛，2016（2）：144-152.

[199] 杨理. 中国草原治理的困境：从“公地的悲剧”到“围栏的陷阱”[J]. 中国软科学，2010（1）：10-16.

[200] 姚菊芬. 海域使用权市场化经营的法律问题探讨[J]. 特区经济，2007（6）：234-236.

[201] 姚朋. 当代加拿大海洋经济管理、海洋治理及其挑战[J]. 晋阳学刊，2021，249（6）：88-92，101.

[202] 叶榅平. 自然资源国家所有权的双重权能结构[J]. 法学研究，2016，38（3）：53-69.

[203] 叶榅平. 自然资源国家所有权主体的理论诠释与制度建构[J]. 法学评论，2017，35（5）：146-154.

[204] 叶榅平.自然资源国家所有权主体的全民性及实现机制[J].贵州省党校学报，2017（2）：57-62.

[205] 游锡火. 澳大利亚海洋产业发展战略及对中国的启示[J]. 未来与发展，2020，44（4）：80-83.

[206] 于广琳. 推进海域资源市场化配置 从源头防治腐败[J]. 海洋开发与管理，2010，27（2）：71-74.

[207] 余军华，袁文艺. 公共治理：概念与内涵[J]. 中国行政管理，2013（12）：52-55，115.

[208] 于青松. 合理配置海域资源 为建设海洋强国提供保障[J]. 海洋开发与管理，2012，29（12）：13-15.

[209] 袁一仁，成金华，陈从喜. 中国自然资源管理体制改革：历史脉络、时代要求与实践路径[J]. 学习与实践，2019（9）：5-13.

[210] 张海燕，樊江文，黄麟，等. 中国自然资源综合区划理论研究与技术方案[J]. 资源科学，2020，42（10）：1870-1882.

[211] 张宏亮，刘长翠，曹丽娟. 地方领导人自然资源资产离任审计探讨——框架构建及案例运用[J]. 审计研究，2015（2）：14-20.

[212] 张惠远，郝海广，范小杉. 我国自然资源资产管理存在的问题与对策建议[J]. 环境保护，2015，43（11）：30-33.

[213] 张文斐. 美国基因漂移侵权责任分析及启示[J]. 电子知识产权，2020（8）：65-74.

[214] 张文斐. 职务科技成果混合所有制的经济分析[J]. 软科学，2019，33（5）：51-54，64.

[215] 张亚峰，史会剑，时唯伟，等. 澳大利亚生态环境保护的经验与启示[J]. 环境与可持续发展，2018，43（5）：23-26.

[216] 张云峰，张振克，张静，陈洪渊. 欧美国家海洋空间规划研究进展[J]. 海洋通报，2013，32（3）：352-360.

[217] 张志宇. 自然资源产权与市场化改革初探[J]. 知识经济，2019（4）：

14，16.

[218] 赵亚莉，龙开胜. 自然资源资产全民所有权的实现逻辑及机制完善[J]. 中国土地科学，2020，34（12）：11-16，43.

[219] 郑贵斌，孙吉亭. 我国海域使用权的流转问题初探[J]. 东岳论丛，1998（5）：54-57.

[220] 郑晓曦，高霞. 我国自然资源资产管理改革探索[J]. 管理现代化，2013（1）：7-9.

[221] 周剑. 海洋经济发达国家和地区海洋管理体制的比较及经验借鉴[J]. 世界农业，2015（5）：96-100.

[222] 周乐萍. 澳大利亚海洋经济发展特性及启示[J]. 海洋开发与管理，2021，38（9）：3-8.

[223] 周泽夏. 知识产权法经济分析的理论基础——基于《知识产权法的经济结构》的讨论[J]. 政法论坛，2018，36（4）：168-178.

[224] 邹爱华，储贻燕. 论自然资源国家所有权和自然资源国家管理权[J]. 湖北大学学报（哲学社会科学版），2017，44（4）：88-96.

结语

健全海洋资源资产监管法律制度是推进我国生态文明体系建设的必然要求。针对当前海洋资源资产产权界定不明、开发与保护矛盾长期存在、监管体制效能有待检验等挑战，应如何调整既有法律规范体制，是建立健全海洋资源资产监管体系所要面对的核心问题。无论是对外应对国际规范的需求，或是对内联结地方政府因区域特性不同而产生的监管需求，加之海洋资源资产的公共性、稀缺性与跨领域性，海洋资源资产监管亟须注重“共有共享共治”、强调“合理永续利用”、构建“公平交易市场”。基于此，本书以“中国海洋资源资产监管法律制度”为研究命题，从海洋资源资产监管部门演变与制度变迁的视角切入，以产权理论、外部性理论与公共信托理论为指导，以供需均衡与效用最大化为目标，分析海洋资源资产不同监管模式的成本与预期收益，优化海洋资源资产多元综合监管法律制度规范构造，力图为大部制改革进程的推进提供具有可操作性的综合监管路径。

第一，采用文献研究方法，厘清了海洋资源资产产权“权利束”的构成。随着海洋资源资产产权制度改革的不断推进，其权属不清、多头监管等问题逐渐涌现，究其根本，原因在于海洋资源资产产权的权利边界不明。本书将海洋资源资产产权视为“一束权利的组合”，设计为所有权、使用权与共治权三个层次。其中，使用权与共治权派生于所有权，所有权是使用权与共治权的基础。海洋资源资产应由国家或集体共有，以促进海洋资源资产保值。海洋资源资产使用权应由市场主体限制性共享，以实现资产市场增值。海洋资源资产共治权则通过多元主体共治，以实现经济效益、社会效益与生态效益的均衡。明晰海洋资源资产产权权属主体与社会功能，可促进海洋资源资产的价值实现，为我国海洋资源资产综合监管制度的优化完善与生态文明体制建设奠定基础。

第二，采用法经济学研究方法，对海洋资源资产监管模式进行了比较分析。当前，我国学术界对海洋资源资产监管模式的选择主要集中在法学视角，缺乏经济学理论与研究方法的佐证。从实质上看，我国目前海洋资源资产监管模式仍属于单元分散监管模式，未与自然资源资产监管大部制改革相呼应。通过法经济学供需吻合度与成本收益分析的横向比较，多元监管模式供给相较于单元监管，更能满足法律体系融贯性需求与法律规范可行性需求；综合监管相较于分散监管，监管成本较低，且在法律体系、社会共识及地方立法实践运行等方面收益较高，基于综合监管模式的全面统一性与原则指引性，其适用还可获得促进能源结构转型与推动绿色产业发展等预期效益。因此，为使所付成本与所获效益达成正比，防止国有资产流失，提高资源资产配置效率，维护资源交易市场秩序，海洋资源资产的多元综合监管法律制度是我国健全海洋资源资产监管体系的最优选择。

第三，采用规范研究方法，提出了海洋资源资产多元综合监管制度的规范构造。海洋资源资产多元综合监管法律制度的建构与完善，应在自然资源资产监管大部制改革背景下，以经营性与公益性为标准，将海洋资源资产作类型化处理，按参与市场交易的不同阶段对其确权与交易进行统一监管，而非单纯根据海洋资源种类进行分散监管。（1）在监管目标上，海洋资源资产综合监管应以过程导向、多方参与、资产增值以及技术创新为实现目标。（2）在监管依据上，针对产权具体代理人不明、价值评估标准不一等问题，研究制定海洋资源基本法或海洋资源监督管理法，加快修订各类海洋资源资产单行法律。在“纵切面”上正确处理央地立法关系，在多层次综合协调与地方立法因地制宜的同时，利益相同诉求方协同立法，降低冲突与摩擦成本，维护国家利益。（3）在监管主体上，针对社会监督力度不够等问题，应以政府监管为主导，以多元主体共同参与为保障，鼓励社会公众多方参与，促进海洋资源资产的可持续利用，实现社会经济的永续发展。（4）在监管内容上，针对目前分散监管带来的重复交叉执法等问题，按照海洋资源资产参与市场交易的各个阶段设定监管目标与重点，实现自然资源部的“两统一”职能——海洋资源资产市场化之前侧重确权监管，海洋资源资产市场化之后则侧重交易监管。此外，建立海洋资源资产大数据中心，充分利用现代信息技术、网络技术、大数据技术等，根据多方监管主体的需求，及时提供基础扎实、来源可靠、清晰易懂、形式多样的数据信息，为海洋资源资产综合监管决策提供技术支撑。

第四，研究不足与研究展望。本书对海洋资源资产监管法律制度的研究建立在法学与经济学的交叉学科上，资源经济学和生态经济学理论的应用还不够精确。部分章节的定量和定性论证尚不够充分，部分对策建议还缺少更强的针对性和操作性。针对上述问题和不足，笔者将在以后的研究中加以完善。值得一提的是，在对海洋资源资产监管法律制度进行研究的过程中，笔者有感于资源配置效率是一个内容丰富、极具意义的命题，值得对此进行多学科、多视角、多方法的研究。特别是如何更加深刻地认识“以效用最大化为目标”完善海洋资源资产监管体系，进一步揭示海洋资源资产监管中“效能、效用、效益与法律”的关系，深化海洋资源资产综合监管法律制度的实证研究，是未来可以继续追求的研究目标。